PARIS de 1842 à 1852
LA COUR — LA SOCIÉTÉ — LES MŒURS

Journal
de
Victor de Balabine

SECRÉTAIRE DE L'AMBASSADE DE RUSSIE

PUBLIÉ PAR

ERNEST DAUDET

★

- 1842-1847 -

PARIS
ÉMILE-PAUL FRÈRES, ÉDITEURS
100 RUE DU FAUBOURG-SAINT-HONORÉ, 100
PLACE BEAUVAU

1914

PARIS de 1842 à 1852

LA COUR — LA SOCIÉTÉ — LES MŒURS

Journal
de
Victor de Balabine

SECRÉTAIRE DE L'AMBASSADE DE RUSSIE

PUBLIÉ PAR

ERNEST DAUDET

★

- 1842-1847 -

PARIS

ÉMILE-PAUL FRÈRES, ÉDITEURS

100 RUE DU FAUBOURG-SAINT-HONORÉ, 100

PLACE BEAUVAU

1914

Journal

de

Victor de Balabine

INTRODUCTION

Victor de Balabine, l'auteur du journal que nous
publions aujourd'hui, appartenait à une ancienne et
honorable famille russe. Né en 1813 à Saint-Pétersbourg, il était l'aîné de deux ans de son frère Eugène
de Balabine qui, admis tout jeune à la cour moscovite
comme gentilhomme de la chambre de l'empereur
Nicolas, se convertit au catholicisme, renonçant au
monde et à sa patrie, et entrait en 1852, à l'exemple
de son compatriote le prince Jean Gagarine, dans la
Compagnie de Jésus où il a brillé par ses vertus et
son dévouement à son Ordre jusqu'à sa mort survenue
au Caire le 30 janvier 1895.

Victor suivit une voie différente. En 1832, c'est-à-
dire à peine âgé de dix-neuf ans, il se vouait à la

carrière diplomatique. Après un stage décennal au Ministère des Affaires étrangères de Russie, il était nommé, en 1842, secrétaire à l'ambassade de Paris et il y restait neuf ans en cette qualité. Envoyé alors à Constantinople, il revenait en France en 1853, comme conseiller d'ambassade et y résidait jusqu'à la guerre de Crimée. La rupture des relations diplomatiques ayant alors entraîné son départ, il rentrait à Saint-Pétersbourg d'où, au bout de quelques mois, son gouvernement l'expédiait à Vienne où devait s'achever sa carrière. Il y fut successivement conseiller de l'ambassade de Russie, chargé d'Affaires, et, en 1860, envoyé extraordinaire et ministre plénipotentiaire. Entre temps, la croix de la Légion d'honneur lui avait été décernée par le Gouvernement français pour sa participation au traité de commerce et de navigation conclu, en 1847, entre la France et la Russie, et son souverain avait récompensé ses services en lui accordant successivement les décorations de Sainte-Anne, de Saint-Wladimir, de Saint-Stanislas et en le nommant chambellan. Il pouvait donc espérer qu'un titre d'ambassadeur couronnerait bientôt ses travaux professionnels, lorsque la mort vint le frapper prématurément en 1864, avant qu'il n'eut atteint sa cinquante-deuxième année.

Fils modèle, il n'avait jamais cessé, au cours de ses résidences et de ses déplacements et tant qu'il conserva ses parents, de s'intéresser à leur existence et de leur rendre compte très régulièrement de la sienne. Il adressait ses lettres à sa mère, lui faisait part de ses impressions sur les hommes et les choses qu'il voyait et lui confiait les jugements que lui suggérait le spectacle qui se déroulait sous ses yeux. Il en résulte que ses lettres, continuées durant de longues années, constituent un tableau d'histoire tracé avec autant d'originalité que d'indépendance par un observateur attentif et averti. Sous sa plume, on voit revivre la société parisienne du milieu du dernier siècle, quelques-uns des principaux personnages et des événements sensationnels de cette époque. Le tableau est d'autant plus sincère que Victor de Balabine ne supposait pas que sa correspondance serait publiée un jour et qu'il y parlait librement de tout et de tous.

Il est d'ailleurs remarquable qu'en écrivant ses impressions qui sont en réalité des véritables mémoires, il était, à son insu, un imitateur. Il y avait à Paris, à la même époque, un secrétaire de l'ambassade d'Autriche le comte Rodolphe Apponyi, qui se livrait depuis son arrivée en France, c'est-à-dire depuis 1826, à une tâche analogue à celle que Victor de Balabine entreprenait en 1842, et qui lui aussi, dans des lettres à sa mère, racontait au jour le jour sa vie de diplomate et sa vie mondaine. Il m'a été donné de faire, pour cette volumineuse correspondance, ce que je fais aujourd'hui pour celle de Victor de Balabine et d'en tirer un journal qui est à vrai dire une histoire de la chute de Charles X, du règne de Louis-Philippe, de la Révolution, de 1848, et de l'avènement du second Empire.

Le journal du diplomate russe n'embrasse pas une période aussi longue que celui du diplomate autrichien. Mais, à partir de 1842, et jusqu'à l'entrée en scène de Napoléon III, ils assistent aux mêmes événements, et il est assez piquant de constater la diversité des appréciations que ces événements suggèrent à chacun d'eux. Il y a là un régal intellectuel dont l'attrait vaudra aux deux mémorialistes de nombreux lecteurs.

Pour en revenir à celui des deux dont il est question ici, il convient de rappeler en quelles circonstances il arrivait à Paris et quelle était dans cette capitale la situation des diplomates russes qui y étaient accrédités. Ils y représentaient un souverain qui ne pardonnait pas au gouvernement de Louis-Philippe ses origines révolutionnaires et qui ne perdait aucune occasion de le lui faire sentir. C'était miracle que les relations diplomatiques entre les deux pays n'eussent pas été rompues. Elles se continuaient mais sous la forme la plus précaire, chacun des deux gouvernements ayant rappelé son ambassadeur et n'étant plus représenté auprès de l'autre que par un chargé d'Affaires.

Telle était la situation lorsque Victor de Balabine débarquait à Paris où il venait remplacer le second secrétaire de l'ambassade le prince Jean Gagarine que son gouvernement envoyait à Vienne. L'ambassadeur était le comte de Pahlen ; mais, les ordres impériaux le retenaient loin de son poste qu'occupait comme chargé d'Affaires le conseiller de l'ambassade Nicolas de Kisseleff lequel semblait, ainsi que les secrétaires placés sous ses ordres, n'avoir été maintenu dans ses fonctions que pour empêcher que la rupture entre Paris et Saint-Pétersbourg ne devint définitive. Cette explication était nécessaire pour faire comprendre l'espèce de défiance que Victor de Balabine semble, dans ses appréciations, nourrir contre la France et les Français. A la manière dont il en parle souvent, il est visible qu'il ne les aime pas. Mais il est moins aisé de discerner si ses préventions résultent d'une opinion déjà ancienne ou seulement de l'emploi qu'il occupe et qui les lui commande. Au surplus, l'une et l'autre hypothèse sont également vraisemblables, et s'il est vrai que l'attitude personnelle de l'empereur Nicolas n'eût pas permis aux diplomates qui le représentaient à l'étranger de se montrer sympathique à la France, il est également vrai que l'éducation de Victor de Balabine, les milieux où il avait vécu, son dévoue-

ment à son souverain et à la religion orthodoxe le
disposaient à considérer le catholicisme comme un
ennemi, à juger par conséquent avec sévérité ceux de
ses compatriotes qui étaient entrés dans la communion romaine et à rendre la France, nation catholique,
responsable de leur conversion.

Cette disposition existait déjà en lui lorsqu'il arrivait à Paris. Des circonstances inattendues sur lesquelles nous allons revenir devaient bientôt la fortifier. A Paris, il n'en fréquentait pas moins des salons
de convertis tel que celui de Mme Swetchine ; mais
assurément il ne s'y trouvait pas dans son milieu
et peut-être même eût-il préféré n'être pas obligé
d'y paraître.

Nous avons dit que lorsqu'il était arrivé en France
c'était afin d'y remplacer le prince Jean Gagarine
comme secrétaire d'ambassade. Celui-ci venait d'être
nommé à Vienne en la même qualité et il allait partir
pour aller occuper son nouveau poste. Mais déjà il
nourrissait d'autres desseins et soit qu'il les avouât
soit qu'il fut impuissant à ne pas les trahir, Victor de
Balabine les surprit dès son entrée à l'ambassade.
Nous en avons la preuve dans une lettre qu'au mois
de janvier 1844, alors qu'il était en France depuis
dix-huit mois, il écrivait à son frère Eugène, gentilhomme de la Chambre de l'empereur Nicolas, bien
loin de se douter que ce jeune fonctionnaire était

déjà hanté par des idées de conversion et formait des projets analogues à ceux que Jean Gagarine se préparait à réaliser.

« Voici maintenant, lui écrivait-il, ce qu'*entre nous* je puis te communiquer au sujet de Gagarine ; je dis *entre nous*, non pas parce que c'est un secret, tout Paris en parle à son aise, mais parce que *officiellement* je veux tout ignorer. Je le crois depuis longtemps converti au catholicisme. Pendant le dernier temps de son séjour à Paris, en 42, cette tendance a même été si manifeste chez lui, qu'elle a été pour beaucoup dans sa translation à Vienne. A peine parti de Paris, il y est revenu une première fois, dit-on, pour faire ses Pâques à Notre-Dame ; puis, il est reparti pour Berlin d'où il n'a pas tardé à revenir à Paris où on ne l'a pas vu dans le monde auquel il avait renoncé depuis longtemps et où il s'est borné à fréquenter les zélés du cercle Swetchine et les compatriotes péri-clitans (1). A cette époque, son zèle néo-catholique débordait à tel point, qu'au moindre mot de religion il se mettait à catéchiser, trahissant par là une situation d'esprit qu'il cherchait en vain à cacher.

» Au printemps dernier, il a de nouveau quitté Paris et, dans ce moment, je le crois à Saint-Acheul

---

(1) Il veut dire par là ceux qui étaient disposés à se convertir au catho-licisme.

en Picardie faisant son noviciat dans un couvent de jésuites. Cet apprentissage doit durer deux ans, au bout desquels il sera, dit-on, envoyé pour prêcher la foi dans les pays lointains pour revenir ensuite à Paris, où, s'il réussit, il fera pâlir l'étoile des Ravignan et des Lacordaire, car il a sinon plus d'esprit et de moyens qu'eux, du moins une instruction plus vaste, plus encyclopédique que ces messieurs.

» A en croire la constitution des jésuites, publiée l'année dernière par Michelet et Quinet, les novices sont employés aux fonctions les plus viles de l'intérieur d'une maison ; ainsi ce sont eux qui ont l'ineffable bonheur de balayer les chambres, les escaliers, de préparer la soupe, etc... Plains-moi cher ami, mais, à cette idée, mon sang se glace d'horreur ! Pour moi, je regrette sincèrement et vivement ce que je regarde comme une aberration déplorable d'un des esprits les mieux cultivés de notre jeunesse. »

Les sentiments qu'exprime cette lettre nous donnent la mesure de l'antipathie de Victor de Balabine pour le catholicisme et pour les influences que subissaient à cette époque et même depuis longtemps déjà plusieurs de ses compatriotes hommes et femmes et auxquelles son frère devait obéir quelques années plus tard. Il n'y a pas lieu d'insister davantage sur ce point et mieux vaut montrer Victor de Balabine

non dans l'exercice de ses fonctions, dont il ne nous
parle guère, mais dans son rôle de nouveau venu dans
Paris, avide de tout voir, de tout savoir, affamé d'impressions neuves, visitant tour à tour les Invalides,
Versailles, les restaurants, les théâtres, les prisons,
passionnément curieux des manifestations publiques
où se révèle l'âme d'un peuple, assistant à l'enterrement du duc d'Orléans dont la physionomie dans
ce qu'elle a de douloureux l'impressionne moins que
ce qu'elle représente de pittoresque, fréquentant les
cours de la Sorbonne et les séances des Chambres,
témoignant de son peu de goût pour le parlemen-
tarisme, pour les abus de la parole, sans respect
pour celle même de Lamartine dont un discours est
qualifié par lui de « nébuleux galimatias ».

Ainsi, tout ce qu'il voit, tout ce qu'il entend, tout
ce qu'il apprend est résumé par lui en des descriptions
ou des appréciations suggestives qui nous donnent
des hommes et des choses une idée le plus souvent
exacte et non sans qu'il y mêle parfois des railleries
qui ne vont pas sans une espèce d'amertume. Il
excelle à dresser une silhouette, à dessiner un visage,
à décrire une foule, à résumer un événement. Mais,
il est rare, qu'il s'émeuve; s'il s'indigne, c'est à froid;
rarement aussi il s'enthousiasme, à moins qu'il ne
s'agisse de son pays et de son souverain. Cependant,
comme dans la Société de Paris, il ne rencontre que

prévenances et attentions de toute sorte, il s’abandonne volontiers à l’influence qu’exerce sur lui le
traitement dont il est l’objet à la cour, dans le
monde, au cercle aristocratique où sa qualité de
diplomate l’a fait admettre et il où il se montre non
moins assidu que dans un petit nombre de salons.

Ce qui le caractérise encore, c’est qu’il est musicien
consommé et professe pour les œuvres des maîtres
un enthousiasme qui touche au fanatisme. Dans le
monde où il vit, il acquiert bientôt en ces matières
assez d’autorité pour que son jugement fasse loi et, à
ce point de vue, son journal constitue un recueil des
annales musicales, un tableau complet raisonné et
très documenté des grandes représentations lyriques
qui eurent lieu à Paris durant les années qu’il y
passa.

Au total, son journal nous apporte une preuve nouvelle de l’intérêt que présentait encore, dans la
première moitié du dernier siècle, la carrière diplomatique. Moins sans doute qu’aux époques anté-
rieures, mais plus qu’à celle où nous sommes, les
diplomates étaient des êtres privilégiés dont la curiosité trouvait sans cesse à se satisfaire à la ville,
comme à la Cour, pour qui les souverains se prodi-
guaient en témoignages de bonne grâce et de faveur
et devant qui s’ouvraient les salons les plus réputés.
Aucune de ces jouissances n’a manqué à Victor de

Balabine et les souvenirs qu'il nous en a laissés tirent leur plus grand charme de la spontanéité et de la libre allure de ses jugements. Parfois, il y faut regretter, je le répète, l'absence de cette impartialité qu'exige l'Histoire. Mais l'esprit y coule à pleins bords et tels qu'ils existent, avec leurs défectuosités et leurs mérites, ils sont assurément pour l'histoire du passé un document du plus grand prix.

La correspondance d'où j'ai tiré cet attachant journal était échue en dernier lieu à la nièce de Victor de Balabine, Mlle Paule de Wagner qui a voué à la mémoire des siens un culte ardent et pieux. Convaincue que ces pages d'un accent si pénétrant méritaient d'être publiées, elle m'a fait l'honneur de me demander si mon avis était conforme au sien et s'il me conviendrait en ce cas de les présenter au public qu'intéressent les choses d'autrefois. En le lisant, on comprendra que ma réponse ne pouvait qu'être affirmative. Tableau très vivant de la fin du règne de Louis-Philippe, de la République de 1848 et des débuts du second Empire, le *Journal de Victor de Balabine*, occupera une belle place au premier rang dans la collection des Mémoires, souvenirs, documents de toutes sortes qui ont enrichi de nos jours les écrits du baron de Barante, de la comtesse de Boigne, de la duchesse de Dino, du maréchal de Castellane, du comte Rodolphe Apponyi, d'autres

encore et qui ont répandu une si vive lumière sur
ces époques en nous familiarisant avec les hommes
et les événements qui les ont remplies.

Ernest DAUDET.

P. S. — Le *Journal de Victor de Balabine* formera deux
volumes. Le second paraîtra dans quelques mois.

En ce qui concerne les annotations que nécessite une œuvre
telle que celle-ci, je m'en suis tenu à ce qui était rigoureusement
nécessaire pour la compréhension du récit, ne croyant pas qu'il
soit utile, lorsqu'il s'agit de personnages connus et archiconnus
par le rôle qu'ils ont tenu dans l'histoire du dernier siècle et
d'événements encore si proches de nous, de multiplier les renvois
au bas des pages. Dans la circonstance, c'eût été d'autant plus
inutile que, la plupart du temps, l'auteur du *Journal* nous ren-
seigne sur les personnages qu'il nomme.

VICTOR DE BALABINE

ANNÉE 1842

13 juin 1842.

Parti de Cronstadt le 19 mai, vers les onze heures,
je suis arrivé au Havre mardi 26, en suis reparti après
une entrevue avec notre consul, à deux heures, et le lendemain 27, mon arrivée triomphale à Paris en coupé à
quatre chevaux précédé d'un postillon et galopant à toutes
brides. A dix heures et demie du matin, j'avais déjà remis

dépêches et tout à mon chef (1), n'ayant mis depuis la
rade de Cronstadt jusqu'à Paris que huit jours et neuf
heures, y compris les dix heures passées à Copenhague et
les six heures au Havre, sans parler des vents contraires
qui ont retardé notre marche pendant la première partie
de la traversée.

J'ai commencé par prendre un appartement à l'hôtel
Wagram, rue de la Paix, tout près de notre ambassade (2), où je n'entrerai qu'après le départ de Gagarine.
Dans sept à huit jours, j'entre en fonctions. En attendant, je mène une vie oisive, extérieure, la vie de Paris,
celle des boulevards, des Champs-Elysées, du bois de
Boulogne; celle enfin de cette foule immense qui semble
ne travailler que pour dissiper, ne vivre que pour jouir,
ne vendre le matin que pour acheter le soir, ne rançonner
le chaland que pour l'être à son tour et n'exister en un
mot qu'en se dévorant elle-même.

Mais qu'est-ce que Paris? Je n'en sais rien encore.
Paris est un gouffre où tourbillonnent trop de choses à la
fois pour être saisies d'un coup et je n'ai encore aperçu
que peu de côtés de ce joyau taillé à mille facettes. Voici,
d'ailleurs, en deux mots, ce qui m'est arrivé depuis que
j'ai abandonné pour longtemps, si ce n'est pour toujours,
les douceurs d'une existence dont rien, j'en suis certain,

(1) Nicolas de Kisseleff, chargé d'affaires en l'absence du comte Pahlen,
ambassadeur, qui avait succédé au comte Pozzo di Borgo, et que l'Empereur
Nicolas tenait éloigné de son poste pour marquer le ressentiment qu'il
avait conçu contre Louis-Philippe, considéré par lui comme un usurpateur.
Indépendamment de Nicolas de Kisseleff, qu'il ne faut pas confondre avec
son frère Paul de Kisseleff qui fut plus tard ambassadeur à Paris, il y avait
à l'ambassade le baron de Foelkersam et le prince Jean Gagarine, secrétaires.
Ce dernier se préparait à entrer dans la Compagnie de Jésus, ce qu'il fit le
12 août 1843 après quelques mois de séjour à Vienne comme secrétaire de
l'ambassade. Il allait partir et Victor de Balabine venait le remplacer.

(2) Elle était située au n° 12 de la place Vendôme.

ne me dédommagera et dont le doux souvenir dominera ma vie entière.

Une tempête au début de mon voyage, — la Baltique courroucée ne voulait pas me livrer passage, et je lui en savais gré —; un calme plat à Copenhague; dans la mer du Nord, une brise tiède qui, en me berçant mollement, me poussait vers la France; le Havre, une sorte d'antichambre de Paris; dans la Normandie, province riche, fertile, pittoresque et poétique, un soleil ardent, de frais ombrages, l'idéal de la vie de campagne que j'ai souvent rêvée et enfin, à Paris, la fournaise infernale. Je suis encore comme au début de mon voyage, seul sur le pont du navire; je n'ai point eu le mal de mer dans la Baltique, je n'ai point de vertige ici. Pensées et affections, tout est chez moi dans le passé, et l'avenir ne va pas plus loin que demain. Cependant je vais bientôt sortir de la solitude, j'ai fait quelques visites; je vais faire ma tournée diplomatique, voir Guizot (1). Je dîne la semaine prochaine chez Saint-Priest (2).

La chaleur est accablante : point d'abri, point de refuge, de l'eau glacée au poids de l'or et encore faut-il aller la chercher chez Tortoni. N'en déplaise à mes compatriotes, je trouve qu'à Paris, on souffre de la chaleur autant pour le moins qu'à Pétersbourg.

1) Guizot était ministre des Affaires étrangères depuis le mois d'octobre 1841, sous l'autorité purement nominale du maréchal Soult qui conserva jusqu'en 1847 la présidence du Conseil, bien qu'en réalité son collègue en exerçât les fonctions.

2) Le comte Alexis de Saint-Priest, pair de France et membre de l'Académie française, fils du comte Armand de Saint-Priest et de la princesse Galitzine. Il était né en 1805 à Odessa, et mourut à Moscou en 1851.

19 juin.

Moukhanoff (1) avait à bord du *Tage* un excellent coupé à deux places; or, nous étant rapprochés pendant le voyage, nous nous sommes mis à deviser sur le moyen de faire passer le coupé sans payer de droits à la douane du Havre et sur l'agrément de faire route ensemble jusqu'à Paris. Doués l'un et l'autre d'un esprit éminemment inventif, voici, en deux mots, comment, sans autre difficulté, nous sommes arrivés à notre but : j'ai pris voiture, malles, vaches (2), sacs de voyage, etc., sous ma haute protection et, grâce à mon passeport de courrier, le tout a passé sans visites, sans obstacles, sans retard d'aucun genre. Une fois débarqué, j'ai expédié par la diligence, la grosse caisse contenant mes effets, me suis emparé de la vache et d'une des caisses du coupé pour mon expédition officielle et, ce service mutuel rendu, le reste du voyage à frais communs jusqu'à Paris où, comme je l'ai dit, nous sommes arrivés à quatre chevaux et précédés d'un postillon, moyen aussi dispendieux que prompt de voyager.

Rien de hideux comme la manière dont les postillons causent avec leurs chevaux : ce sont des mugissements semblables à ceux d'un homme qui s'apprête à vomir; et plus d'une fois, pendant la nuit surtout et lorsque le sommeil me gagnait, je me suis cru sur le bateau à vapeur : l'illusion était parfaite; de plus, ils sont mal-

(1) Plusieurs personnages de ce nom ont servi dans l'armée et la diplomatie russes à la fin du dix-huitième siécle et durant la première moitié du dix-neuvième siécle, mais il ne nous a pas été possible d'identifier celui-ci.

(2) Malle en peau de vache qu'on attachait derrière les voitures de voyage.

propres, poudreux sans être poudrés comme au temps
jadis, peu empressés, indociles à la voix du voyageur qui
se hâte, et l'argent est le seul moyen de leur faire entendre raison. Nous en avons usé et abusé, aussi roulions-
nous avec une rapidité aussi satisfaisante pour un
courrier que désespérante pour le voyageur sentimental
et admirateur du pittoresque.

Je ne sais ce qui m'a frappé le plus de l'aspect de la
Normandie que nous avons traversée, ou de celui de ce
monstrueux Paris. La Normandie est, dit-on, de toute la
France, la province la plus riche, la plus fertile, la
mieux cultivée, la plus favorisée de la nature ; en effet,
un terrain constamment accidenté, des collines couvertes
de bois de tilleuls et de marronniers, enfin de larges
avenues de peupliers conduisant à de belles résidences
seigneuriales. Le seigneur, il est vrai, se nomme aujour-
d'hui M. Trognon, M. Jobard et pis que cela encore.
Cependant quelques rares vestiges de l'ancienne France
ont survécu au naufrage. Ainsi vous voyez s'élever, sur
les bords de la Seine, le château de la Meilleraye des ducs
de Mortemart, l'une des plus anciennes familles de
Normandie. Sur la route, près d'une petite ville dont le
nom m'échappe, l'on trouve un cirque de construction
romaine et à quelques pas de là, sur une hauteur, le pan
d'une vieille église gothique, l'un et l'autre en parfaite
conservation et entretenus avec un soin particulier.

Cette religion du passé, cet esprit de conservation
appliqué aux vestiges du vieux temps, chez un peuple
qui a tout détruit, ne serait-il pas d'un bon augure pour
l'avenir et n'accuserait-il pas un retour à des idées de
stabilité, ou du moins un temps d'arrêt dans la course
vagabonde de ce peuple léger ? Quelqu'un a dit que la
vénération et l'amour des temps passés, chez un peuple,

est semblable aux souvenirs de la jeunesse qui, chez le vieillard, lui reviennent toujours plus frais à mesure qu'il descend vers la tombe : c'est, en un mot, un signe de faiblesse et de décrépitude ; je ne sais jusqu'à quel point la comparaison est vraie, mais si elle l'est, combien elle est consolante pour nous qui faisons si bon marché de ce qui est d'hier. A Paris, cette idée se représente et vous revient sous une autre forme, et involontairement l'on se surprend à se demander comment tout cela finira et quel est le gouffre qui engloutira toute cette foule qui tour - billonne sans cesse et semble si pressée de vivre.

Le temps est beau, le soleil ardent, la chaleur acca- blante, la sécheresse complète. Tout Paris, depuis la cave jusqu'au grenier, est dans la rue, et Eugénie, la demoi- selle de comptoir, et Rosalie, la modiste, et Mlle Rose, la blanchisseuse, et Eulalie, de condition et de vertu douteuses, M. Jules, l'avoué, Gabriac, vieil émigré, Jobard, parvenu ; enfin, le mercier, pâtissier, chemisier, bottier, carrossier, tailleur, parfumeur, voyageur, député, pair de France et secrétaire d'ambassade, tout flâne, va, vient et ne fait rien.

Mais est-il possible que ce soient là les allures d'une population inquiète et malcontente ! Si c'est le cas, le mécontentement des Parisiens ne saurait se comparer qu'au désespoir des héroïnes de Rossini qui se tuent et chantent l'amour sur le même ton.

A propos de Rossini, j'ai été entendre les *Huguenots* de Meyerbeer. Illusion ! déception ! Mme Damoreau (1) m'en avait prévenu ; elle avait raison : Duprez (2) est à Londres, les dou-

---

(1) Célèbre cantatrice française, une des gloires de l'Opéra ; elle venait de prendre sa retraite et d'être nommée professeur de chant au Conservatoire.

(2) Le fameux ténor dont le nom reste ineffaçable des annales de la musique ; il était alors dans toute sa gloire.

blures seules sont ici. Ne connaissant pas l'économie intérieure des théâtres de Paris, j'ai fait chercher, à tout hasard, une place parmi celles qui coûtent le plus cher et je me suis trouvé, moi, cinquième dans une loge, assis sur ce qu'on se plaît à qualifier du nom pompeux de chaise et ce qui n'est autre, à mon avis, qu'un vilain coussin rembourré comme le serait une pierre, avec un dossier de la même étoffe, raide et ignoble. La salle du spectacle est loin d'être belle: du vilain papier rouge au fond des loges, des dorures noircies, des rideaux, des costumes qui ont servi à deux ou trois générations successives, et des figurantes, des princes et princesses, pages et demoiselles d'honneur, des reines tels que n'en comportent plus depuis longtemps nos théâtres impériaux. Enfin mon sens visuel qui vit encore de ses habitudes pétersbourgeoises a été singulièrement et désagréablement affecté. De ce côté, les théâtres impériaux ont, sans contredit, un immense avantage sur l'entrepreneur qui visite à deux fois ses poches avant de parer d'un nouveau tricot les jambes de ses danseuses.

Quant à l'ouïe, il n'en est pas de même, et les doublures d'ici l'emportent de beaucoup sur la fleur de nos chanteurs. L'orchestre peut, à lui seul, combler le déficit. A la vue de cette masse énorme de musiciens, je m'attendais à lui voir couvrir la voix des chanteurs. Loin de là. Quel ensemble! Quelle admirable entente des effets de l'harmonie! Comme les *piano* et les *forte* sont artistement ménagés, c'est vraiment admirable! Quant à la musique même, elle est d'un puissant effet, d'un style sévère et imposant. En attendant, l'on ne me rattrapera plus dans ces vilaines loges.

Ce jour-là, j'avais dîné au « Rocher » (il n'y a que les petites gens qui disent Rocher de Cancale ou Bois de Bou-

logne, notre espèce dit simplement : le Rocher, le Bois,
etc.) et m'étais fait donner : 1° potage aux croûtons à la
Condé, 2° filet de sanglier, 3° turbot sauce aux huîtres,
4° petits pois à l'anglaise, 5° fraises à la crème: total
12 francs, y compris le vin.

Ceci me ramène au positif. Je suis encore à l'hôtel
Wagram, que je ne quitte que dimanche ou lundi pour
celui de l'ambassade. J'occupe un appartement de trois
chambres au quatrième, à raison de 50 francs par
semaine pour les chambres seules. O force toute-puissante
de l'habitude! A peine installé dans cet hôtel, l'un des
premiers de Paris, je me suis tout de suite mis en quête
d'un valet de chambre; j'avais entendu dire que l'on était
bien servi dans les grands hôtels; quelle cruelle erreur!
Et en effet, comment cela pourrait-il être là où il y a
cinq ou six valets pour cinquante ou soixante voyageurs.
C'est bon pour quelques heures tout au plus, mais pour
quelques jours c'est intolérable.

Heureusement, dans ce pays de cocagne, vous trouvez
tout sous la main. Sur la recommandation du plus vieux
des serviteurs de notre ambassade, qui y est installé
depuis vingt-quatre ans, je me suis décidé et ai pris à
mon service M. Louis Tallard, quarante ans, petite taille,
figure intelligente, alerte, ayant servi vingt ans en Russie,
sept ans à Londres, chez lord Durham et chez lord Clan-
ricarde et parlant le russe, l'allemand, le français et
l'anglais; cent francs par mois avec la table, les habits, le
tout après lui avoir préalablement fait signer un document
en quatorze articles, confectionné à l'instar de ceux dont
nos Jocrisses sont tenus de subir l'édifiante lecture avant
de prendre du service chez nous.

Par l'article 13, il lui est prescrit d'être au mieux avec
tous les gens de l'ambassade, d'éviter avec soin brouilles

et querelles et de reconnaître, après la mienne, la juridiction du maître d'hôtel. Enfin, par l'article 14, il s'engage à faire preuve de la plus grande politesse à l'égard de tous ceux qui pourraient entrer dans mon antichambre et non seulement à se lever lui-même, mais, en outre, à faire lever tous ceux de son espèce qui pourraient, aux approches de mon appartement, se trouver sur mon passage. Cette rigueur n'est peut-être pas dans les mœurs du pays, mais voici ce qui y a donné lieu ; ici un épisode est nécessaire.

A Paris, m'avait-on toujours dit, ce qu'il y a d'admirable, c'est que l'on n'a que faire d'un équipage. On en trouve à chaque pas, qui vous transportent d'un bout de la ville à l'autre. En réalité, les diligences, jumelles et autres, dont les noms m'échappent, vous transportent non pas où vous voulez, mais où elles veulent bien : premier inconvénient. Elles n'ont point l'habitude de se tenir ni à la porte de l'hôtel Wagram, ni à celle de l'ambassade de Russie, il faut donc commencer sa course pédestrement pour ensuite l'achever en voiture, que dis-je ? pour l'achever à pied, car, encore une fois, ces histoires ne vous conduisent et ne s'arrêtent que là où le cœur leur en dit, sans compter qu'il faut longtemps faire le pied de grue en attendant celle que vous voulez prendre. Il suffit que votre but soit, par exemple, la barrière de l'Étoile, pour que vous voyiez préalablement défiler des véhicules qui vont d'un autre côté. Enfin, celui que vous attendez si impatiemment paraît à l'horizon. Mais, oh ! ignominie sans égale ! sur le derrière du monstre une planche blanche est arborée, et, sur cette planche, le mot fatal « complet », c'est-à-dire qu'il n'y a plus de place, fût-ce pour une épingle.

Viennent ensuite les cabriolets, où vous êtes assis côte

à côte avec **un** malotru puant et sale, et où, pour peu qu'il fasse crotté, vous ne sauriez monter sans endommager considérablement la fraîcheur juvénile et printanière de vos inexpressibles. Les Carolines sont de petites voitures philosophiquement remorquées par une haridelle unique, conduite par un paquet de linge sale qu'on intitule, Dieu sait pourquoi, du nom de cocher, et dont l'unique souci est de maintenir sa Dulcinée sur ses jambes. C'est une invention admirablement adaptée aux natures rêveuses et méditaitves, coûtant 1 fr. 65 c. l'heure, ce qui veut dire 2 francs, car on vous demande des pourboires ; à la course, 1 fr. 50 c.

Que M. Gabriac, M. Jules, Mlle Eugénie fassent un usage journalier de ces voies de transport pour aller à heure fixe à tel endroit et en revenir, bon ; mais votre très humble serviteur qui, à trois heures, veut aller prendre son bain dans la Seine et y tremper ses charmes, revenir chez lui pour un bout de toilette, faire une visite à la princesse de Broglie, puis dîner chez le comte de Saint-Priest, aller de là chez Tortoni, pour y savourer une glace rafraîchissante, et enfin passer sa soirée chez la comtesse Razoumowsky (1), comment peut-il s'accomoder d'une Caroline ? Mais que le diable emporte cette Caroline ! et, d'ailleurs, pourquoi ce fichu nom écrit en gros caractères d'or, sur fond brun, d'une nuance équivoque ?

Voici maintenant l'alternative qui lui reste : un cabriolet de remise à la demi-journée, 14 francs, avec le pourboire ; à la journée 17 francs ; ou une calèche, ou un coupé à deux chevaux : demi-journée, 17 francs, journée,

---

(1) La comtesse Léon Razoumowsky, nièce ou belle-fille du prince de ce nom, qui fut longtemps ambassadeur de Russie à Vienne. Elle était une des étoiles de la société cosmopolite de cette époque et résidait souvent à Paris.

22 francs. Si non, qu'il se fasse Gabriac, Jules ou Arago, c'est-à-dire qu'il renonce au monde et à ses vanités et qu'il se consacre à quelque chose qui rapporte au lieu de coûter.

Voulez-vous maintenant savoir l'origine de l'article 14 signé par M. Louis Tallard? la voici. J'avais, pendant deux jours, fait usage d'un de ces cabriolets de remise à la journée, suffisamment élégant et convenable; je le commande le troisième jour pour les deux heures : j'entre à trois heures dans la cour de l'hôtel et, de loin, j'aperçois M. Pierre, mon cocher, se balançant agréablement sur une chaise; je l'approche.

Moi : Y a-t-il longtemps que vous êtes ici?

M. Pierre, *toujours assis* : Une heure, Monsieur.

Moi : Mon domestique est-il rentré?

M. Pierre, *toujours assis et renversé sur sa chaise* : Il vient de rentrer, Monsieur.

Moi : Hohé! Louis!

Louis : Plaît-il, Monsieur.

Moi : Quel est cet animal?

Louis, *d'un air étonné* : Votre cocher, Monsieur.

Moi : Mon cocher! Jetez-moi ce malotru à la porte, apprenez-lui à vivre et dites à son maître que s'il m'envoie encore un pareil idiot, je prendrai soin de sa réputation, allez!

M. Pierre était sur son séant, raide comme un soldat de la ligne et balbutiant des excuses; j'ai été sans miséricorde. Enfin et pour conclure l'article des voies de transport, pour peu que l'équipage me soit nécessaire dix ou douze fois par mois, c'est une affaire de 200 à 250 francs.

J'ai dîné dans cinq restaurants différents, et cette série

d'expériences m'a mené à conclure qu'il n'y a pas moyen
de calmer un appétit, même médiocre, à moins de 5 à
6 francs. Par exemple : pain 0 fr. 25 c., vin, une demi-
bouteille, 2 francs, beafsteak aux pommes de terre
1 fr. 25 c., sole frite 1 fr. 75 c. à 2 francs, café
0 fr. 40 c., total : 5 francs, plus 0 fr. 25 c. de pourboire,
et lorsqu'on a dîné de la sorte, on a faim de nouveau à
9 ou 10 heures du soir, ce qui fait que l'on demande des
glaces ou des fruits, encore 2 ou 3 francs. Ainsi : café le
matin avec pain et beurre 1 fr. 50 c., dîner 6 francs,
goûter 2 fr. 50 c. ; la journée revient à 10 francs. En
résumé : équipage 250 francs, table 300 francs, valet
de chambre 100 francs, total pour ces articles seulement
600 francs. Reste le blanchissage, le tailleur, le cordon-
nier et l'article toujours considérable des dépenses imprévues, les spectacles, les livres, les gants, les souscriptions,
que sais-je enfin, et l'on arrive à conclure que la vie de
Paris est des plus dispendieuses.

Je suis entré en fonctions. Dimanche ou lundi je prends
possession de mon logement à l'ambassade. C'est l'appartement de Gagarine, qui part demain en courrier pour
Pétersbourg. Il avait, il y a un an, meublé à neuf, à ses
frais, l'une de ses chambres qui est à la fois le salon et le
cabinet. Je n'ai eu d'autre alternative que de lui acheter
ses meubles ou de les lui faire enlever. Mais, ces meubles
étant à la fois commodes et élégants et de plus parfaitement adaptés à l'appartement, je me suis décidé à les lui
acheter, d'autant plus qu'il me les cédait à 50 0/0 de rabais
et que refuser tout arrangement de ce genre eût eu mauvaise grâce. J'ai donc eu à débourser 1.808 francs ; en
revanche, je vais être logé d'une manière tout à fait
agréable et, une fois installé, je vais procéder sérieusement et méthodiquement à l'exploration de Paris.

27 juin.

Je suis, depuis quelques jours, installé à l'ambassade où je suis aussi largement que confortablement : une première chambre à une fenêtre, qui est ma salle à manger, c'est-à-dire que j'y prends, à deux heures, la côtelette et les légumes officiels que me fournit gratis la munificence de l'Ambassadeur ; une seconde chambre de grande dimension qui est à la fois mon cabinet de travail, ma chambre de réception, mon « sanctum sanctorum » en un mot.

Voici une description succinte de cette chambre arrangée à neuf, l'année dernière, par Gagarine : deux grandes fenêtres séparées par un intervalle d'environ deux toises ; les murs tapissés d'un fort joli papier, fond jaune paille, très clair, orné de grands bouquets de fleurs blanches, le tout entouré d'une bordure en arabesques verte et blanche, puis d'un encadrement bronze sur une bande vert foncé. Les meubles bien rembourrés et fort commodes : un tapis vert et rouge, une table, un bon bureau, une armoire pour ma bibliothèque future, un second bureau et deux étagères, voilà ce qui, pour le moment, compose l'ameublement de cette pièce.

Enfin une petite chambre à coucher avec armoire pour les habits, toilette, commode pour le linge, glaces, lit, etc.

Il n'y a, comme vous voyez, rien de trop, mais aussi rien n'y manque. Et cependant bien des choses m'embarrassent : comment ferai-je, par exemple, pour accrocher à la muraille, sans endommager le papier, les milliers de statuettes et d'objets de tout genre qui sont pour moi, lors de mes promenades, un sujet de perpétuelle tentation, et dont je compte faire l'acquisition avec mes nombreux millions.

Enfin, pour ne rien omettre, mon domestique a sa chambre au-dessus de la mienne, une seconde petite chambre pour y nettoyer mes habits, bottes, lampes etc... et pour finir, une grande antichambre donnant sur l'escalier et commune à toute la clique des secrétaires.

Rien encore de changé à mon genre de vie. Kisseleff ne me presse pas pour mes présentations, moi, j'en fais autant de mon côté, et recule le moment où, une fois lancé et introduit dans ce qu'on nomme le cercle, je m'appartiendrai moins que je ne fais actuellement. Mon service me prend du temps : je descends à la chancellerie entre dix et onze heures et commence le visa des passeports, puis les occupations plus diplomatiques, quelques petites affaires arriérées qu'il s'agit de terminer ; enfin, je compte bientôt me mettre à la lecture de toutes nos archives qui comprennent une période de quatorze ans, et peu à peu accaparer et concentrer dans mes mains le plus d'affaires possible ; il faut pour cela beaucoup de patience et un peu de quelque chose comme de la souplesse.

J'ai été deux fois à Versailles. Versailles est comme le grand sceau du siècle de Louis XIV et porte au plus haut degré le cachet de sa Cour ; cet immense palais, ces vastes terrasses, ces étangs carrés, ces allées droites où vous vous promenez sous des voûtes épaisses et sombres, taillées dans le massif de ces vieux marronniers contemporains du grand roi ; enfin, cette tendance à discipliner la nature elle-même et à donner à la création la tenue de Cour de la créature de cette époque, tout cela en un mot est vivant, c'est la vie dans la mort.

Dans la cour du château, sur cette magnifique esplanade où Louis XIV, à cheval, commande en maître aux maréchaux de France assemblés tout autour, on retrouve Murat, Berthier, Lannes et les généraux de la Révolution. L'idée de réunir en un seul endroit les représentants et les souvenirs des deux plus grandes époques de l'histoire de France est fort belle sans doute. Cependant, rien de plus tristement discordant que cette réunion. Tout vainqueurs qu'ils aient été, les grands de Napoléon ont ici l'air humble de vaincus, l'air d'intrus, de héros de corps de garde, à côté de la superbe majesté des Turenne et des Luxembourg. Mais n'a-t-on pas fait de l'histoire sans s'en douter, car l'époque napoléonienne à Versailles, cette invasion de ces héros de bivouac au milieu des grands de la Cour, fait exactement l'effet que devait produire l'Empereur et l'Empire lorsque, oubliant leur origine populaire, ils prenaient, pour la faire oublier à ceux qui les avaient élevés, les allures, le ton et les usages du passé dont les séparait cependant tout l'abîme révolutionnaire.

Il y a encore autre chose dans cette fusion que l'on retrouve ici à chaque pas; il y a les tendances et la pensée intime de tous les pouvoirs qui règnent ou ont régné en France. Partout, à côté des gloires antiques, le peuple, une fois maître, a voulu placer ses héros à lui, et le pouvoir suprême a exécuté la volonté du peuple, soit qu'il fût trop faible pour s'y opposer, soit que pour un moment il se soit fait peuple lui-même. Ainsi, les maréchaux de Napoléon dans la cour de Versailles, dans le musée, les tableaux représentant ses victoires et, dans le palais royal, le tableau représentant Camille Desmoulins debout sur une borne et haranguant le peuple datent naturellement des premières années de la Révolution de Juillet; enfin, dans plus d'une église, j'ai lu des inscriptions comme celle-ci : « Ci-gît le maréchal duc de Coigny, commandant des armées. Il fut bon père, etc., etc... » et après le mot « armées », un espace laissé en blanc, ce qui signifie qu'il y avait autrefois « armées du roi », et qu'une jalousie mesquine a fait justice de ces mots.

Quelque grandiose que paraisse donc à première vue la réunion en un même endroit des souvenirs de la Royauté, de la Révolution et de l'Empire, l'on y voit, quand on pénètre un peu plus au fond, de la flatterie et de la lâcheté, d'un côté, et, de l'autre, toutes les petites passions des parvenus de la veille.

De là, à l'hôtel des Invalides. A la bonne heure! Ici l'Empire est dans son beau, dans son vrai, c'est l'Empereur entouré de ses vieux soldats, c'est le lendemain d'une bataille. La cour, l'esplanade, le dôme, l'église et ses vieux guerriers se promenant en long et en large, c'est vraiment magnifique. Mais ce qui surtout est extraordinaire et frappant au suprême degré, c'est, dans cette enceinte, ce règne posthume, cette influence d'outre-tombe de Napoléon sur tout ce qui l'entoure. Nulle part, dans aucun palais, dans aucune église, vous ne trouverez ce silence profond qui règne dans la chapelle ardente. A son empressement à se découvrir au seuil de la porte, à son air soumis et humble, vous ne reconnaissez plus le bourgeois de Paris, et rien de plus piteux que le vainqueur de Juillet qui vient rendre hommage aux mânes de l'Empereur. On dit que le peuple est oublieux, parfois cependant il a bonne mémoire. La pluie tombait avec violence, force me fut d'entrer en conversation avec les invalides qui flânaient dans les galeries.

— Où avez-vous été blessé?

— A Austerlitz, à Wagram, etc., etc.

Et, là-dessus, des récits interminables mêlés de

réflexions politiques, mélange de vrai, de faux, d'absurde, etc.

— Mais où sont donc ceux de Russie? Ce sont ceux-là surtout que je voudrais voir.

— Et pourquoi cela? me demanda une sorte de géant, qui n'avait du règne animal que la figure et le corps, le bois ayant remplacé chez lui bras et jambes.

— Parce que, dis-je, j'aimerais à causer un peu de mon pays.

— Ah! vous êtes Russe, vous? Je vous connais, allez! J'en étais, moi, et j'ai eu bien de la peine à en revenir!

Là-dessus, il enfonce son chapeau sur ses yeux, me tourne le dos et va s'asseoir dans un coin.

— Ne l'ai-je pas offensé, mon capitaine?

— Non, non, jeune homme, non; c'est, voyez-vous, la vieille bile de la Grande Armée qui remonte quelquefois, il faut nous passer ça.

4 juillet.

Tout Paris est en fuite : on part pour les eaux, pour la campagne, pour les élections. Les élections, époque de luttes violentes entre les partis, où les esprits fermentent, les passions s'agitent, les élections, cette année, se font avec un calme, une tranquillité, une indifférence sans exemple depuis la révolution de Juillet; il y a évidemment lassitude, accablement dans les têtes d'ordinaire si chaudes, dans les langues si bavardes.

Il est difficile de préciser au juste les causes de cet état de choses. Il y a là d'abord une sorte de réaction naturelle, de contre-coup après l'agitation où la question d'Orient, la rupture avec l'Angleterre et les armements avaient plongé le pays. Après s'être monté l'imagination, s'être tenue sur le qui-vive et prête à s'élancer dans l'arène pour venger ce qu'elle qualifiait d'affront à l'honneur national, la France, après avoir rêvé des batailles, convoité le Rhin et chanté la *Marseillaise*, a vu toute cette fantasmagorie belliqueuse fuir comme un rêve et ce rêve ne laisser après lui que peu ou point de traces.

L'automne dernier, des élections ont eu lieu en Angleterre. Au pouvoir depuis onze ans, le parti Whig, avec Palmerston et Russell, poussé jusque dans ses derniers retranchements par Peel à la tête des Torys, tombait au milieu des plus brillants succès de sa politique extérieure, et peut-être à cause même de ses succès, lesquels, en définitive, devaient coûter cher à la nation qui, tout en y applaudissant, les pesait froidement dans la balance du pour et du contre. Peel a triomphé; de grandes questions ont été posées, débattues, résolues. Qu'avons-nous ici, dans ce moment? Rien, rien, à la lettre; pas une question controversée, pas une question sérieusement discutée. L'extension du droit d'élection et l'exclusion de la Chambre élective des fonctionnaires publics, ces deux vieilles marottes de l'Opposition, ont été, sous le nom d'adjonction des capacités et d'extension des incompatibilités, discutées cet hiver, résolues dans le sens conservateur, c'est-à-dire rejetées et sont, par conséquent, épuisées!

Restent donc les injures contre l'Angleterre et contre Guizot qui, fidèle à ses penchants, ne se soucie pas d'en détacher la France plus qu'elle ne l'est aujourd'hui. C'est par conséquent l'animosité contre l'Angleterre qui, à elle seule, fait tous les frais de nombreuses, stériles et stupides adresses des futurs députés à leurs commettants. Or une fraction du parti conservateur, la fraction Molé, en fait autant de son côté et tient le même langage : il en résulte que l'opposition, malgré tous ses efforts, ne parvient pas à s'isoler, qu'elle est aux abois, à l'agonie.

Somme toute, le parti conservateur paraît avoir fait d'immenses progrès, le Radicalisme est tombé dans le discrédit le plus complet et tout fait présager le triomphe de Guizot, qui recueillera ainsi les fruits de sa persévérance et de son incontestable fermeté pour ce qui regarde la politique intérieure du pays, qu'il manie avec succès et bonheur à la fois.

C'est aujourd'hui, 9 juillet, que les douze arrondissements de Paris procèdent à l'élection de leurs douze représentants qui, différents en ceci des douze apôtres, ne suivent pas le même maître, mais s'en vont, comme au jugement dernier, les uns à droite, les autres à gauche, car il en est bien peu dans ce pays qui marchent droit devant eux ; la ligne droite, pour être la plus courte, n'en est pas moins la plus dédaignée, et cependant l'aspect de Paris n'a pas subi le moindre changement : toujours le même calme, la même tranquillité, pas de drapeaux déployés, rien enfin des mœurs de la perfide Albion.

10 juillet.

J'ai fait la semaine dernière la connaissance de Berlioz, que j'ai vu chez lui. Sa physionomie est agréable, son expression un peu triste et fatiguée, ses manières calmes et réservées. Il paraît mécontent du public de Paris qui n'est pas à sa hauteur, et semble avoir des vues sur le Nord. Je lui ai demandé s'il était vrai que le public musical de Paris fût aussi nombreux qu'on le prétendait généralement.

« Eh! mon Dieu, non, Monsieur, me répondit-il, rien au monde de plus anti-musical que les Parisiens, que les Français en masse. Si le rythme d'un motif quelconque est vif, pétulant et tel par exemple qu'un enfant le saisirait de prime abord, le Parisien est content et le fredonne le lendemain sur le boulevard, non sans l'avoir toutefois préalablement défiguré à sa guise; mais, si par malheur, il est long, prolongé et sérieux, le Parisien n'y comprend plus rien, il bâille, il s'ennuie. Il n'y a donc de public musical que celui du Conservatoire, et si l'on en excepte ceux qui s'y rendent par ton, pour suivre le torrent de la mode, le noyau musical se restreint encore et devient presque imperceptible! »

Berlioz monte, pour les fêtes de Juillet, une grande symphonie avec chœurs, et il m'a prié de venir assister à la répétition. »

Avant-hier, Foelkersam et moi, nous sommes fait réveiller à trois heures du matin, pour voir l'éclipse de soleil, totale dans les pays du midi, à Marseille par exemple où Arago est allé faire ses observations, presque totale à Paris, et, dans tous les cas, la plus considérable de ce siècle, car ce n'est que le 31 décembre 1900 que ce phénomène se renouvellera. « Demain, disait le *Journal des Débats* du 7, la moitié de la population de Paris, de la France, de l'Europe entière sera sur pied à cinq heures du matin ».

Je me lève, je descends dans la rue: un silence morne, profond, le fiacre attardé ramenait chez lui ou chez elle, celui ou celle à qui le plaisir avait fait oublier l'heure

avancée de la nuit, les balayeurs et balayeuses frottaient
en jasant le pavé poudreux, et le ruisseau roulait à force
les immondices de la veille. Le ciel était couvert, la pluie
tombait à grosses gouttes. Cependant, animés d'un beau
zèle, nous nous dirigeâmes vers l'arc de l'Étoile. Une fois
là-haut, le temps parut devoir s'éclaircir et nous atten-
dîmes le moment solennel. Enfin, à travers un rideau de
vapeur qui nous permit de voir le soleil à l'œil nu, nous
vîmes son disque, couvert presqu'en entier par la lune,
nous apparaître sous la forme d'un croissant. Le jour, qui
avait visiblement baissé, reparut bientôt peu à peu. Le
spectacle était fort beau : le soleil, perçant çà et là les
nuages, éclairait la campagne, Montmartre, Ménilmontant,
toutes les hauteurs environnantes et, à nos pieds, Paris
qui se réveillait et que surplombait encore une masse
épaisse de vapeurs, dans laquelle allaient se perdre les
tours de Notre-Dame, le dôme des Invalides et toutes les
colonnes.

11 juillet.

Les élections de Paris vont mal pour le ministère, sur
quatorze collèges électoraux, le ministère, qui comptait
obtenir 8 voix, n'en a obtenu que 2. C'est inimaginable
à quel point tout ici est chanceux : le préfet de la Seine,
comte Rambuteau, qui, soit par lui-même, soit par ses
agents, connaît la grande masse des électeurs, regardait
le triomphe du ministère comme parfaitement assuré à
Paris. Cependant, dans les élections de tout le royaume,
il y a, jusqu'ici du moins, équilibre. Dans tous les cas, si

Guizot venait à tomber, ce qui n'est que peu probable, ce serait Molé ou quelqu'autre de la même couleur qui le remplacerait, car il n'est nullement question de Thiers, ce seraient donc toujours les conservateurs.

25 juillet.

Après-demain, je vais assister à l'ouverture des Chambres. Avant-hier, j'ai été à l'ambassade d'Autriche où Kisseleff m'a présenté et où j'ai trouvé réunie une partie du corps diplomatique, entre autres lord et lady Cowley et, enfin, Guizot, auquel j'ai également été présenté. On voit que je parcours l'échelle du haut en bas.

L'ambassadeur, le comte Apponyi, est un homme d'environ soixante ans, d'un extérieur et de manières agréables ; il tient du Hongrois, par son air franc et ouvert, et du diplomate autrichien, par l'élégance de ses manières. Sa femme est le type de la grande dame allemande : grande, mince, blonde et douce ; la fille de la maison est d'un extérieur agréable. Lady Cowley ressemble à Mme Dournoff, la mère, ma compatriote. Quant à Mylord, auquel, grâce aux journaux qui avaient réclamé contre sa nomination, je m'attendais à voir l'apparence d'une momie desséchée ou d'une carcasse de mammouth antédiluvien, j'ai été fort étonné de le voir porter encore avec tant de succès le poids des ans, car loin d'imiter Stuart de Rothesay (1), il maintient admirablement la perpen-

(1) Il avait été ambassadeur d'Angleterre à Paris de 1815 à 1830 ; il y avait été remplacé par lord Granville qui y resta quelques années, il eut pour successeur lord Cowley.

diculaire et se tient droit et raide sur ses jambes. Il m'a
dit que Stuart avait l'intention de venir ici et de se diri-
ger par Marseille, Constantinople et Odessa vers Pétersbourg.

— Il me semble, Mylord, dis-je, qu'il est assez dans
les habitudes de lord Stuart de faire des courbes pour
arriver à son but.

— Oui, me répondit-il, ce sont les dernières oscilla-
tions d'un pendule dont la marche, du reste, n'a pas été
toujours régulière.

J'ai trouvé là la princesse de Lieven et lui ai été « intro-
duced ». Elle joue ici une sorte de rôle et son intimité avec
Guizot la met en relations avec tout ce qu'il y a de notabilités politiques ou plutôt diplomatiques. Les lauriers de
la fashion sont aujourd'hui chez elle flétris à jamais,
aussi se borne-t-elle sagement à cultiver le champ, non
moins fertile et plus sûr, de la politique, elle en cultive
les fleurs et laisse à ses amis les ronces et les épines.
Guizot n'est pour elle qu'un marchepied, qu'un piédestal,
et périsse Guizot pourvu qu'elle surnage !

Jamais, non jamais, je n'aurais soupçonné Guizot
l'homme d'État, le grand orateur, le chef du Cabinet,
l'implacable persécuteur des délits de la Presse, le grand
historien, sous l'enveloppe maigre et chétive du petit
homme que l'on m'a montré enfoui dans un fauteuil
et causant à demi-voix avec la princesse de Lieven ;
Barante (1), dont nous avons trouvé les manières hum-
bles et modestes, peu aristocratiques, est, pour la tenue,
un Talleyrand ou un Metternich à côté de Guizot ; enfin,
figurez-vous quelque chose entre un professeur de langue

____

1) A peine est-il besoin de rappeler que, sous le règne de Louis-Philippe,
le baron de Barante représenta la France en Russie, en qualité d'ambassadeur.

; française et un vieil acteur pensionné par l'administration
des théâtres, et vous aurez quelque idée de la personne
extérieure de Guizot. On dirait, à le voir, qu'il ne saurait
viser au-delà d'une chaire de rhétorique à la Sorbonne et
ne faire qu'une triste figure dans l'arène où se choquent
et se brisent les passions politiques et où se débattent les
grands intérêts de l'État. Cependant, lorsqu'on le regarde
attentivement, son œil grand, brillant et intelligent, son
front haut et l'expression entière de sa physionomie, l'on
commence à se réconcilier avec le personnage ; j'attends
les débats qui vont s'ouvrir pour signer la paix avec lui.

N'est-il pas étrange que, pour savoir à quel point il est
aimé et populaire dans son pays, un prince doive de toute
nécessité mourir, car, quelque aimé, quelque populaire
qu'il soit, nul n'ose, de son vivant, le louer tout haut, de
crainte d'être taxé de servilité. C'est la mort du duc d'Orléans qui me suggère cette réflexion (1). Aimé par la
troupe qui l'avait souvent vu au feu, affrontant sans
sourciller les dangers aux avant-postes sous le soleil
ardent de l'Afrique, par la bourgeoisie et le peuple qui
connaissaient son penchant aux idées libérales et qu'atti-
raient vers lui ses manières faciles et affables, par sa
famille et son entourage qui appréciaient en lui ses qualités aimables et son esprit ardent et vif, le duc d'Orléans
est regretté par tout le monde. J'ai questionné sur son
compte les marchands, les cochers, les soldats, les ouvriers
des faubourgs, les jupons, tous me donnaient la même
réponse :

— Ah ! Monsieur, c'est un affreux malheur pour la
France !

— Et Nemours ?

(1) Le Prince royal venait de mourir tragiquement, le 13 juillet, victime
d'un accident de voiture.

— Ah ! Monsieur, celui-là nous le connaissons à peine.

En effet, rien de plus différent que ces deux frères. L'un était, dit-on, spirituel, vif, ardent, aimable, enfin il possédait, au plus haut degré, le côté brillant du caractère français. L'autre est taciturne, silencieux, d'une conception moins prompte, d'un abord froid, un peu hautain et peu communicatif. D'un autre côté, cependant, le duc d'Orléans était, dit-on, vacillant, chancelant et peu constant dans ses opinions. On l'a entendu dire un jour que, lorsqu'il lui fallait prendre quelque résolution importante, il lui arrivait souvent de consulter Nemours qui ne manquait jamais de lui donner de bons avis. On assure que le roi et ceux de ses conseillers qui, par leur position, sont le plus à même de connaître ce prince font grand cas de son caractère. On le dit ferme et persévérant, très conservateur et peu partisan des idées libérales.

Quelques jours après son arrivée, Mme Adélaïde lui dit :

— Eh bien ! Nemours, voyez comme la France entière pleure la mort de votre frère, comme il était adoré par la Nation ; et vous, comment ferez-vous avec votre caractère taciturne et inabordable, c'est un vrai malheur !

— Madame, répondit-il, quand mon frère vivait et était l'héritier du Trône, mon devoir était de m'effacer : maintenant tout changera.

On ne saurait se figurer la profonde douleur et en même temps la résignation du Roi et la Reine, soutenus l'un par une grande force de caractère et un grand empire sur lui-même, l'autre par une foi vive, une religion éclairée. Lorsque, étendu sur un vilain grabat, dans une masure triste, sale et sombre, le duc d'Orléans, entouré de sa famille et des grands dignitaires de l'État, rendit le

dernier soupir, la Reine, qui tenait la main de son fils
dans la sienne, a eu le courage et la force de donner elle-
même l'ordre d'entonner le chant des morts, et ensuite
d'accompagner le corps de son fils jusqu'à Neuilly.

Lorsqu'il est distrait et occupé par ses affaires le Roi
est calme et se possède entièrement, mais livré à lui-
même il s'abandonne au plus violent désespoir, se retire
dans quelque coin obscur de son appartement, appuie
son front contre les mains et se met à crier : « pourquoi
est-il mort, mon pauvre fils? C'est moi qui devais mourir ! »

Et l'on entend ses sanglots jusque dans les parties les
plus reculées du palais. Alors la Reine accourt, le prend
par le bras, le secoue et, en l'entraînant vers les autres
membres de la famille réunie : « Qu'est-ce que cela
signifie? lui dit-elle. Vous n'avez pas le droit de parler
ainsi, vous ne vous appartenez pas, c'est à nous. à la
France que vous appartenez. Vous devez vivre ».

Hier, il y a eu réception aux Tuileries, où les grands
Corps de l'État et le Corps diplomatique sont venus présenter leurs compliments de condoléances au Roi. C'était
une réception muette, l'on ne faisait que passer et saluer :
elle était commandée par la politique : le Roi, triste et
abattu, devait se faire voir au public, ferme de corps et
d'esprit. N'ayant point encore été présenté à Sa Majesté,
je n'ai pu y être.

Jusqu'au 30 le corps du défunt restera déposé à
Neuilly, le 1er et le 2 à Notre-Dame où l'on fait de
grands préparatifs pour le recevoir, enfin le 3 aura lieu
la cérémonie des obsèques et, dans la nuit du 3 au 4, il
sera transporté à Dreux, dans le caveau de la famille.

L'on attend la réunion des Chambres avec une vive
anxiété et l'on prévoit des débats violents et orageux. Tout
a disparu devant une seule question : la loi de Régence

qui va être discutée. Le Gouvernement n'a encore rien dévoilé de ses intentions, mais l'on suppose que sa proposition consistera à donner la Régence, en cas de mort du Roi, au duc de Nemours, et à conserver le soin de l'éducation et de la tutelle du comte de Paris à la duchesse d'Orléans. Cette loi eût peut-être été votée à l'unanimité, si de vils intérêts de parti n'aveuglaient les intelligences étroites de délégués de la Nation, au point de leur faire convertir une question vitale pour l'avenir en question purement ministérielle. La Gauche veut faire de la chute de Guizot une condition de son adhésion. Comment cela finira-t-il? Dieu le sait!

Hier, j'ai assisté à l'inauguration de l'église de la Madeleine: la foule y était immense, l'Archevêque y assistait. L'église est des plus spacieuses; l'extérieur est fait sur le modèle d'un temple païen situé à Nîmes et connu sous le nom de « la Maison carrée », l'intérieur est richement orné de dorures.

18 août.

J'avais espéré assister le 26 juillet à l'ouverture des Chambres, il n'en a rien été cependant : les chefs de mission ont seuls eu des billets pour l'entrée, et nous autres, secrétaires, avons été exclus. L'Angleterre et l'Autriche ayant eu le même sort, cette circonstance a contribué à calmer mon courroux, qui était des plus violents.

Le soir de ce même jour il y a eu réception chez Guizot. C'était, depuis la convocation des Chambres et depuis la

mort du duc d'Orléans, la première réunion de ce genre ;
de plus, les élections venaient d'être terminées dans un
sens hostile au ministère à Paris, favorable dans les pro-
vinces ; enfin, les adhérents du cabinet avaient à compter
leurs forces et le ministre lui-même avait intérêt à
montrer les rangs de ses partisans nombreux et serrés.
Ses espérances se sont, ce jour-là, pleinement réalisées.
En effet, le Corps diplomatique, les fonctionnaires publics
les députés conservateurs, etc., etc., tous s'y sont portés
en masse. Guizot se tenait à l'entrée du salon de réception,
saluant les personnes qu'on annonçait successivement,
donnant des poignées de mains aux uns, échangeant
quelques paroles avec les autres ; il était dans son salon,
comme il l'est dans son cabinet, comme à la Chambre,
l'âme de tout ce qui se dit ou se fait.

Voici venir Salvandy (Alonzo), rentré de sa malencontreuse ambassade (1), la tête nonchalamment penchée
sur l'épaule droite, le teint brun, les yeux noirs et levés
au ciel, grand, assez bien fait et bel homme, surtout en
comparaison de Sauzet qui le suit : Sauzet, auquel tous
les partis s'accordent à refuser les qualités nécessaires
pour porter dignement le fardeau de la présidence de la
Chambre (2) et qui, pour cela même, a été réélu ; enfin
Rémusat, Duchâtel, Lamartine et Dupin, tous les piliers
du parti conservateur s'y étaient donné rendez-vous. La
mort du Prince royal, le discours du Roi, sa douleur en
le prononçant, les larmes abondantes qu'il versait,
l'affection et la sympathie qui, partout, ont éclaté sur

(1) L'ambassade de Madrid où il ne semble pas avoir réussi ; il en revenait
pour prendre part aux débats des Chambres. Il était l'auteur d'un roman
intitulé : *Don Alonzo*, d'où le surnom sous lequel il est souvent désigné.

(2) Ce jugement semblera sévère si l'on se rappelle que Sauzet conserva
pendant neuf ans la présidence de la Chambre des députés.

son passage, tels étaient, ce soir-là, les seuls sujets de conversation.

M. de Barante y était aussi.

— Je savais bien, lui dis-je, que le Prince jouissait dans l'armée d'une juste popularité, mais j'étais loin de me douter qu'il fût à ce point populaire dans toutes les classes de la Nation.

— Eh ! bien, me répondit-il, nous pouvons tous vous en dire autant, cela a été une véritable surprise pour nous.

— Il y a, dans ce fait, quelque chose de consolant, repris-je ; il est consolant de voir que, dans un gouvernement comme le vôtre, un prince peut être aimé quoique prince.

— C'est vrai, me dit Barante, mais ce qui est triste, c'est qu'il faut qu'il meure pour que ce sentiment se manifeste.

A ce moment de notre conversation, le prince Esterhazy (1) entre dans le salon et fait un profond salut à Barante.

« Je n'ai, lui dit ce dernier, que des félicitations à vous adresser ».

Esterhazy me regarde d'un air plus qu'étonné, salue une seconde fois, apparemment pour remercier, et se perd dans la foule. Cela ne s'est expliqué que plus tard : Barante avait pris le secrétaire de l'ambassade autrichienne pour un des députés qui venaient d'être élus.

Rien d'intéressant ne s'est passé jusqu'au 30 juillet, jour des funérailles du duc. Le temps était assez beau, quoique froid, et les nuages laissaient de temps à autre darder les rayons du soleil. Dès le grand matin, les tam-

---

1) Fils de l'ambassadeur d'Autriche à Londres, qui se trouvait en ce moment à Paris, comme secrétaire de l'ambassade impériale.

bours battaient aux champs, les nombreuses légions de la
garde nationale débouchaient de tous côtés, se dirigeant
vers les Champs-Elysées et la place de la Concorde, et la
population se portait en masse compacte vers les lieux où
devait passer le funèbre cortège.

Deux choses m'intéressaient vivement dans cette cérémonie : l'aspect général et la tenue des troupes composant
le cortège et l'attitude du peuple. C'est de la terrasse de
la comtesse Razoumowsky, donnant sur l'avenue des
Champs-Elysées, tout près de la barrière de l'Etoile, que
je suis allé voir la cérémonie. Les troupes de la ligne et
la garde nationale étaient rangées, la première sur une
file, la seconde sur deux, tout le long de la route qui
devait, en conséquence, rester libre. Cependant le peuple,
filtrant de tous côtés, avait fini par envahir tout l'espace
depuis Notre-Dame jusqu'à l'Arc de l'Etoile.

Depuis longtemps le canon des Invalides avait annoncé
le départ de Neuilly du cortège funèbre, le moment
approchait où il allait entrer dans Paris et néanmoins le
peuple encombrant l'avenue, resserré encore par les files
de troupes, et les spectateurs, de moment en moment
plus nombreux, ne bougeaient pas et présentaient une
masse compacte et inerte contre laquelle venaient se
briser, comme contre un rocher, les efforts des gardes
municipaux à cheval qui cherchaient à refouler la populace.

Enfin, un espace d'une cinquantaine de toises ayant été
balayé, je me mis à considérer les spectateurs rangés et
entassés derrière les soldats formant la haie. Un chien
vient à passer.

— Ah ! oh ! eh ! à bas le caniche ! au violon le caniche !

— Non, non, place au caniche ! c'est un officiel peut-
être !

— Au violon, à la broche le caniche! Vient-il pas de Bruxelles avec de la dentelle?

— A bas le caniche! il n'est pas affiché, ce n'est pas lui qui commence!

Et par là-dessus, de gros rires qui partaient de la cime même des arbres où les blouses avaient grimpé pour se mettre à califourchon sur les branches. Tout à coup, crac! les branches plient et cassent et tombent avec ces fruits d'une nouvelle espèce: les rires redoublent; enfin, un groom anglais, montant une sorte de fossile pur sang, et débouchant le diable sait d'où! passe à son tour à la suite du caniche, alors les cris et les rires de recommencer de plus belle: « A bas l'Anglais! A bas Don Quichotte! Au violon! ».

Et des cris, des huées, des sifflets, enfin quelque chose de frénétique. Tout à coup, de nouveau, le canon des Invalides, le cliquetis des armes, le hennissement des chevaux: je regarde à droite, c'est le cortège qui s'avance; à gauche, le peuple qui encombrait et entravait le passage avait disparu comme par magie. Les troupes formant la haie des deux côtés avaient avancé et s'étaient jointes : le peuple, ainsi resserré, s'est vu forcé de passer derrière la troupe. Cette dernière, faisant alors subitement volte-face, avait refoulé le bourgeois et fait ainsi reprendre au torrent le lit qu'il avait débordé. Tout rentre dans l'ordre, le plus profond silence s'établit, on n'entend plus que le canon et les cloches. Tout s'est passé le plus pacifiquement du monde et, parce qu'ils l'ont bien voulu, quatre cent mille hommes ont cédé à quarante mille.

Le cortége était exclusivement militaire, la tenue de la garde nationale est bonne et l'on a peine à croire que ce sont là des cordonniers, savetiers, tonneliers, etc. Celle de la garde municipale est admirable. Recrutée parmi les

plus beaux hommes de tous les régiments, cette garde est
la plus belle troupe de toute l'armée et la mieux payée.

En général la tenue des soldats de cavalerie m'a semblé excellente et leur équipement satisfaisant, très médiocre pour ce qui concerne les chevaux ; la tenue de l'infanterie triste, les hommes petits, trapus, les uniformes
mal taillés, les pantalons trop courts, le tout, du moins
en apparence, du plus chétif aspect, sauf toutefois les
chasseurs d'Orléans, dont l'uniforme n'est autre que l'habit
cosaque, et qui, pour un corps d'infanterie légère, ont
une tenue parfaite.

Enfin le cercueil apparaît avec tout le clergé des
paroisses de Neuilly, Saint-Denis et Saint-Germain-
l'Auxerrois, l'Archevêque de Paris en tête, chantant en
chœur les prières des morts. Quelques têtes se découvrent,
le cortège passe et la foule, un instant comme pétrifiée,
s'ébranle en masse pour se répandre en flots tumultueux
dans les rues adjacentes. En un mot, les Parisiens se sont
rendus à cette cérémonie comme à un spectacle destiné
à satifaire leur oiseuse curiosité : dans l'attitude, sur les
physionomies, dans les yeux l'on eût cherché en vain
quelque sentiment de douleur ou même une légère teinte
de tristesse, rien enfin, absolument rien, et les larmes et
les sanglots n'ont été aperçus que par MM. les rédacteurs
des journaux du Gouvernement.

Doit-on en conclure que la mort du duc d'Orléans n'ait
fait aucune impression sur les masses ? Point du tout ! au
contraire l'impression a été plus vive, plus générale que
l'on ne s'y était attendu. Mais ce n'est pas sur la physionomie des Parisiens que l'on doit chercher autre chose
que rien du tout, mais bien dans l'attitude et surtout le
nombre des gardes nationaux rendus à l'appel dans
l'ordre et la tranquillité générale de la population. Ce

jour-là, la garde nationale était au grand complet et l'ordre n'a pas été troublé un seul instant ; ce sont autant de manifestations qui attestent en faveur de la douleur publique.

— Eh ! bien, dis-je le lendemain à une fruitière de la rue Saint-Honoré, voilà vos fêtes de juillet flambées, enfoncées !

— C'est égal, répliqua-t-elle, nous avons toujours eu quelque chose.

Voilà pour les fruitières.

Le 30 au soir, je me suis dirigé vers Notre-Dame, curieux de voir l'aspect des alentours de l'église depuis que le corps du Prince s'y trouvait. Il y avait relâche, le temps était chaud, l'air étouffant, c'est dire que Paris prenait ses ébats dans les rues. Tendue extérieurement de noir et les tours surmontées de deux drapeaux noirs, la cathédrale en deuil se détachait en noir sur un fond lugubre, car le ciel roulait de gros nuages qui menaçaient d'un moment à l'autre de fondre sur Paris, la populace encombrait les avenues de l'église, les pesants omnibus se frayaient lentement un passage à travers la foule peu soucieuse de se déranger, tandis que, dans les petites rues, le passage était entièrement interrompu. Les blouses s'étaient établies en plein vent avec leurs tables, leurs tréteaux, etc., et criaient à tue-tête :

« Vlà Mgr le duc d'Orléans et Mme la duchesse, 3 sous ; voyez, Messieurs et Mesdames, vlà toute la famille pour 5 sous, voyez comme ils sont ressemblants, ne dirait-on pas qu'ils vont jaser ? ».

« Vlà le *Moniteur*, le *Journal du soir*, les *Funérailles*, 3 sous ».

« Vlà des allumettes chimiques sans bruit, sans odeur, des bagues, des rubans, etc., etc ».

Et tout cela se passait devant le Parvis de Notre-Dame
où le peuple se pressait en masse contre la haie des gardes
municipaux à cheval qui en défendaient l'accès ; d'un
côté : le tumulte d'une populace oisive, des jeux, des cafés,
ruisselants de lumière ; de l'autre : le silence. l'obscurité
et la mort ! Le spectacle était impressionnant. En revenant, je me suis perdu ; j'ai rebroussé chemin trois fois
sans le vouloir et, trop obstiné pour demander ma route,
je ne suis arrivé qu'à onze heures chez Mme M*** où l'on
m'attendait pour prendre le thé.

C'est le 3 août qu'a eu lieu la cérémonie des obsèques
de l'illustre défunt ; le Corps diplomatique y ayant été
convié, je m'y suis rendu avec Kisseleff. La décoration
intérieure de l'église conçue et exécutée avec goût, les
milliers de bougies qui brillaient dans la basilique tendue tout entière de noir, les milliers de spectateurs, les
haies nombreuses de troupes qu'il fallait traverser pour
pénétrer jusqu'au parvis, toutes les fenêtres garnies de
monde, tout ce peuple enfin qui encombrait les rues avoi-
sinantes, tout cela présentait un coup d'œil magnifique.

Une partie de l'église était occupée par les députations
des corps militaires, par la garde nationale et municipale,
la troupe de ligne, les capitaines, colonels, généraux, et,
vers le milieu de l'église, la Magistrature, les Cours des
Comptes et de Cassation en grandes robes rouges et noires,
l'Institut de France, conduit par Victor Hugo, etc. Au
pied du catafalque, les ducs de Nemours, d'Aumale et de
Montpensier et le prince de Joinville, autour d'eux, se
groupaient leurs états-majors, la maison du Roi, les maréchaux Soult, comte Gérard, Vallé et Molitor, le Chancelier
de France en robe écarlate doublée d'hermine, Guizot,
Duchâtel et tous les ministres. Dans l'autre partie de
l'église, à gauche du catafalque, la Chambre des députés :

à droite les pairs et le Corps diplomatique; enfin, vers l'autel, le clergé de Neuilly, de Saint-Germain-l'Auxerrois, le chapitre de Saint-Denis et celui de Notre-Dame. L'Archevêque de Paris officiait.

Le coup d'œil était vraiment grandiose et majestueux : le calme et le silence, l'attention et le recueillement, la pompe vraiment royale de l'ensemble, tout enfin y était digne de la solennité du moment, tout avait un parfum monarchique et religieux tout à fait satisfaisant. La cérémonie terminée, chacun est retourné chez soi et, en partant, j'ai eu l'occasion d'observer l'ordre établi pour les équipages, les files des voitures. Aucun désordre, aucune contestation entre les cochers et la police, aucune bataille, ni bruit, ni cris, ni rixes, et à peine commençais-je à m'impatienter que déjà je montais en voiture. Dans la nuit du 3 au 4, le corps du prince a été transporté à Dreux pour y être enterré dans le caveau de la famille d'Orléans.

Depuis lors, le travail des Chambres a considérablement avancé; les nominations du président, des vice-présidents, des secrétaires, la composition des bureaux, tout a tourné jusqu'ici à l'avantage du ministère qui a su exploiter la situation avec une habileté remarquable. La rédaction en réponse au discours du Trône a été confiée à Lamartine, qui s'en est tiré en poète et s'est couvert de ridicule. « Désormais, y est-il dit entre autres, la duchesse d'Orléans n'aura pour trône et pour patrie que le tombeau de son époux et l'avenir de ses enfants. »

Quel nébuleux galimatias, quel langage pour une assemblée politique ! Néanmoins, l'adresse a été adoptée sans discussion; il en sera probablement ainsi de la loi de la Régence, car la Gauche, il faut lui rendre cette justice, a, par convenance, peut-être aussi un peu par la conscience qu'elle a de sa faiblesse, remis la question

ministérielle jusqu'à la seconde convocation des Chambres.
Mais, grand Dieu! que tout cela est petit et mesquin
quand on y met le nez, qu'on voit les choses de près et
que l'on connaît les motifs qui font agir toute cette tourbe!
Je compte aller souvent aux Chambres pour m'y familia-
riser avec les allures des assemblées délibérantes.

28 août.

Il règne à Paris, dans ce moment, un calme plat. L'agitation causée par la mort du duc d'Orléans, par les céré-
monies funèbres, par la discussion de la loi de Régence
s'est entièrement apaisée : les députés sont partis en
masse pour jouir à la campagne du bonheur domestique
et reprendre haleine en vue de recommencer plus tard leur
brillant bavardage; enfin, la vie semble s'être retirée de
ce Paris, hier encore si vivace, si pétulant ; les spectacles
seuls vont leur train accoutumé.

J'ai entendu Duprez dans *Guillaume Tell*. Il est loin,
bien loin d'avoir répondu à mon attente : sa méthode est
assez bonne, assez italienne, mais sa voix, hélas! plus que
sur le retour, obligé souvent de crier comme un forcené,
de forcer sa voix pour atteindre les notes hautes, il les
manque parfois, prend à côté et l'effet est perdu. Les
chœurs sont en général fort bons, parfaitement exercés,
mais les basses manquent, il n'y en a pas assez pour
dominer et elles sont toujours couvertes par les ténors,
altos, sopranos, etc.

L'Opéra possède en outre un autre ténor dont le nom
m'échappe en ce moment, mais qui est connu sous celui

de « Tonnelier ». Voici en deux mots son histoire : il y a
de cela quelques mois, le directeur de l'Opéra, venant à
passer par Rouen, voit un tonnelier un marteau à la
main, vêtu d'une blouse et coiffé d'un bonnet comme en
portent les ouvriers, roulant et rangeant des tonneaux de
sa façon, tout en chantant, pour s'égayer et d'une voix de
ténor douce et mélodieuse, quelques passages, quelques
réminiscences fugitives des opéras qu'il avait entendus,
lorsque le soir, pour se délasser des travaux de la journée,
il s'en allait écouter les virtuoses de la bonne ville de
Rouen.

— Que gagnez-vous à votre métier ? lui demanda le
directeur.

— Dame, environ mille francs par an, quelquefois plus,
quelquefois moins.

— Eh bien ! je vous en donne tout de suite cinq mille
si vous consentez à venir à Paris, à étudier le chant et à
monter sur les planches.

L'honnête industriel le croit décidément fou, cependant
l'affaire s'arrange : le tonnelier paraît au théâtre et le
public parisien, qui connaît son origine, son histoire, en
raffole ; il est applaudi, fêté, porté aux nues. C'est ce tonnelier que j'ai vu dernièrement dans le rôle de *Masaniello.*
Mais hélas ! qu'ai-je entendu ou plutôt, que n'ai-je pas
entendu ? Une voix douce, agréable, mais sans force, sans
vigueur, sans énergie et presque toujours couverte par
l'orchestre ou les chœurs ; de plus, un jeu détestable,
flasque, mou et, d'un bout à l'autre de la pièce, toujours
dans la position d'un homme qui, dès son bas âge, aurait
passé sa vie à cheval sur un tonneau ; ce n'est pas dans
cette attitude qu'on peut prétendre faire de l'effet en chantant : *Amour sacré de la patrie.* En attendant, cet amour
sacré, qui avait porté le public à accueillir son tonnelier

avec transport, s'est peu à peu refroidi pour faire place à une appréciation plus saine du vrai mérite du chanteur, et aujourd'hui ce même public est d'avis, comme moi, que le tonnelier eût mieux fait de garder son état.

Je n'ai pas encore été aux Français et n'ai point encore vu Frédérick Lemaître et Mme Dorval qui jouent à la Porte Saint-Martin où, tous les jours que Dieu donne, l'on représente : *Trente ans ou la vie d'un joueur.* En général les premiers sujets ne sont point encore rentrés dans leurs foyers et charment, à cette heure, les loisirs des malades qui cherchent aux eaux d'Allemagne, dans les plaisirs et les distractions, un remède aux maux qu'ils veulent bien se créer périodiquement tous les ans.

Avant-hier, une forte pluie d'orage a subitement rafraîchi l'atmosphère, et le soleil, après avoir dardé ses rayons de feu pendant trois mois et avoir tout brûlé et desséché, a tempéré son ardeur probablement pour long-temps.

14 septembre.

Depuis la mort du duc d'Orléans, la loi de Régence, conçue dans un esprit éminemment monarchique, dynastique et conservateur, a été votée à une immense majorité par les deux Chambres. L'opposition de Gauche qui seule, dans celle des députés, s'était levée pour protester contre cette loi, n'a réussi, qu'à se porter à elle-même, en révélant sa faiblesse, un coup dont elle aura de la peine à se relever. Thiers et Lamartine ont fait dans cette occasion, un chassé-croisé assez original. Lamartine, membre du parti conservateur, s'est fait le champion de la Régence en faveur des femmes et a voté avec la gauche ; Thiers au contraire, que les suites du traité du 15 juillet avaient depuis sa chute rejeté dans l'opposition et qui brûlait d'en sortir, a voté avec le ministère et reconstitué par cet acte sa position au sein du parti gouvernemental ; il est en un mot, redevenu possible.

Le ministère cependant n'a pas voulu perdre de temps : le duc d'Orléans était aussi populaire que le duc de Nemours l'est peu ; or une partie de l'armée française ayant été assemblée au camp de la Marne où le défunt devait pendant les manœuvres exercer le commandement, on a vite expédié le futur Régent pour cueillir des lauriers et conquérir cette popularité qu'on lui reproche de ne point posséder. Le voilà parti, et les journaux de le faire mousser, d'exploiter, comme on dit, la situation et, dans leur zèle officiel et leur enthousiasme ministériel, de remplir leurs colonnes des merveilleuses harangues du nouveau débutant dans la glissante carrière de la popularité.

Comme de raison, *le National*, *le Charivari* ne se sont pas fait faute de combattre cette fièvre dynastique par les armes si vulgaires mais toujours si puissantes ici du ridicule, et quelle a été leur joie perfide, lorsque le Prince, en réponse à un discours où on le félicitait du vote de la Chambre des députés, s'est écrié : « Et je ferai tout mon possible, tout ce qui sera en mon pouvoir pour justifier le vote si flatteur pour moi de la Législature ». Le mot de Législature comprend le concours des deux Chambres, or les pairs n'avaient pas encore voté ; dès lors ce fut dans les feuilles de l'opposition un cri unanime « il se fiche des pairs ; demain il se fichera des députés, du peuple, de tout le monde ». Quel est en somme le résultat de cette tournée, et le Prince a-t-il réussi auprès de l'armée ? c'est ce qu'il est difficile de dire au juste, il paraît néanmoins qu'il s'en est assez bien tiré.

Tout est en stagnation, ici comme partout. Le Roi et les ministres absents ; la reine d'Angleterre avec sir R. Peel et le duc de Buccleuch à Édimbourg où le « scotch loyalty » se manifeste par de « uninterrupted cheering », et qu'elle va quitter pour s'enfoncer dans les Highlands, visiter les lieux immortalisés par Walter Scott et honorer de sa royale présence les ducs de Buccleuch et de Sutherland, le marquis de Bredalbane, le comte de Morton, lord Willougby d'Eresby. Lord Aberdeen la recevra à Aberdeen, et le duc d'Athol dans les montagnes au milieu des clans d'Athol, de Campbell et autres, réunis sous les ordres de son fils, lord Glenlyon. Partout sur son passage éclate le plus vif enthousiasme, le plus cordial « greeting » !

N'est-il pas admirable de voir que c'est dans le pays où les institutions libérales sont les plus anciennes, que la royauté a conservé le plus de ce prestige qui ailleurs fuit à vue d'œil, devant l'élément démocratique, ce parvenu parmi les pouvoirs constitués. Ici le Roi et la Royauté sont toujours en cause, en Angleterre toujours hors de cause ; c'est que là la Royauté c'est la loi et la loi c'est tout. Cet été, des troubles sérieux ont éclaté en Angleterre ; tous les colliers, les minors et les millers des grands districts manufacturiers ont spontanément suspendu leurs travaux et se sont réunis, en masses compactes, pour demander les uns la Charte du peuple, les autres l'abolition de la loi des céréales, enfin tous, « a fair day's wage for a fair day's work ». (1) Les autorités civiles s'étant montrées impuissantes à réprimer ce mouvement, Manchester,

_____

(1) Une bonne paye pour une bonne journée de travail.

Leeds, Stockport sont tombés aux mains de la populace ; lo strike se répandait avec une effrayante rapidité et la grande fabrique a tout à coup vu s'arrêter l'éternel mouvement de ses nombreux rouages. Alors les ministres se rassemblent, on délibère : Wellington remplace lord Hill au commandement en chef de l'armée et 8.000 hommes sont expédiés par le railway. Ils arrivent à leur destination pour en apaiser 800.000. Aussitôt, et après quelques rixes insignifiantes, tout rentre dans l'ordre ; Wellington s'en va à la campagne et sir James Graham, ministre de l'Intérieur, à l'île de Wight dont il admire en ce moment les côtes pittoresques.

Enfin pour compléter la liste des absents : le Roi de Prusse, Ernest de Hanovre, le prince de Metternich, les archiducs, les princes de la confédération, grands électeurs et autres sont aujourd'hui réunis pour les manœuvres de l'armée du Rhin : le mocheimer et le rudesheimer coulent à pleins bords. Le chancelier de Cour et d'État a naturellement sa place indiquée parmi les princes de la confédération, mais il a en outre l'espoir de tempérer, dit-on, l'ardeur libérale du dernier venu dans la famille des rois de l'Europe. Vain espoir, ajoute-t-on, car ce dernier avant de quitter Berlin a déjà convoqué pour le 18 octobre les comités siégeants en l'absence des Conseils généraux et dont, avant son départ pour Pétersbourg, il a cru devoir doter son pays ; finalement, il est décidé à se soustraire à toutes les influences et à ne prendre conseil que de lui seul.

A propos du Roi de Prusse, on ne saurait croire tous les bruits qui ont couru, tous les contes qui ont circulé, toutes les incroyables et stupides histoires auxquels a donné lieu la visite de ce monarque à Pétersbourg. Ce ne sont que noirs complots tramés dans l'ombre par la no-

blesse mécontente, attentats mystérieux aux jours de l'Em-
preur, envoi d'un grand nombre de coupables en Sibérie.
rupture avec la Prusse et autres fables semblables inventées
par la malveillance, ignorance, outrecuidance de méprisables journalistes. Réfuter toutes ces bêtises serait sans
doute un temps perdu. Cependant, dans le temps de publicité où nous vivons, il est naturel de voir la dignité du
silence interprétée en signe d'adhésion : le proverbe «qui
ne dit mot consent » a maintenant force de loi ; l'on ne
doit donc pas s'étonner si toutes ces absurdités trouvent
des crédules parmi les ignorants et laissent des doutes
fâcheux dans l'esprit des classes éclairées. Enfin, l'on croit
généralement qu'il y a eu quelque chose.

Mais voilà assez de politique.

Ces jours-ci d'affreuses pancartes rouges, jaunes et
bleues, accolées à toutes les murailles disponibles de la Capitale ont annoncé la fête des Loges à Saint-Germain. J'y
suis allé avec Noroff le procureur et M. Lebedeff du Ministère de la Justice. La ville de Saint-Germain-en-Laye est
située sur une hauteur, au sortir de la ville vous entrez dans la célèbre forêt de Saint-Germain, coupée dans
tous les sens par de grandes et belles allées bordées de
marronniers et de tilleuls massifs, contemporains des rois
de France qui venaient, dans la saison de la chasse, habiter
le château converti aujourd'hui en prison d'Etat, et se
livrer avec les seigneurs de la cour à la poursuite du cerf
et du sanglier. Aujourd'hui cette forêt constitue un des
articles principaux du budget particulier de Sa Majesté.
Dans une de ses parties les plus reculées, est située la fai-
sanderie royale ; dans une partie plus centrale, l'on trouve
les Loges, célèbre couvent de religieuses, dont pour le
moment l'histoire m'échappe. C'est autour de ce bâtiment qu'à l'époque de la fête s'établissent en plein vent

charlatans, équilibristes, saltimbanques, vendeurs d'objets divers, et que se dressent les tréteaux des fruitières, les tentes des restaurants et celles où les amateurs s'assemblent pour danser ce quelque chose qui n'est ni contre-danse ni cancan, ce quelque chose enfin d'anguleux, de disgracieux, de désagréablement pétulant qu'ont enfanté « les Glorieuses » et qui est aujourd'hui la seule danse du bourgeois, le seul plat que l'on vous sert à toutes les réunions bourgeoises et que je ne saurais qualifier que du nom de « Sauté ou Suprême de canaille à la malcontent. »

Après avoir flâné aux Loges, nous prîmes le chemin de la fameuse terrasse de Saint-Germain, située sur le versant de la colline, dont une demi-lieue au moins nous séparait et, pour franchir cet espace, nous primes une sorte de véhicule en manière de poulailler posé sur deux grosses roues et dans ce noble équipage, on aurait vu cheminer gravement un secrétaire d'ambassade, un procureur du Sénat dirigeant et un chef de section du ministère de la Justice. De la terrasse de Saint-Germain la vue est magnifique : dans le fond Paris, à droite les hauteurs que termine l'aqueduc de Marly, à gauche les hauteurs de Bellevue, Montmorency et, à droite encore, le mont Valérien, aujourd'hui après Vincennes le plus considérable des forts qui étreignent Paris d'une ceinture de fer, et en bas la Seine qui serpente et qui, semblable à l'esprit de ses habitants, se courbe et se recourbe en replis tortueux.

En une demi-heure, le chemin de fer nous a transportés à Paris où nous attendait d'abord un bon dîner, puis la rentrée aux Variétés d'Odry et de Vernet de retour de leur tournée en province.

L'un et l'autre, aussi vieux que leur juste renommée, font encore les beaux jours de ce théâtre ; on donnait *Le père de la débutante*, ancienne pièce, où le héros des-

cend dans l'orchestre et cause avec le public, où la conversation s'établit entre les musiciens, le souffleur, les acteurs, et autres facéties semblables. Vernet est de première
force, c'est un acteur consommé, il a été admirable et a
produit dans la salle un tonnerre perpétuel d'hilarité.

Odry a fait sa rentrée dans *les Saltimbanques*, mauvaise pièce de carnaval mais qui sied merveilleusement à
la nature de son talent. Odry est le favori du peuple, le comique de la canaille, il a encore plus de ce que l'on nomme
du chic que de véritable talent, il n'en a pas moins certains airs, certains gestes qui n'appartiennent qu'à lui et
que l'on ne saurait imiter; enfin j'ai vu ces deux sujets
réunis dans *Madame Gibou et Madame Pochet*, cette fameuse pièce ou pochade plutôt, où les deux commères
sont occupées à faire du thé qu'elles nomment un fricot
anglais.

Au même théâtre j'ai remarqué une actrice, Esther,
dont l'œil intelligent, la jolie figure, la tournure avenante
ont dès l'abord attiré mon attention. Il se trouve que c'est
ni plus ni moins qu'une fille d'un marquis de Bongars,
famille ruinée par la Révolution, et qui préférant à la misère la vie si agitée des coulisses, est montée sur les planches il y a de cela une dizaine d'années; elle s'est fait
lithographier avec les armes et la devise de la famille:
« Bon sang ne ment jamais ». Hélas! la chronique de
Paris dit tout autre chose sur cet article et le prince
Alexandre de Wurtemberg qui, dit le *Charivari*, n'avait pas
donné signe de vie depuis la catastrophe du 13 juillet, et
que l'on cherchait partout, a été retrouvé dans les coulisses
des Variétés.

Profitant du séjour à Paris de Noroff et de M. Kubé,
j'ai été ces jours-ci avec eux visiter la prison des jeunes
détenus et le dépôt des condamnés.

La prison des jeunes détenus est la seule en France à laquelle l'on ait jusqu'ici appliqué le système cellulaire dans toute sa rigueur. Ce sont de vastes corridors avec des cellules pratiquées des deux côtés ; chacune de ces cellules est occupée par un des détenus, qui y dort et s'occupe d'un métier quelconque. Il n'existe entre les cellules aucune espèce de communication, et les détenus ne peuvent ni se voir ni se parler ; chacun prend son repas chez soi et son exercice dans la cour à tour de rôle. Sous le rapport de la construction, de la tenue, de la propreté et de la surveillance, cet établissement ne laisse rien à désirer. Quant aux résultats du système, il y a trop peu de temps que l'établissement existe pour pouvoir les apprécier à leur juste valeur.

Il y a cependant des faits qui frappent de prime abord. Ainsi dans une des nombreuses cellules que j'ai visitées, j'ai trouvé un enfant âgé de neuf ans, il y avait deux ans qu'il était détenu et devait en passer encore trois pour achever son temps ; il avait donc été condamné à l'âge de sept ans, pour vagabondage. C'est un petit savoyard que l'on avait attrapé plusieurs fois mendiant sur la voie publique. Mais n'est-ce pas trop que cinq années de réclusion dans un cas pareil et pourquoi l'isolement, là où une école eût peut-être suffi ? Du reste l'enfant se disait parfaitement satisfait. En général cependant, les détenus ont mauvaise mine ; le nombre des malades n'est proportionnellement pas considérable, néanmoins il paraît douteux que ce système, sans doute fort bon pour les adultes, ne soit pas nuisible à la santé des enfants.

Le dépôt des condamnés est un bâtiment qui reçoit ces derniers en attendant leur translation au bagne ou dans les prisons de l'État. L'établissement est bien tenu, chacun s'y livre à son métier ; ici ni cellules, ni système

particulier. Le lendemain ces messieurs sont allés voir la
prison de Saint-Lazare ; nos occupations de chancellerie
m'ont empêché de les accompagner et je n'ai pas perdu
grand chose, car ils en sont revenus fort mécontents. Les
prévenus et les condamnés y sont à la vérité séparés,
mais l'établissement est mal tenu, malpropre, et le bâtiment peu approprié à son usage actuel. Il est en général
fort difficile de pénétrer dans ces établissements, les
nationaux n'y entrent que comme coupables et il faut une
permission spéciale du préfet pour en obtenir l'entrée.

Enfin j'ai vu Mlle Rachel ! Nous avons un grand acteur
qui, au milieu de ce qui l'entoure, est comme un souverain
au milieu, non pas de sa Cour, mais bien de ses valets.
Mlle Rachel est ici dans le même cas : en effet on annonce
Cinna, j'y vole... Grand Dieu ! des cordonniers en toge
romaine ! Auguste est un vieux précepteur qui a l'air de
s'être drapé pour édifier ses élèves; Cinna est représenté
par Beauvallet qui jouit ici d'une espèce de réputation —
trop d'honneur mille fois ! Quant à l'intérêt de la pièce
elle-même, c'est ennuyeux, froid, mort au delà de toute
expression ! De beaux vers, de belles pensées, mais
d'action point, d'intérêt encore moins : au diable les
trois unités classiques; décidément je suis né trop tard
pour les apprécier.

Mais Rachel ! parlez-moi de cette fille, tombée de
l'Olympe au milieu des grenouilles qu'elle écrase de tout
le poids de son talent. Elle n'est pas belle, à peine si on peut
la dire jolie, et cependant elle exerce sur vous un charme,
un attrait auquel on ne saurait se soustraire ; sa voix est
à la fois forte, vibrante, mélodieuse et douce, sa pronon-
ciation d'une pureté telle, qu'elle réussit presque à rendre
poétique la plus sèche des langues ; son regard tantôt
brûlant de haine, tantôt brillant d'amour, tantôt triste et

abattu, complète le jeu si mobile de sa physionomie et constitue sa vraie beauté. Tandis que, pendant les longues tirades d'Auguste, ce coquin de Cinna et cet imbécile de Maxime contractent leurs faces bourgeoises pour grimacer les passions qui sont censées les déchirer, la tragédienne immobile et sans daigner descendre à ces vulgaires contractions, laisse paisiblement les autres accoucher de leurs colères furibondes et, sans peine comme sans effort, exprime en silence les passions les plus aigües. Abonné aux Italiens, je compte pour cet hiver voir souvent les Français et repasser ainsi le répertoire des tragédies classiques que je me sens hélas! incapable de relire.

Mme Swetchine vient de rentrer en ville, et un de ces jours j'irai la voir. Quant à Lacordaire et autres grands prédicateurs, pendant la saison morte, ils font, comme tous les grands artistes, leur tournée de province et, quelle qu'édifiante que puisse être leur humilité chrétienne, ils ne poussent pas le mépris des vanités humaines jusqu'à s'exposer à prêcher dans le désert.

29 septembre.

Paris continue à faire le mort: pas le moindre souffle, pas la moindre agitation pour faire cesser le calme plat. Rien ne vient troubler pour le moment le paisible sommeil des ministres qui, à cette heure, goûtent à la campagne les douceurs d'un repos réparateur; gare le réveil! Les députés raffermissent, par l'exercice journalier d'occupations champêtres, leurs poumons affaiblis par un usage immodéré de la parole, et les prédicateurs catéchisent la province sur le mépris des richesses. Cependant, la vie commence à rentrer dans ce corps frappé de léthargie, et cette résurrection se manifeste par les théâtres. Ce n'est actuellement que là et dans la sphère littéraire qu'on aperçoit de l'action. En effet, depuis quelque temps, Eugène Sue occupe à lui tout seul l'oisiveté parisienne, et tous les matins maître et valet, ambassadeur et secrétaire, le duc et pair, et l'épicière, attendent avec une égale impatience le *Journal des Débats,* pour y lire dans le feuilleton *Les Mystères de Paris* et lorsque le journal m'arrive, il est certain que tous les gens de l'ambassade y ont mis le nez.

Cette œuvre encore inachevée qui, tous les jours, nous arrive par lambeaux, a deux parties qu'il faut bien distinguer : celle du roman, de l'intrigue, partie pleine de monstrueuses invraisemblances, et celle qui décrit les mœurs et coutumes de ces êtres immondes qui forment la lie de la population parisienne, voleurs, forçats libérés et autres, et qui, par une étrange bizarrerie, habitent les alentours du palais de Justice, la Cité, ce quartier du vieux Paris où ils se livrent à leurs ébats. Cette partie est véritablement des plus intéressantes, car l'auteur ne se gêne guère pour peindre la nature telle quelle se présente à lui et ne prend pas la peine de la farder.

Après avoir achevé, un soir, la lecture de ces misères humaines, le lendemain à mon réveil, à l'heure matinale de six heures et en compagnie d'un compatriote et d'un avocat à la Cour de Cassation, j'ai pris le chemin de Bicêtre où nous attendait le spectacle de misères non moins affreuses. Bicêtre fait de loin l'effet d'un château fort. Situé sur une hauteur, le bâtiment présente un aspect imposant, ses annexes sont immenses, ses cours intérieures spacieuses.

A peine arrivés, l'on nous a fait entrer dans une vaste salle, et là deux à trois cents aliénés, assis sur des bancs comme des écoliers, et attentifs à la voix du médecin, s'occupaient des divers exercices, qui rentrent dans la méthode de traitement du docteur Voisin, auprès duquel j'ai pris place avec mes compagnons.

« Monsieur, me dit-il, mon traitement a pour but de chercher, par tous les moyens possibles, à fixer les idées de ces malheureux sur un point donné, afin d'arracher les uns à leurs rêveries vagues et sans objet, et de détourner l'attention des autres de l'idée fixe qui les préoccupe ; voici comment je m'y prends : « Jacques, dit-il à un « enfant de treize ans, à la figure douce et mélancolique, « récitez-moi la fable que vous avez apprise.

Cet enfant n'est pas fou, mais des excès précoces l'ont réduit à une sorte d'état qui se balance entre la folie et l'idiotisme.

Après lui en sont venus d'autres : les uns idiots dès leur naissance, plusieurs à la suite d'excès ou d'accidents. Après les enfants, le tour des adultes : au nombre de ces derniers se faisait remarquer, assis sur le premier banc, un homme assez robuste et dont l'expression offrait un singulier mélange de ruse, de bonhomie et de tristesse.

« Celui-ci, me dit le docteur, se croit Roi d'Espagne, riche à millions et se figure être entouré de son Conseil et de sa Cour. « Allons, M. Juste, récitez-nous bien vite le « monologue de *Mithridate* ».

Et Sa Majesté de réciter et cela avec une aisance une entente si parfaite de la chose, que j'en ai été stupéfait ; vinrent ensuite des scènes à deux et à quatre personnages.

Après cet exercice, un petit orchestre composé entièrement d'aliénés ayant donné le signal, le reste de la compagnie a entonné des chants, un chœur mêlé de soli, le

tout juste, avec les piano et les forte fort bien observés,
les voix bien arrangées. Cet ensemble extraordinaire pro-
duisait cet effet singulier que les rôles semblaient inter-
vertis, et que ces Messieurs paraissaient, par l'harmonie de
leur chant, chercher à distraire la folie de leur médecin,
ou du moins à le mystifier. Cette idée m'est venue en
apercevant un fou qui, malignement, me désignait le docteur en accompagnant ce geste d'un clignotement intelligent et rusé.

Après ces occupations viennent les exercices « extra-muros »
et ces Messieurs, rois et sujets, vont travailler à la terre.
Surveillés de près, l'on ne craint pas de mettre entre leurs
mains les outils nécessaires à ce genre de travail; après
quoi ils rentrent, prennent leur repas et se livrent, le reste
du temps, chacun au métier qu'il a choisi. C'est ainsi que
se passe la journée de ces malheureux, et que se pratique
le système si humain et si admirable du docteur Voisin.

En traversant les hôpitaux de l'établissement, un des
malades, retenu au lit par une fièvre qui le faisait jaser
sans discontinuer, me dit, en se tournant vers moi :

— Vous êtes Six, entendez-vous !

— Ce n'est pas vrai, je ne suis pas Six.

— Vous l'êtes, puisque c'est moi qui vous le dis.

— Vous, mais qui êtes-vous, et comment me prouve-
rez-vous que je suis Six ?

Outré de mon obstination à ne pas vouloir être Six, le
malade se levant à demi : « Ah ! vous voulez des preuves
et bien les voici ; sachez-donc que je suis Dix ! Vous
voyez donc que je suis plus et que je vaux mieux que
vous; allez, vous n'êtes que Six. »

En général, l'établissement m'a paru bien tenu et le
traitement devant offrir les plus heureux résultats.

A dix heures et demie j'étais déjà rentré et je travaillais

à la chancellerie, après avoir déjeuné et dévoré quatre journaux, accompagnement indispensable de tout repas.

Le lendemain, j'ai été visiter en détail le mont Valérien, le point le plus élevé des environs et sur lequel s'élève, à grands frais, le plus important des forts détachés, destiné à foudroyer à la fois et l'ennemi téméraire et le parisien récalcitrant. Les travaux sont beaux, solides et se poursuivent avec rapidité.

Avant hier dimanche, j'ai dîné chez l'Ambassadeur d'Autriche : les Apponyi reçoivent fort bien et mettent beaucoup de bonhomie dans leur accueil ; la demoiselle, sans être jolie, est fort agréable. Il n'y avait à table, en fait d'hommes, que la famille, Kisseleff, Kourakine et moi, et quatre ou cinq personnages muets ; en fait de femmes étrangères, des comtesses Choteck de Hongrie, mère, tante et fille, j'ai donné le bras à cette dernière, pas jolie et spirituelle à la viennoise; j'ai trouvé le dîner bon mais un peu lourd.

De là je suis allé passer mon avant-soirée chez Sophie Radziwill, où je ne manque jamais le dimanche, et qui reçoit un tout petit cercle de fidèles. Pauvre femme! toujours belle et cette beauté toujours cachée derrière cet abat-jour qui ne la quitte pas depuis cinq ans : toujours cet éternel rideau devant ses yeux malades! De chez elle, entre dix et onze heures, je me suis rendu à l'ambassade de Naples, la seule avec celle d'Autriche qui ouvre ses portes à la société. Le duc de Serra Capriola a une bonne figure et quelque chose d'ouvert dans la physionomie; il occupe un superbe hôtel sur la place Beauvau, aime à recevoir et, n'ayant pour toute fortune qu'environ 80.000 francs à dépenser, s'enfonce, dit-on, tous les jours davantage dans le royaume ténébreux des dettes. La Duchesse a une figure agréable : potelée, dolente et douce, elle est tout entière dans ces trois mots. Dans ce salon, l'Italie domine avec sa langue mélodieuse : ce sont des ducs, des princes, des Galiera, des Sforza, mais hélas ! tous plus ou moins taillés en savetiers Je suis rentré à une heure dans un « omnibus » que j'ai loué tout exprès pour moi seul, et qui a singulièrement l'apparence du plus élégant coupé imaginable, car, m'a dit le comte Laval, un jeune homme n'a pas besoin d'équipage à Paris. Que dites-vous d'une tournée comme celle-là en fiacre ? mais il faudrait deux jours du train dont vont ces damnés Vélocifères ou ces perfides Carolines, sans parler de l'agrément de baisser à tout moment la glace (quand glace il y a) pour crier au cocher : « Mais avancez donc, tonnerre de Dieu ! mais avancez donc » !

Il y a du reste, ici comme partout, une industrie dont je ne m'étais pas encore avisé et il est hélas ! trop tard pour que j'en fasse l'apprentissage : elle consiste à se faire mener et ramener, mes habitudes y répugnent ; c'est bon pour les grands seigneurs ruinés ou pour les goujats, mes goûts bourgeois m'en rendent incapable.

Il pleut, dépleut et repleut sans discontinuer ; gris, froid, humide, crotté : voilà actuellement Paris ; rhume, toux, catarrhe voilà ses habitudes. Et quelle est la cause de cette bise précoce, sinon l'invasion des russes ! A tout moment, clac, clac, et l'on voit s'arrêter devant l'hôtel deux ou trois berlines pyramidales, écrasées sous le poids des vaches et des malles, noires ou jaunes, et, dans ces arches patriarcales, des familles entières, enfants, nourrices, bonnes et le diable et son train... Et alors la bise de souffler avec un redoublement de fureur !

— Concierge, ne pourriez-vous pas me dire qui sont ces voyageurs ?

— Des princesses russes, Monsieur.

— Et leur nom?

— Ah dame ! ça n'est pas si facile.

Il est minuit, je reviens à l'instant de chez la comtesse Rasoumowsky qui reçoit tous les mardis. Les russes forment le noyau de sa société et ses soirées sont un peu « romance ou sonate, que me veux-tu? » et surtout « whist, que me veux-tu? »

Alexandre Stroganoff vient d'arriver avec sa femme. Le malheur est quelquefois tenace quand il s'accroche à un individu ! Il y a de cela environ quinze jours, son fils âgé de huit ans manque de s'étrangler en avalant un os, et sept jours après le pauvre enfant expire en vomissant le sang, et cela par suite des efforts qu'il avait faits pour se débarasser de l'os qui était entré dans son gosier; c'est terrible !

13 Octobre.

J'ai vu Mme Swetchine qui m'a fort gracieusement accueilli et m'a confusionné, au delà de toute expression, en me reconduisant jusqu'à la porte de l'antichambre. Connaissant à fond la nature de ses opinions, j'ai eu soin tout d'abord de placer la conversation sur un terrain neutre, réservant toute espèce de discussion pour l'avenir. Je n'ai trouvé chez elle que le comte de Montalembert, le jeune et brillant orateur de la Chambre des pairs. Nous n'avons échangé que peu de paroles, mais ce peu, d'une nature assez étrange. — Dans le courant de la conversation le comte me demande : « Qui est votre ambassadeur à Paris? » Ma réponse n'a point été difficile : « Le comte Pahlen », ai-je répondu.

Comme ce ne pouvait être ignorance de sa part, je me suis borné là et lui ai demandé qui était l'ambassadeur français à Pétersbourg ?

— Je crois, m'a-t-il dit, que c'est M. de Barante.

— C'est possible, ai-je dit à mon tour.

Colloque fort intéressant entre un pair de France et un secrétaire d'ambassade.

Mme Swetchine a une conversation et un abord fort agréables et je compte la voir de temps à autre.

Le 1er octobre a eu lieu l'ouverture du Théâtre Italien, grande rumeur à Paris et la foule de se porter en masse à ce théâtre, où la mode pousse le monde fashionable bien plus que l'amour de la musique. Avant l'ouverture j'étais déjà à mon poste avec Kisseleff et Galitzine, le quatrième abonné étant absent et retenu dans quelque coin obscur de l'Allemagne, où il est occupé à se guérir du bien que les eaux devaient produire sur l'état de sa santé délabrée.

La salle de spectacle est charmante: de dimension moyenne, elle est arrangée et ornée avec un goût parfait, et l'or et le velours cramoisi figurent admirablement sur ce fond blanc. C'est par la *Lucia de Lammermoor*, de Donizetti que l'on a débuté et la Persiani, Mario et Tamburini ont fait les frais de la soirée. Rien de remarquable dans la voix de la Persiani, grêle comme son corps cette voix a même, avant que l'on ne s'y habitue, quelque chose de peu flatteur pour l'oreille mais, en revanche, ce défaut est plus que racheté par un art, une facilité, une justesse, un fini de la dernière perfection; les difficultés n'existent pas pour elle, jamais d'efforts, jamais de cris; si elle ne vous émeut pas par son énergie et ses accents passionnés, elle vous charme toujours par l'à-propos de l'expression qu'elle met dans son chant: c'est en un mot chez elle le triomphe de l'art, le véritable chant italien, moins la passion. Tamburini est admirable dans la *Lucia*, maître de la scène, de son jeu, de sa voix, il manie le tout avec une aisance, une facilité, une dextérité parfaites. Mario est grand, jeune, beau et gauche, voilà pour son extérieur; le timbre de sa voix agréable et doux, mais peu de force, encore moins de feu et d'énergie et ce n'est que dans les moments de fureur, de douleur violente ou d'exaspération qu'il sort de son calme physique et moral. Néanmoins l'ensemble a été admirable et l'effet du quatuor réellement électrique, aussi l'avons-nous fait répéter, et la salle a-t-elle été ébranlée par nos applaudissements. C'est, par parenthèse, le seul théâtre où notre espèce daigne condescendre à cette marque bruyante d'approbation.

Après la *Lucia*, *la Sonnambula!* d'un intérêt pour moi bien plus grand encore; de nouveau la Persiani et Mario: la première charmante, le second un peu froid. Le premier air d'Elvino a été fraîchement chanté et n'a pas répondu à mon attente, le final a réussi bien au delà, et l'effet en a été vraiment déchirant. Quant au jeu de l'acteur, il est resté bien au-dessous de notre Elvino; Mario n'a pas mis la moitié de son expression et de son énergie dans les gestes: il a été d'une gaucherie désespérante.

Enfin dans le dernier air du soprano, cet air qui n'est rien et qui me jetait, à ma grande confusion, dans une sorte d'enivrement voisin du délire quand Mme Rossi le chantait, la Persiani a été charmante mais est restée au-dessous de notre divin rossignol.

Mais que dirais-je de la *Semiramide!* C'était avant-hier soir, la salle comble et la Grisi déjà en scène au moment où je suis arrivé. Sa voix n'a rien de très puissant ou d'extraordinairement vibrant mais en revanche

d'un bout du diapason à l'autre, d'une égalité parfaite.
elle a du feu, du brillant, une facilité étonnante, rien ne
lui est impossible, rien ne lui coûte, rien ne l'intimide,
aucune difficulté ne l'arrête et elle l'aborde avec une audace vraiment digne d'une véritable italienne qu'elle est.
Jalouse, passionnée, haineuse elle a tous les défauts qui,
dans le chant, se transforment en brillantes qualités ; la
partie d'Arsace était chantée par Mme Viardot Garcia qui.
ainsi que la Grisi, a été reçue à bras ouverts par le
public, et qui n'a pas tardé à justifier pleinement cette
manifestation. Le premier duo entre Arsace et Sémiramis
a peut-être été tout ce que j'ai entendu de plus parfait en
fait de chant. Qu'on ajoute à cela le jeu de la Grisi qui,
sans rien sacrifier de son chant, y met cependant de la
grâce et de l'intelligence, sa figure belle, quand elle
s'anime, enfin, tout le cortège des attraits corporels auxquels je n'ai jamais su être insensible (et il est trop tard
pour commencer) et on aura une idée de la jouissance
que j'ai éprouvée.

J'ai été moins satisfait du grand récitatif chanté du
haut du trône. Et quel trône grand Dieu ! un vilain ustensile en papier mâché, un trône constitutionnel que quatre
marauds ont, à force de bras, poussé vers la droite de la
scène ! J'aurais désiré plus de grandeur et de majesté ; le
« juro » bien ; mais toujours admirable lorsque Arsace
et Sémiramis se trouvaient ensemble, confondant leurs
belles voix dans un de ces duos qui semblent rajeunir en
vieillissant. Aussi, à peine la dernière note du premier duo
a-t-elle cessé de vibrer, que de gros bouquets, partis des
coins les plus reculés de la salle, sont venus fondre sur la
Grisi dont le visage en ce moment rayonnait de bonheur.

En effet c'était un triomphe, une bataille gagnée voici
pourquoi : Rubini est ici depuis quelques jours, l'on n'était

pas parvenu à s'entendre avec lui, et d'un côté ses exigences un peu fortes, de l'autre la Grisi qui voulait avoir Mario et pour cause, avaient fini par faire échouer toutes les négociations. Or ici les habitués d'un théâtre connaissent et participent, jusqu'à un certain point, à toutes les intrigues des coulisses. Il y a le journaliste, l'auteur, le régisseur et jusqu'à l'allumeur qui se croient chacun l'arbitre des destinées du théâtre auquel ils appartiennent. Le public, connaissant donc la part de la Grisi dans ces intrigues, la réception qu'il lui a faite se ressentait légèrement de cette rancune, mais sa froideur n'a pas été de longue durée.

Tamburini cependant a été loin de répondre à mon attente, et ni son chant ni son jeu n'ont été dignes de lui : ce n'était plus le même homme que dans la *Lucia* — je ne sais à quoi cela peut tenir. — Je suis sous tous les rapports dans les meilleures conditions possibles pour bien entendre et savourer paisiblement et confortablement la musique à l'Opéra Italien : sur quatre abonnés, l'un est moribond quelque part en Allemagne, l'autre, Galitzine, qui écoute avec un recueillement religieux, après s'être suffisamment saturé d'harmonie s'en va toujours, par régime, se coucher après le premier acte, reste donc Kisseleff et moi, ce qui fait que nous sommes au large.

Après le spectacle, nous nous sommes rendus tous deux au cercle de l'Union ou cercle Grammont où la veille j'avais été élu membre permanent. Sous la présidence du duc de Luxembourg, le comité directeur de ce club se compose, entre autres, des princes de Chalais et de Luxembourg, comtes de Montagu, de Chabrillan, de Girardin, marquis de Hertford, etc... Parmi les français, c'est l'aristocratie qui y est en majorité et, par conséquent, l'opinion légitimiste. Il y en a du reste de couleurs diverses ; c'est

le club fashionable et celui où il y a le plus d'appelés et
le moins d'élus, d'abord parce que le parti français
cherche à diminuer le nombre des étrangers, en second
lieu parce qu'ici, comme partout, la politique s'en mêle ;
or, d'après l'article 19 du règlement, une boule noire
sur 12 votants suffit pour l'exclusion, ce qui fait que je
n'étais rien moins qu'assuré de mon élection. Cependant
grâce à l'adresse et la dextérité de MM. Kisseleff et Galitzine, j'ai été élu à la plus touchante unanimité et suis
sorti blanc comme neige de cette épreuve délicate.

On dîne au cercle à 5 francs et fort bien, ce qui fait
que désormais ce sera là le *Sanctum sanctorum* de mes
occupations culinaires. On y a tous les journaux du
monde, on va, on vient, sans se soucier de qui que ce
soit, on s'assied ou on se couche, en chapeau ou sans
chapeau, ce sont enfin les mœurs de Londres greffées au
sol français.

Tout cela est fort bien mais ce qui est infiniment moins
divertissant, c'est que l'acquisition de ces précieux avan-
tages se paient 500 francs la première année, au moment
de l'admission, et 250 francs les suivantes. Dîner à
5 francs est un peu cher pour moi mais, outre que dans
les bons restaurants, dont je suis las, l'on ne saurait
dîner à moins, les autres me répugnent : il n'y a donc
rien à y faire, d'ailleurs mes calculs sont faits et le chiffre
ne les dépasse guère.

Je suis allé voir à l'école des Beaux-arts l'exposition
des ouvrages des prix de Rome. On y remarque un certain tableau *Le Rêve du bonheur* par Papety (1). Il y

(1) Œuvre capitale de ce peintre, conservée à l'Hôtel de Ville de Compiègne.
Né en 1815 et mort en 1849, Papety élève de Léon Coignet avait obtenu
en 1836 à l'école des Beaux-arts le grand prix de peinture. Quoiqu'il soit
mort à 34 ans, il a laissé une œuvre considérable.

a beaucoup à redire à ce tableau qui n'est au fond qu'une ébauche, mais il a cependant des mérites réels : c'est un peu le genre de Bruloff(1) avec moins de génie et de coloris. Tout le reste est déplorable, peinture, sculpture, etc. : un genre mou, sans force, sans vigueur, sans inspiration mais en revanche de l'exagération et de l'affectation. Le bâtiment de l'Académie est de fort bon goût et, sans être grandiose et vaste comme le nôtre, il n'en répond pas moins parfaitement à sa destination ; c'est en même temps une sorte de Musée d'antiquités car, dans la cour et adossées au bâtiment, l'on trouve deux façades d'anciens palais dont l'un, celui de Gallion, avait appartenu au Cardinal d'Amboise qui l'avait fait bâtir.

J'ai fait hier une seconde visite à Alfred de Vigny, l'aimable auteur de *Cinq Mars* et de *Stello* ; il m'avait prévenu, lors de notre première entrevue, que sa femme étant malade, il ne pourrait me présenter que plus tard. Imprégnée du souvenir des poétiques inspirations de cet élégant poète, mon imagination s'apprêtait à voir apparaître une femme dont la beauté pure et esthétique réaliserait, sous une forme saisissable, les rêves de son jeune mari. Quelle erreur ! une masse informe, grande, grasse et rouge, tenant le juste milieu entre la bonne et la cuisinière anglaise. Certes la perfide Albion n'a guère de quoi s'enorgueillir d'avoir donné le jour à ce spécimen de la race féminine. Le poète dans ce choix s'est-il donc abaissé aux calculs mesquins et méprisables du vulgaire ? Cela s'est vu, mais j'aime autant lui supposer de plus nobles motifs car vraiment la tournure aimable et élevée de son esprit, le parfait

(1) Charles Bruloff, peintre russe de la première moitié du dix-neuvième siècle, dont l'éducation artistique fut due à la protection de l'Empereur de Russie. En 1834, il était à Paris et exposa au Salon : *Les derniers Jours de Pompéi*. Né en 1800, il est mort en 1852.

comme-il-faut de ses manières préviennent tout à fait en sa faveur.

Hélas ! voilà ce que c'est que la vie !... Je me proposais de passer ma soirée à écrire, or il est deux heures du matin et je rentre de chez un malheureux qui expire et que je n'ai pas quitté depuis douze heures. Vers les deux heures de l'après-midi, un jeune baron Ropp que je ne connaissais pas, vient me trouver à la chancellerie et me dit que Tapliakoff, frappé d'un coup d'apoplexie et presque entièrement paralysé, est à toute extrémité et qu'il n'a auprès de lui personne de ses compatriotes. Avant-hier, Tapliakoff était venu chez moi, je lui avais trouvé une mine bouleversée, effrayante ; il se disait souffrant et me faisait part de ses projets d'aller passer l'hiver en Italie. Le voyant morne et abattu et connaissant les cordes sensibles de son esprit, j'ai bientôt réussi à le mettre en verve : la conversation s'est animée et il s'est amusé à déchirer la France et les Français, enfin, nous avons causé, nous avons ri et fait un bout de chemin ensemble. C'est le même soir que le mal a commencé ; le lendemain vers les deux heures il n'avait plus sa tête, sa respiration est étouffée, aucun changement n'a eu lieu jusqu'à ce soir, saignées, vésicatoires, ventouses, rien n'a agi ; son pouls faiblit et il n'a plus que quelques heures à vivre. Les secours de l'art ne lui ont pas manqué, les soins encore moins, car il paraît s'être fait aimer par les gens qui l'entouraient : tout a été inutile.

15 novembre.

L'hydropathie ou l'hydrosudopathie n'a que fort peu de vogue ici ; on la connaît peu, on en parle peu et on la pratique encore moins. Il existe à la vérité un fort bel établissement mais, loin de s'astreindre à un système de traitement arrêté d'avance et uniforme sous le double rapport de l'hygiène et de l'application du remède, c'est une absence totale de tout système qui prévaut et l'on n'y connaît de règles que les caprices des malades, d'ailleurs peu nombreux, qui s'y font traiter.

Cet état de choses est tout naturel et il ne saurait ici en être autrement. Que faut-il avant tout pour un établissement de ce genre, pour un établissement sérieux quelconque? Un homme consciencieux, éclairé et désintéressé, un homme qui ait de la foi dans son système et ne considère pas la science comme un moyen de remplir ses poches, et ne la réduise pas aux misérables proportions d'une simple spéculation d'argent. La nature, nous dit le physicien, a horreur du vide; le moraliste pourrait dire, avec plus de raison encore, que le genre humain a horreur du vide... dans la poche, et le Français pousse ce sentiment jusqu'à ses dernières limites. Aussi tout moyen lui est-il bon pour sortir de cette situation anti-sociale.

Voici un exemple sur mille, une industrie d'un nouveau genre : une prime de 30 francs est accordée a tout individu qui risque ses jours pour sauver de la mort un de

ses semblables. Que résulte-t-il de cette munificence
municipale? Deux amis, deux gueux, tous deux excellents
nageurs, s'en vont, bras dessus bras dessous, rêver sur les
bords pittoresques de la Seine ou y pêcher quelques rachi-
tiques goujons; l'un donc glisse et fait le plongeon, l'autre
aussitôt de se précipiter et, au péril de sa blouse tout au
plus, de retirer le malheureux qui s'épuisait en violents
efforts pour lutter contre le courant, lequel s'obstinait
impudemment à le rejeter trop tôt à la surface; aussitôt
un attroupement se forme et les deux gueux, suivis de
leurs pareils, s'en vont tranquillement réclamer à la Pré-
fecture le prix de vertu qu'ils partagent vertueusement
entre eux et dont hérite, en dernier lieu, le cabaret voisin.
Chez nous, comme de raison, toute rémunération de ce
genre tournerait infailliblement au profit de l'administration; ici l'abus change d'habit et la corruption de la gent
administrative se retrouve chez la canaille administrée.
Eh bien ! cette tendance à la spéculation existe, sous une
forme et des couleurs mitigées, dans toutes les catégories
de l'échelle sociale; de sorte que, pour en revenir à l'hydropathie, l'entrepreneur de l'établissement qui, pour rentrer
dans ses fonds et couvrir les frais toujours très considérables, car ici l'apparence passe avant toute chose, a besoin
à tout prix d'avoir des malades, fait le raisonnement suivant : « Si je n'administre au patient que de l'eau froide,
cet animal, rebuté par la rigueur du traitement, quittera
peut-être mon établissement dans les huit jours; donc,
s'il demande de l'eau chaude, donnons-lui de l'eau chaude
et s'il demande des truffes, va pour les truffes, pourvu
qu'il paie ! »

Donc dans ces établissements les malades y sont les
seuls médecins et les médecins sont les vrais malades :
fièvre d'avidité; en voici un exemple, toujours entre mille.

Tapliakoff (1) a, pendant deux jours et demi avant sa mort, été soigné par les docteurs Petit et Percillet. Ce dernier, dont j'entendais vanter le désintéressement, a, en effet, pendant ce court espace de temps, donné tous ses soins et une grande partie de son temps au malade. Après la mort, le règlement des comptes ; on lui demande le sien : 500 francs ; on se récrie et l'on réclame une note détaillée, il la présente : 300 francs ; on objecte et on lui en offre 150, il empoche, remercie, me salue, je m'abstiens et il s'en va. — Ainsi de suite.

Il ne faut pas cependant en conclure que tout ne soit, dans le caractère français, qu'intérêt sordide, mesquin calcul et vils marchés ; le premier mouvement, souvent faux et erroné, est au contraire presque toujours empressé, chaleureux, généreux et loyal. Que, par exemple, vous tombiez mort, blessé ou malade au beau milieu de la rue, aussitôt un attroupement se forme et certes vous n'attendrez pas, comme ailleurs, pour recevoir les premiers secours, ni qu'il plaise à l'agent de l'autorité de se transporter sur les lieux. Vous serez transporté, pansé, lavé, médicamenté, que sais-je enfin, voilà pour le premier mouvement, excellent ! Mais cette première et généreuse effervescence calmée, voici venir la réflexion et gare les dommages-intérêts : mémoires, notes détaillées et comptes en partie double et valeur triple ! voilà le second mouvement, mauvais !

Ainsi, chez nous, si par malheur vous trébuchez sur la voie publique, patience ! mais en revanche, si par miracle vous réchappez, vous êtes quitte à bon marché ; ici l'on vous soigne de suite, mais hélas, l'on attend que votre convalescence pour soumettre votre poche au même

(1) Sujet russe, possesseur d'une grande fortune, qui vivait à Paris.

traitement et si vous récalcitrez l'on vous cite en justice.
Enfin, tout est taxé, tarifé : vous menez une dame
au spectacle, l'ouvreuse vous offre aussitôt un bouquet et
une banquette pour les pieds de madame, et quelle banquette, grand Dieu ! trois planches ! et que, si elle était
plus propre, vous pourriez empocher sans autre forme de
procès. Eh bien ! il y a un prix pour ce précieux ustensile
si vous êtes aux premières, un autre pour les secondes ou
troisièmes et un prix pour l'Opéra, un autre pour les
Variétés et ainsi de suite. Quant à moi, comme il n'y a
rien de plus anti-tarif qu'un russe, rien de plus rebelle à
toute espèce de classement pécuniaire que la nature russe,
je coupe court à toutes ces imaginations embarrassantes
..... à la russe.

A propos de spectacles, c'est la saison par excellence :
peu ou point de réunions, le théâtre est donc la grande
ressource du moment. Hier, après avoir dîné comme de
coutume au club, je m'en suis allé avec les comtes de
Montagu et de Flamarens et le marquis de Jumillac, à la
Porte Saint-Martin. L'auteur du roman de *Mathilde* (1) en
a tiré un drame, une sorte de production échevelée qui a
un succès prodigieux et qui, depuis deux ou trois mois
qu'on la donne, compte déjà quarante-sept représentations. Sauf Mme de Maran, la duchesse de Richeville et
autres accessoires, tous les personnages du roman s'y
trouvent : Gontran, Lugarto, Mathilde, Ursule et Secherin,
ces noms qui ont fait palpiter tant de cœurs, ces noms si
populaires, suffisent seuls pour expliquer un succès que,
du reste, le drame est loin, selon moi, de pouvoir
justifier. Dépouillez le roman de tous les charmants
accessoires, de tous les détails, de toutes les nuances si

____

(1) Eugène Sue, dont les œuvres étaient alors en pleine vogue.

fines dont l'auteur colore et assaisonne son récit, et
conservez-en le squelette, les faits seuls, vous aurez un
tissu grossier d'horreurs et d'invraisemblances. Voilà le
drame de *Mathilde*. Mais cela donne le frisson et serre le
cœur, ce qui explique une partie du succès ; puis les rôles
de Mathilde et d'Ursule sont joués par Mmes Fitzjames et
Klotz, deux des plus belles productions de l'industrie
française, voilà le reste du succès : les émotions déchi-
rantes, pour la canaille du parterre, les beaux yeux
de ces dames, pour notre espèce. Craignant les illusions
d'optique, je suis allé les examiner de près, dans l'intérêt
de l'art bien entendu : très belles !

Mais ce qui ne laisse pas d'être fort curieux, c'est le
public de ces petits théâtres, public sans fard et sans façon,
public nature et qui ne songe pas à étouffer ses élans et
ses émotions sous la triple cuirasse de l'élégance, des
convenances et du comme-il-faut. Il faut entendre ce public
rugir de rage lorsque, seul avec Mathilde, le comte Lugarto
est sur le point de réaliser par la ruse et la force ses crimi-
nels projets ; et plus tard les éclats de sa joie bruyante, lorsque
Rochegune et Secherin, forçant la porte, arrivent soudain
au secours de Mathilde et mettent Lugarto à la torture.
« Ah ! Dieu merci ! bien, bien, ah ! le monstre, torturez-le,
tuez-le ! » Et un tonnerre d'applaudissements chaque fois
qu'une main vengeresse vient s'appesantir sur ce monstre.

A quelques pas de moi siégeait gravement mon chapelier
avec sa vertueuse moitié, et tous deux, le cœur gros et les
yeux humides, raisonnaient dans l'entr'acte, avec leurs
amis, sur ce qui venait de se passer ; la parole était à mon
homme qui ne me voyait pas : « Oui, disait-il. ils sont
tous comme ça ces sacripants du grand monde ! »

En ce moment, il se retourne et m'aperçoit ; grande est
sa confusion.

— Comment monsieur, dis-je, sont-ils réellement tous comme ça ?

— Ha, ha, hé, hé, c'est-à-dire...

— C'est-à-dire ceux qui ne vous paient pas, mais ceux qui vous paient comptant, qu'en pensez-vous ?

— Ha, dame, hé, hé, sans doute, justice avant tout, et ma foi pour ceux-là, ha, ha, hé, hé.....

Enfin le rideau tombe, je me lève pour filer au plus vite, mais point de passage, ma voisine a pris racine.

— Eh bien ! madame, vous ne faites donc pas vos paquets ? la pièce est finie.

— Comment finie, monsieur ?

— Sans doute ; vous voyez que Rochegune épouse Mathilde et que Secherin se réconcilie avec sa coupable moitié.

— Mais en êtes-vous bien sûr, monsieur ?

— Parfaitement madame, c'est l'auteur lui-même qui me l'a dit.

— Oh pour lors, je suis tranquille.

Pauvre femme, ! sans doute quelque honnête lingère qui s'attendait à une commande pour la confection du trousseau de Mathilde, car à Paris l'on ne « fait » rien, l'on « confectionne ».

Quoique tard, je ne suis sorti du théâtre que trop tôt : un vent froid et perçant faisait tourbillonner des parcelles d'une neige sèche et glaciale ; oh ! doux parfum de la patrie ! Vite je me réfugie au club, où quelques tasses de thé réchauffent bientôt mes membres engourdis.

Nous avons deux manières d'entrer au club : ou bien nous laissons nos chapeaux dans l'antichambre ou bien, et le plus souvent, nous entrons et restons en chapeau car pour entrer le chapeau à la main, que diable ! cela vous donne un air de novice toujours ridicule, c'est déplacé.

Dernièrement, le jour de la Toussaint, je suis allé à quatre heures de l'après-midi, entendre l'orgue et les chants à l'église Saint-Roch, il y avait foule comme de coutume. En général, l'on afflue aux églises, mais la réaction religieuse existe-t-elle réellement? C'est ce qu'il me serait impossible d'affirmer ou de nier, l'occasion et les moyens m'ayant jusqu'ici manqué pour constater le fait. Donc la foule était grande, les chants solennels. Transporté, tout à coup, de la vie profane dans cette atmosphère religieuse, et sous l'influence toujours si puissante sur moi, des sons harmonieux, blotti dans un coin, je me pris à rêver et la rêverie a été longue, car il sonnait six heures à l'horloge de Saint-Roch lorsque je m'éveillai. La foule s'était écoulée, l'église était sombre et vide, sauf quelques vieilles femmes agenouillées par-ci, par-là. Je m'aperçus alors, à ma grande surprise, que, n'ayant rien pris depuis neuf heures, j'avais froid et faim, or la faim mène chez Véry, et Véry mène partout. Ce soir là il m'a mené au théâtre du Palais-Royal.

Chaque petit théâtre a ici ses immenses succès. A celui-ci, l'on régale le public, depuis quatre mois, tous les jours, d'une farce intitulée l'*Omelette fantastique*, un tas de bêtises mais qui, débitées par Alcide, Ravel et Sainville, ont fait courir tout Paris. « Ah ! je vous reconnais bien, allez, vous êtes bien le bourgeois qui, au Jardin des Plantes, m'avait affirmé sur l'honneur que la trompe de l'éléphant est en caoutchouc, mais saperlotte ! je n'ai pas été la dupe de vos artifices, j'ai demandé son opinion au municipal de service, et il m'a confirmé ce que je soupçonnais déjà, c'est qu'elle est simplement en gomme élastique ! »

Après l'*Omelette*, la *Dragonne*, autre succès. C'est l'éternelle anecdote de Catherine et de Potemkin, cause pre-

mière de la fortune du favori ; le tout arrangé, assaisonné.
et Catherine-le-Grand, avec des allures de grisette de la
rue Saint-Honoré ! Cependant cela n'effarouche personne :
il y a ici bien des traditions perdues !

Aux Variétés, les deux *Brigadiers* et *la Vendetta* ou comme
l'on dit ici la *Vindette*. De cette vendetta si terrible, ils en
ont fait une grosse farce : un Corse farouche fait venir de
Paris son neveu qui travaille dans les épices, sous le prétexte
de recueillir son héritage mais, en réalité, pour accomplir
la vengeance héréditaire. Le neveu arrive et l'oncle se met
à lui conter comment un jour un Jacobo tua un Léoni, puis
un Léoni tua un Jacobo, puis un Jacobo..... ; l'histoire
est fort amusante et le neveu parisien impayable.

Je ne suis pas encore au bout de ma nomenclature : au
Grand Opéra, le *Diable amoureux*, fort beau ballet, décorations magnifiques, jolie musique, et la *Reine de Chypre*.
opéra de Halévy : moins de chant et de motifs que dans
la Juive ; plus de bruit et d'éclat que de fond, plus de bruit
surtout que de besogne ; le récitatif y domine, mais le
récitatif français qui tient le milieu entre la mélodie et le
récitatif italien : beaucoup de reminiscences des *Huguenots*,
de *la Juive* et de *Guillaume Tell*, et, par-ci par-là, quelques
morceaux d'un effet original, piquant et nouveau. En
revanche, la mise en scène d'une magnificence, d'une
splendeur et d'une entente scènique et artistique des plus
remarquables. On trouve chez nous plus de drap d'or et
d'argent, plus de luxe, mais incomparablement moins
d'entente dans les effets de lumière, la disposition des
groupes, l'arrangement général. Ces effets souvent outrés
et en dehors du vrai, répondent exactement et par ce
qu'ils ont de bon et par leur exagération même, aux
effets que nous trouvons reproduits dans la peinture et la
littérature de notre époque. C'est Duprez, Barhoilet et

Mme Stoltz qui se partagent les principaux rôles, et c'est pour faire briller cette dernière qui règne en despote au Grand Opéra, grâce à son intimité avec le directeur, que ce dernier, au grand détriment de sa poche, s'est mis en frais et a prodigué le luxe à pleins bords. Je ne saurais partager l'avis de ceux qui condamnent sans miséricorde le Grand Opéra, je suis loin d'être ennemi du dramatique en musique et c'est ce côté que les français comprennent à merveille.

Aux Italiens, la *Cenerentola* et l'*Elisir d'Amore* de Donizetti. La Cenerentola, Mme Viardot-Garcia ; Magnifico, Campagnoli, à défaut de Lablache qui prétend avoir la goutte ; le valet du prince, Tamburini, et le prince, une misérable doublure. La *Cenerentola* est une des productions musicales que je sais le moins apprécier ; peu amateur du genre bouffe, je ne l'aime que dans le *Barbier*, ailleurs il m'ennuie. Mme Viardot toujours charmante quoique se donnant, à mon avis, beaucoup trop de latitude et un champ beaucoup trop vaste pour les ornements improvisés *adlibitum*. Dans l'*Elisir d'Amore*, la Persiani pèche, comme de coutume du reste, par le même défaut. A force d'ornements et de fioritures, l'on finit par ne plus savoir ce que ces dames chantent, par ne plus reconnaître l'original, et l'auteur lui-même, s'il l'entendait ainsi exécuter, applaudirait l'œuvre, mais y verrait un enfant étranger à ses entrailles.

Mais qu'il y a loin de ces dames à leurs misérables imitateurs ! Jamais, chez elles, rien ne languit, jamais de mouvement ralenti autre mesure et, si elles brodent à leur fantaisie et font des excursions téméraires dans le domaine de l'invention, jamais elles ne versent les pavots sur l'orchestre ou le public.

Dans l'*Elisir*, nous avons eu le début d'un nouveau

ténor qui a réussi bien au delà de ses espérances car sans
doute, j'aime à le croire du moins, il n'avait jamais osé
rêver un succès pareil, sur le premier théâtre du monde.
Ce soir-là, l'entreprise des succès dramatiques, avec les
chevaliers du lustre, engeance à laquelle d'ordinaire l'entrée de la salle est interdite, y a fait invasion; Rossini
avait fait un appel à ses amis pour recommander le seigneur Corelli à leur indulgence etc, ainsi travaillé, le
public lui a, en effet, fait bon accueil, jolie voix, fort
agréable dans le *dolce*, mais ni feu, ni énergie : un talent
de détail, bon et honnète, mais point d'audace.

Du spectale, j'ai couru en Autriche. Le salon Apponyi
était ce soir là envahi par les russes; en fait de nouveaux
arrivés nous avons Michel Galitzine avec sa femme née
Dolgorouky, ravissante créature, jolie et agréable; la comtesse Boleslas Potocki, autre séduction : imagination,
romantisme, vives émotions et maux de nerfs, rien n'y
manque; la famille Davidoff (Bariatinsky). Les Kotchoubey
sont partis pour l'Italie et Wittgenstein pour Wilna, près
de ses vieux parents qui viennent de perdre, par une
morte subite, leur fils favori, celui qui pour rester près
d'eux avait renoncé à toute carrière. Sa femme reste
ici. Personne ne voit Natalie Strogonoff qui, depuis la mort
de sa fille ainée, est dans la haute dévotion et par conséquent méconnaissable.

J'ai revu Mme Swetchine, chez laquelle je suis allé passer
une avant-soirée; je n'y ai trouvé que sa sœur Gagarine
et deux ou trois personnages plus ou moins muets; sa conversation est toujours charmante et pleine de bienveillance.
Un peu avant mon départ, M. Swetchine a fait son apparition dans le salon, je le voyais pour la première fois : on
m'a présenté, il m'a fait sa révérence, je lui ai tiré la
mienne et tout a été dit. Le lendemain, j'ai appris, par

son neveu Gagarine, qu'étant sourd il n'avait pas entendu
mon nom et que, m'ayant fait l'injure de me prendre
pour un des lettrés qui fréquentent le salon de sa femme,
il avait cru, selon son habitude, pouvoir passer outre.
Aussi n'ai-je pas tardé à voir ce pauvre vieux venir en
personne me faire amende honorable.

De chez Mme Swetchine, je suis allé voir le comte de
Modène, frère de feu le Grand Maître de la Cour (1); il
me fait l'effet d'un brave et excellent homme, sa femme,
jeune encore mais point jolie, d'une brave et excellente femme, qualités heureuses et dont il faut laisser
jouir en paix les gens qui les possèdent. Ils mènent un
genre de vie fort retiré et ne voient qu'un petit nombre
d'amis de leur couleur, légitimistes. J'y ai trouvé ce
soir là un baron et une baronne de Pfeffel; cette dernière
m'a beaucoup parlé des Repnine qu'elle a connus à Genève
et de Lise (2) qu'elle a connue en Italie et à laquelle elle a
voué, dit-elle, un attachement sincère. C'est là à mes yeux
un excellent passeport et il n'en a pas fallu davantage à la
baronne pour gagner mon cœur.

J'ai été considérablement et presque agréablement surpris de rencontrer ici le baron de Plessen, de Pétersbour-
geoise mémoire; je sais que cet intéressant imberbe avait
conçu de moi la plus fâcheuse opinion, et avait porté
plainte à Mme Ruckmann de mon orgueilleuse réserve à
son égard; aussi ai-je fait usage, en l'accueillant, de mes
sourires les plus séduisants pour le mettre dans son tort.

Rien de bien intéressant en politique. L'affaire de notre
différend avec la Cour de Rome a beaucoup préoccupé ici

____

(1) Le comte de Modène, emigré français qui avait pris du service en Russie. Admis à la Cour, il y fut nommé Grand Maître, sous le règne d'Alexandre,
en remplacement du prince Naryschine décédé.

(2) Elisabeth, princesse Repnine, née de Balabine.

les esprits de tout ce qui tient encore au parti catholique,
et produit, en général, une impression fâcheuse. Pour saisir
la manière dont les ardents et les zélés envisagent toute
cette affaire, il faut lire un livre intitulé : *Des persécutions
exercées sur les catholiques en Russie* par un ancien conseiller
d'État au service de la Russie. J'y ai trouvé de l'intérêt
car, me trouvant sur presque tous les points d'un avis
contraire, d'une opinion souvent diamétralement opposée
à celle de l'auteur, je me suis plu à cette lutte acharnée.
Cet ouvrage, selon moi, respire le fanatisme le plus
ardent, l'intolérance la plus révoltante et les vérités qu'il
contient, car il en contient et de très fortes, disparaissent
dans une argumentation mesquine et haineuse; enfin si
c'est là être bon catholique, cela n'est certes pas être
chrétien. A défaut de ce livre, il y a quatre articles du
Journal des Débats qui ont eu ici beaucoup de retentis-
sement, ils sont de Saint-Marc Girardin qui nous a
voué une inimitié invétérée. Sauf erreur, ils sont assez
bien faits.

Le Gouvernement français avait projeté une union
douanière avec la Belgique; le projet paraît avoir avorté
et le ministère s'est vu obligé d'opérer sa retraite sur
cette question devant la phalange victorieuse des délégués
des industries privilégiées. Voilà donc une question politique de la plus haute importance, tranchée, par les industriels coalisés à Paris, dans un sens hostile au Gouvernement; un pouvoir agissant en dehors de tous les pouvoirs
légalement constitués, surgissant comme par magie, qui est
composé de propriétaires de bois, de forgerons, tisserands
et autres, qui tient aujourd'hui ses séances rue Richelieu,
chez le restaurateur Lemardelay : étrange spectacle.

Aujourd'hui 14 novembre, le thermomètre marque 10
degrés de chaud, c'est à peine si nous avons eu de la

gelée; en général l'automne est beau. On trouve le froid précoce, cela n'est pas précisément mon avis.

J'ai à faire ce matin : Mme Miatleff m'écrit de Munich pour lui expédier à Pétersbourg les romances les plus nouvelles; son voyage en Italie aurait-il réveillé en elle des velléités posthumes ? Alexandrine Ouroussoff me demande de Varsovie des pièces de théâtre jouables en bonne société, enfin Lilly Krivtsoff me charge de lui faire un choix de tout ce que Paris offre de plus séduisant en fait de fleurs artificielles !

31 décembre.

Je suis, depuis quelques jours, les cours publics. La première séance à laquelle j'ai assisté est celle qui a ouvert le cours du professeur Blanqui, l'un des plus savants économistes de l'époque et le digne successeur de Jean-Baptiste Say. Il professe, au Conservatoire des Arts et Métiers, la science de l'économie politique appliquée aux grandes questions commerciales et industrielles qui s'agitent aujourd'hui, divisent ou rapprochent les Etats et tendent à remplacer, dans la sphère politique, les anciennes questions de principes qui peu à peu disparaissent au souffle des révolutions. L'auditoire, à ce cours, est en majeure partie composé d'industriels, fabricants, ouvriers, etc., qui tous écoutent dans un religieux silence la voix du savant professeur.

De tous ceux que j'ai entendus jusqu'ici, Blanqui est celui dont la parole est la plus facile; sa diction est simple et naturelle, son organe suffisamment sonore, son exposition

claire et précise ; enfin, la tendance de ses idées, large et
éclairée. Son point de vue est la liberté de commerce
aussi peu limitée que possible. Dans sa première séance,
il s'est élevé avec force contre la prétention des nations
de vouloir se suffire à elles-mêmes, et a fait ressortir avec
talent l'étrange anomalie qu'offre la coexistence de deux
tendances contraires, dont l'une pousse les gouvernements
actuels, d'un côté à forcer chez eux la production à l'aide
de la division du travail, et de l'autre à entraver l'écou-
lement de ces mêmes productions en suscitant àl'aide du
système prohibitif des entraves au commerce d'échange.

Dans les séances suivantes, il a traité la question de
l'émancipation des nègres, spontanée et graduelle, du
commerce de la gomme au Sénégal et du sucre.

Ces cours ont lieu le mardi et le vendredi, à sept
heures et demie du soir. Dans ce même local, le dimanche
à midi, le professeur Payen, chimiste célèbre, fait son
cours de chimie appliquée aux arts, devant un nombreux
public, dont fait partie tout ce que nous possédons ici
d'ingénieurs, artilleurs, mineurs, etc. N'ayant pas l'intention de suivre ce cours, je n'y suis allé que par simple
curiosité, ainsi que je l'ai fait pour Dumas, qui vient
d'ouvrir à l'Institut de France son cours de chimie élémentaire. Doué d'un extérieur remarquable, Dumas est,
en outre, un orateur, dans toute la force du terme ; il le
sait, et en abuse quelquefois ; Payen, plus âgé, plus calme,
moins brillant, n'en a pas moins une élocution facile et
s'exprime avec la plus grande clarté.

A une heure, Payen cède sa place au baron Charles
Dupin, pair de France, célèbre par ses ouvrages sur la
statistique ; il professe au Conservatoire des Arts et
Métiers la Géométrie industrielle ou, plutôt, la Statistique
de l'Industrie. Grand, blond, raide, géométrique et sec,

voilà pour l'apparence. Il a lu son discours d'ouverture
et nous a entretenus des Caisses d'épargne, sur le ton pathétique d'un mauvais tragédien de la Comédie-Française.
Voilà pour la forme. Quant au fond, il est excellent. La
situation des classes ouvrières étant le thème qu'il s'était
posé, le professeur a pris l'institution des Caisses d'épargne
pour sa base d'opérations, et ses progrès pour mesure des
progrès successifs et de l'amélioration graduelle des classes
ouvrières. Le nombre des individus mettant leurs épargnes
à la Caisse, qui, en 1830, n'était que de quarante mille, est
aujourd'hui de deux cent mille, et il tend à s'accroître
tous les jours. Enfin, après avoir comparé la situation des
classes ouvrières pendant le règne funeste de la loterie
avec l'époque actuelle qui présente une amélioration
considérable, il a signalé, avec une parfaite indépendance
d'opinions, les vices et imperfections des Caisses d'épargne,
a suggéré diverses modifications indispensables et a fait
entendre de sévères paroles aux gouvernements comme
aux gouvernés. Une action généreuse du feu duc d'Orléans,
qui avait fait un don de 140.000 francs aux Caisses
d'épargne, a donné lieu à un chaleureux panégyrique de la
part du professeur ; ému jusqu'aux larmes, il n'a pas
tardé à émouvoir son nombreux auditoire, et un tonnerre
d'applaudissements a accueilli ses paroles. Ma carte de
visite m'ayant servi de carte d'entrée, j'ai pris place dans
l'enceinte réservée, occupée ce jour-là par les savants
confrères du professeur.

J'ai également assisté, dans l'intention d'entendre Rossi,
à une séance de droit constitutionnel, à l'Ecole de droit.
Naguère encore simple professeur de droit en Italie, puis
à Genève, Rossi est arrivé en France vers l'époque de la
Révolution de Juillet, et n'a pas tardé à s'élever au rang
des savants les plus distingués de la France et de membre

de la pairie qu'il occupe aujourd'hui avec éclat ; il est, de plus, l'un des meilleurs prosateurs contemporains. Doué d'une figure noble, et remarquablement intelligent, sa parole est lente, trop lente, peut-être, mais chaque phrase en revanche, est une pensée exprimée avec autant de mesure que de lucidité. « Il est des pays, entre autres, a-t-il dit avec un accent italien assez fortement prononcé, il est des pays où l'Etat absorbe à un tel degré la liberté individuelle, la liberté de locomotion, qu'il est, par exemple, défendu de voyager ou, du moins, que les voyages ne sont tolérés qu'à certaines conditions, comme de ne point visiter, si ce n'est en passant, certains pays considérés comme suspects, et nous sommes de ce nombre. »

Il n'en a pas dit davantage sur ce sujet, mais son geste et sa physionomie ont merveilleusement complété sa pensée. Cette allusion n'a pas été saisie par l'auditoire, c'est là un phénomène qui ne laisse pas d'être fort extraordinaire. Il semble qu'un public, auquel, tous les matins, des milliers de journaux politiques, scientifiques et littéraires et une légion innombrable d'illustres professeurs versent à pleins bords les lumières et la science, devrait, jusqu'à un certain point, avoir une idée plus ou moins exacte de la situation des choses en général. Eh ! bien, il n'en est rien. Aussitôt que vous franchissez les limites étroites du territoire ou le cercle restreint des intérêts français, des intérêts immédiats du pays, vous prêchez dans le désert ; hors de sa sphère, le Français ne connaît rien et n'est que médiocrement curieux d'être initié aux mystères qui ne sont pas les mystères de Paris. Des démarches ont, plus d'une fois, été faites par des Français pour obtenir l'autorisation de publier un journal rédigé dans le but de faire connaître la Russie à la France, et exclusivement consacré à la défense des intérêts russes,

une sorte de plaidoyer enfin en faveur d'une cause souvent
attaquée, calomniée et défendue jusqu'ici par un silence dé-
daigneux, faible et impuissant avocat dans les temps où nous
vivons; pareil journal n'aurait trouvé ici, j'en suis intimement convaincu, qu'un nombre tout à fait insignifiant
de lecteurs et la preuve, c'est qu'aucun journal de ce
genre n'a encore été établi en France pour l'Angleterre,
dont les relations avec elle sont bien autrement nombreuses
et importantes que les nôtres.

Mickiewicz a ouvert au Collège de France son cours de
langue et littérature slaves ; j'étais vivement curieux de
l'entendre et je me suis rendu, en conséquence, à la
séance d'ouverture. Mickiewicz est doué d'une figure
remarquable par la physionomie et l'expression calme,
douce et noble, elle brille de temps à autre d'une sorte
d'inspiration poétique, lorsque les idées du poète l'entraînent dans la sphère nébuleuse du mysticisme religieux ;
alors, il se lève, d'une main s'appuie sur l'estrade, presse
de l'autre sa poitrine et, toujours lent et mesuré dans sa
parole, prêche et vous expose son idée du pansla-
visme, doctrine qui l'a mis à l'index de ses frères pros-
crits, qui n'a encore que peu d'adhérents et qu'il enveloppe dans je ne sais quels brouillards qui la rendent,
j'en suis certain, impénétrable à l'œil peu profond de la
presque totalité de son auditoire.

« Les membres épars de la grande nationalité slave se
réuniront dans un seul faisceau..., le genre humain ne
procède que par révélations et le jour n'est pas loin où
de grandes choses seront révélées à l'humanité attentive...
Comme le Christ sur la croix a expié, par ses souffrances,
les péchés du genre humain, il est des nations prédesti-
nées à porter la croix pour les autres nations, à expier
leurs maux par leurs souffrances, à remplir auprès d'elles

une mission providentielle, jusqu'à ce que, l'ayant accompli, arrive le jour de la révélation, etc. Ces nations sont la France et la Pologne, sur lesquelles doit se répandre tôt ou tard je ne sais quelle lumière divine. »

Tout ce récit nébuleux a-t-il un corps, ou n'est-ce là qu'un nuage sans noyau, sans consistance et transparent de part en part, c'est ce qu'il m'est impossible de dire avant le développement complet de ces étranges doctrines. Passe pour le slavisme, l'idée est palpable, mais alors qu'est-ce donc que la France a à y faire, et puis où sera la tête et le cœur de ce grand corps ? Voilà ce que j'étais curieux d'apprendre et voilà précisément ce que Mickiewicz ne nous a pas dit. Enfin, le poète s'enfonce tous les jours davantage dans le mysticisme religieux, ce qui, hélas ! m'ôte tout espoir de le comprendre un jour. Il professe en français, parle correctement, mais non sans difficulté ; sa diction est trop lente et un fort accent polonais détruit en grande partie le charme de sa parole. En parlant de nous, il ne sort pas d'une sage et peut-être prévoyante modération et ne se laisse aller à aucun dévergondage de parole, à aucune espèce de déclamation violente. Le positif et la lucidité étant inhérents à la nature du Français, le Parisien a horreur du nébuleux ; aussi l'auditoire du poète se compose-t-il en majeure partie, sinon de ses disciples, du moins de ses compatriotes et de quelques étrangers, oiseaux de passage, avides de tout voir et de tout entendre. Trop connu de l'auditoire de ce cours pour y réitérer mes visites qui pourraient être faussement interprétées et ne manqueraient pas d'être prises pour un témoignage d'approbation, je n'y retournerai que de loin en loin et me contenterai de me tenir au courant.

Les séances de l'Institut oratoire ont lieu le samedi de chaque semaine, à huit heures du soir, dans la salle de la mairie du IIIe arrondissement, aux Petits-Pères, ancien couvent. Le but de cette institution, dont le frère de Ch. Durand, ex-rédacteur du *Journal de Francfort* et du *Capital*, est le directeur, est de former des orateurs et de donner aux organes de diverses doctrines et aux sectateurs zélés de différents systèmes les moyens de propager ces doctrines et de les exposer au public nombreux qui encombre la salle; c'est un champ clos, une arène où les idées philosophiques, économiques et historiques, plus ou moins habilement défendues, plus ou moins vigoureusement attaquées, se livrent un combat à outrance, au bruit des applaudissements ou des murmures de l'assemblée. Là, vous entendez les disciples de Malthus ou d'Adam Smith lutter avec les Saint-Simoniens, les Fourieristes, les néo-catholiques; quelque chose comme la lutte du classicisme et du romanticisme transportée sur un terrain plus sérieux et dans la sphère des idées philosophiques, historiques, etc., etc.

« L'économie politique bien entendue peut-elle servir au progrès du genre humain? » Telle était la thèse posée par le président huit jours d'avance et qui devait être discutée le jour où j'ai assisté à la séance. Le premier orateur inscrit était un fourieriste qui s'en est prévalu pour nous développer le système phalanstérien du maître en ayant soin toutefois d'en éloigner la communauté des biens, et il a en cela fait preuve de tact, car, certes, aujourd'hui, le vent en France ne souffle pas de ce côté-là. Mais ne voilà-t-il pas qu'au beau milieu de ce discours, mon jeune homme s'avise d'accoupler dans une seule et même pensée les noms de Jésus-Christ et de Fourier; alors une violente tempête s'est élevée dans l'auditoire; indignation et cris « A l'ordre » d'une part, approbations de l'autre, agitation, excitation et vive émotion. Observa-

tions du pré sident, pourparlers, réclamations et récrimi-
nations.

Au fouriériste, a succédé le néo-catholique, orateur
plein de verve et d'originalité, qui a fort bien parlé sans
rien dire, puis les défenseurs de Malthus et les disciples
d'Adam Smith, plus rationnels quoique moins éloquents.

Au cercle catholique, scientifique et littéraire, l'abbé
Bautain a ouvert son cours de philosophie chrétienne.
devant un nombreux public renfermé dans un étroit
local. Bautain a le haut de la figure remarquable, un front
noble et élevé, des yeux grands et expressifs, un nez
aquilin bien formé; mais la partie inférieure de sa figure
jure d'une manière fâcheuse avec la partie supérieure;
par le haut, il tient du type napoléonien, et par le bas
d'un type assez vulgaire et plus ou moins commun en ce
pays. Ses séances ont lieu tous les lundis, à sept heures
du soir. Je ne l'ai encore entendu qu'une fois et ne me
hasarderai par conséquent pas à prononcer un jugement.

Le jour où je l'ai entendu, il a passé en revue les différents systèmes de philosophie matérialistes et spiritua-
listes, les différentes voies pour arriver à la connaissance
de la vérité, de l'absolu, de Dieu par le rationalisme ou
la raison, la foi et la révélation. Doué d'un bel organe,
il a la parole facile, correcte; il a été, ce jour-là, orateur
logique, lucide; mais, de l'entraînement, de l'éloquence,
de la chaleur, je n'en ai point trouvé chez lui; car il m'a
été impossible de prendre pour de l'éloquence les ampli-
fications dont il a fait, à mon avis, un usage abusif.
Ainsi, en parlant d'une idée, il la prend, il la saisit, il
s'en empare, il se l'approprie, il l'habille, la féconde, la
tourne, la retourne et alors l'auditoire d'applaudir! Je
n'aime pas ce genre dans un orateur grave et sérieux, on
a l'air de se battre les flancs pour être chaleureux et

brillant à tout prix. Quant au fond, cette séance a sans doute sa place marquée dans la série générale de celles qui doivent composer le cours, et, comme telle, elle peut avoir été excellente, car le digne prélat a véritablement eu de beaux moments; prise isolément, elle m'a paru élémentaire. Mes impressions, car ce n'est pas là un jugement, n'ont point été partagées par les personnes de ma connaissance que j'ai trouvées dans l'auditoire, y compris le comte A. Stroganoff (1); il a jugé, condamné sans miséricorde et s'est hâté d'aller prononcer son jugement dans les salons de Mme Swetchine, avec son ton bref et tranchant. Dans ce milieu, il n'est pas en odeur de sainteté.

Voilà à peu près tout ce que j'ai entendu jusqu'ici; reste Michel Chevalier, économie politique ; Ampère, littérature française; Saint-Marc Girardin, poésie française, et quelques autres moins illustres.

J'ai cherché à donner une idée, quoique bien superficielle, du mouvement que doit nécessairement imprimer aux intelligences cette admirable institution des cours publics et gratuits où se porte en foule la jeunesse parisienne, qui permet à ceux qui n'ont pas les moyens pécuniaires nécessaires pour poursuivre leurs études dans les collèges, de cultiver leur intelligence, et qui est un délassement pour les uns, un spectacle pour d'autres et une source bienfaisante de lumière pour le plus grand nombre.

Marmier a publié un article sur son voyage dans le Nord; je l'ai trouvé bien écrit, très modéré dans le peu de réflexions dont il l'a assaisonné; en somme, peu sérieux et fort au-dessous de mon attente. C'est une simple description plus ou moins exacte des localités,

(1) Il s'agit probablement du grand seigneur russe de ce nom qui résida souvent à Paris sous le règne de Louis-Philippe.

mais sans vie, sans chaleur, sans poésie, et le « froid » de cette description est tout ce que j'y ai découvert en fait de couleur locale. C'est joli, de plus c'est méritoire et honnête, car il n'a dit que ce qu'il a vu ; mais qu'il y a loin de là au talent descriptif de Custine (1) !

Ce dernier va, dit-on, faire paraître six volumes sur la Russie et, d'après ce qui m'en revient, nous y serons rudement traités : on n'aura probablement pas fait suffisamment de frais pour lui. Custine ne paraît guère ici dans les bonnes maisons, d'où l'éloigne une réputation, dit-on, justement méritée de mœurs dissolues que, trop fier, trop insouciant ou trop maladroit, il n'a su cacher aux yeux du monde sous des dehors de vertu.

Le vicomte de Julvécourt s'apprête aussi à nous mettre en scène et va publier un roman sous le titre : *Les Russes à Paris*, pour faire suite à son roman de *Nathalie* ou le *Faubourg Saint-Germain moscovite*, connu déjà depuis un ou deux ans. Julvécourt est un excellent garçon, légitimiste pur sang et admirateur sincère, zélé et ardent de l'Empereur et du peuple russe. Quant aux autres classes de notre société, il les annule et les regarde comme non avenues. Donc, il s'apprête à taper fort sur les Russes à Paris, les Russes d'aujourd'hui s'entend, et à relever défauts, qualités et ridicules de ces oiseaux de passage, qui, chacun à sa façon, viennent exploiter les trésors de Lutèce.

J'ai d'abord cherché à le détourner de son projet, vaine tentative, il en était entiché ! J'ai ensuite tenté de lui faire élaguer un certain épisode, il s'est entêté ; j'y ai employé les femmes et je crois avoir réussi. En attendant. pour éviter la colère de nos compatriotes en ce moment

(1) Le marquis de Custine, écrivain du temps, brillant et fécond auteur d'un ouvrage intitulé : *la Russie en 1839*.

à Paris, et qui, à tort ou à raison, chercheront des personnalités (et quand on les cherche on est toujours sûr de les trouver), l'auteur quitte Paris pour aller rejoindre sa femme en Russie ; et si d'ici la colère des Russes contre lui se transporte chez nous, il compte revenir bien vite à Paris, où déjà le temps aura dispersé de tous côtés les membres de la colonie.

ANNÉE 1843

9 janvier.

Ce soir, grand bal à l'ambassade d'Autriche; demain mardi, une visite chez Mme de Castellane et la soirée chez la comtesse de Circourt dont c'est le jour de réception; mercredi, quelques visites et grande soirée musicale chez Rothschild; jeudi, les Italiens et raout chez la comtesse Rasoumoffsky pour fêter la veille de notre nouvel an; vendredi 1er/13 janvier, raout et musique à l'ambassade de Naples; samedi, Mme de Girardin et la duchesse de Rauzan, dont c'est le jour de réception; dimanche, l'ambassade de Sardaigne et la princesse de Lieven; le 16, bal chez Tufiakine; le 18, chez lord Cowley, plus un tas de visites, foule de lettres à écrire et surcroît de travail à la chancellerie pour l'expédition du prochain courrier.

Il est trois heures, je rentre du bal des Apponyi : magnifique; une toute autre physionomie que les autres, on a dansé dans deux salles au son de deux orchestres, les étrangers y étaient en immense majorité et leur masse compacte écrasait l'élément indigène. De jolies toilettes, beaucoup de fleurs et, à mon grand étonnement, beaucoup de diamants; ceux qui en ont les étalent, dit-on, à toute sauce (je crois que Bourguignon y entre pour beaucoup). Marie Galitzine (Dolgorouky), et Mme de Beaufort (de Chateaubriand) étaient les plus jolies femmes du bal.

La première est décidément la coqueluche de Paris, beauté et amabilité à la fois incontestables et incontestées, et mes amies, la duchesse de Rauzan et la comtesse d'Harcourt, pimpantes, quoique grand'mères. Quelques jolies Anglaises par-ci par-là, quelque joli minois français; en fait de Russes, la comtesse de Cheremetieff et sa sœur, Mme Martchenko, les Kourakine, les Gourieff, Mme et Mlle Wassiltchikoff, Mme Tolstoï (Benkendorff), la comtesse Léon Rasoumoffsky, plus jeune et plus belle que jamais, puis la comtesse Apponyi, ambassadrice d'Autriche, plus mélancolique, et lady Cowley, ambassadrice d'Angleterre plus disgracieuse que de coutume, enfin la princesse Lieven, plus imposante, lady Oldborough, plus bouffante, mon amie miss Emily Pigott, plus vaporeuse, et les ministres de Danemark et de Suède plus ennuyeux que jamais.

Rien de plus différent que la physionomie d'un bal à Saint-Pétersbourg et à Paris. Tandis que chez nous, la hiérarchie pénètre tout, ici l'anarchie a tout envahi: chez

nous, cinq ou six femmes, placées par la faveur, la mode
ou la beauté, au pinacle de la société, règnent en maîtres,
en despotes, et, brillant d'un éclat mérité ou emprunté,
jettent le reste dans l'ombre ou la nullité. Ici, rien de
semblable, et une lionne qui se trouverait entourée d'admirateurs dans un salon, se trouvera isolée dans un autre,
où elle trouvera à peine un ou deux de ses amis. Il en
est de même des lions qui rayonnent dans un cercle, et
vont s'éteindre souvent dans la même soirée dans un
autre.

J'ai fait danser les demoiselles Apponyi, Cowley et de
Serra-Capriola, les jolies petites comtesses Pallaviccini et
de Lubersac, et deux ou trois de nos dames qui ne sont
en général ni les moins jolies, ni les moins élégantes.
Les Françaises, dans leur accoutrement de promenade, à
la fois simple et élégant, ont sur elles un avantage
marqué; mais, en revanche, le soir dans un salon et au
bal, les nôtres l'emportent par leurs toilettes d'abord,
toujours fraîches et de bon goût, ensuite par un certain
bel air, une certaine tenue un peu raide peut-être, mais
qui leur donne un je ne sais quoi de distingué et de
grande dame; enfin, il y a souvent entre elles et le sexe
indigène, à quelques exceptions près toutefois, la différence qu'il y a entre moi et le duc de Richelieu auprès
duquel, sans me vanter, j'ai l'air d'un duc et pair.

11 janvier.

Je rentre de chez Rothschild qui a régalé la société
élégante de Paris d'un concert magnifique, dont j'ai sous

les yeux l'affiche dorée sur tranche de bas en haut. Les salons, quoique un peu bas, sont à la fois d'un luxe oriental et d'une élégance exquise. La société, deux cents personnes au plus, ce qui est fort sobre pour Paris (le baron est un exclusif), occupait quatre salons dont le salon de musique faisait le centre. Les dames seules y étaient assises, les hommes debout, dans les portes ou dans les pièces voisines.

Il va sans dire que le concert a été admirable: Mme Viardot-Garcia s'y est montrée pour moi sous un nouveau jour. Elle chante avec une égale facilité des romances et les airs nationaux de l'Italie, de l'Espagne, de la France, de l'Allemagne dans les idiomes populaires de tous ces pays, et cela en s'accompagnant elle-même avec un talent remarquable; passant de l'allemand à l'italien, de la barcarolle à la ballade, de la romance française à un air tyrolien, s'animant en chantant, improvisant et entremêlant son chant de passages gracieux, brillants, étincelants.

Quant à la Grisi, sa sphère est tout autre: il lui faut les fureurs de la *Norma*, les passions de *Sémiramis*, les emportements de la Borgia, et quelque admirable qu'elle soit dans un salon, la scène néanmoins convient mieux à sa grande voix, à ses beaux yeux, à ses larges épaules.

La Garcia n'était rien moins que jolie.

« Faites comme moi, dis-je au duc de Galliera, écoutez d'un côté et regardez de l'autre. »

Il paraît que les duchesses d'Albuféra et d'Istrie acceptèrent toutes deux la dédicace de ce propos qui ne s'adressait, en réalité, qu'à la seconde, et eurent la complaisance extrême de se placer de manière à se laisser admirer: manège charmant qu'elles ont exécuté avec une grâce et une aisance qui accusent une longue habitude.

« Charmant métier que d'être jolie », dis-je à mon voisin.

La duchesse d'Istrie me tourna le dos.

« Voyez donc, monsieur le duc, de mieux en mieux! »

Et la duchesse reprit sa première position. En un mot, la soirée a été réellement charmante.

13 janvier.

Je rentre de la soirée de l'ambassadeur de Naples. Bel hôtel qui demande à être rafraîchi. Trop de monde et une chaleur étouffante. Ronconi, le rival de Tamburini, et Lablache, qui ne saurait avoir de rival, ont été admirables, le reste mauvais. Mme Ronzi n'a plus que de la méthode, si elle détonne moins que la Pasta, elle n'a en revanche que peu de moyens pour racheter ses défauts: enfin, les yeux fermés ou ouverts, que vous regardiez ou que vous écoutiez, malgré quelques restes de beauté dans la voix ou dans les traits de la figure, cela n'en est pas moins une vieille femme qui chante. Or, le *De Profundis* est le seul chant qui sied à un certain âge. Le reste des chanteurs et chanteuses qui se sont fait entendre à cette soirée ne se sont guère élevés au-dessus de la sphère commune à tous les amateurs.

A propos de musique, l'Opéra Italien vient de donner *Don Pasquale*, opéra-comique de Donizetti, écrit tout exprès pour notre troupe. La première représentation a été une véritable solennité, tout Paris y a couru et la file des voitures s'étendait si loin qu'il m'a fallu une bonne demi-heure avant d'arriver. Le succès le plus complet a couronné l'œuvre du maestro qui lui-même a été accueilli avec acclamations. Quoique inférieur à *Linda de Chamounix*, *Don Pasquale* n'en est pas moins une œuvre charmante. Peu d'originalité : l'auteur, toujours un peu plagiaire, s'est cette fois volé lui-même. Peut-être qu'exécuté par une troupe médiocre, l'opéra passerait inaperçu, mais exécuté par la première troupe de l'univers, avec une perfection, un ensemble, un entrain extraordinaires, l'œuvre devient quelque chose pour les juges les plus difficiles.

15 janvier.

Je rentre du Conservatoire. C'est tout au plus si l'on peut rêver une perfection semblable. Cela marche avec l'ensemble de l'ouragan, les archets se meuvent avec la régularité d'un régiment de notre garde impériale portant armes ; cela n'a qu'un corps et qu'une âme, quelque chose je crois, comme le Niagara.

Même jour. Minuit.

Je n'en puis plus. Une première visite et une heure de tête-à-tête chez Mme de Chastenay, trois quarts d'heure chez la princesse de Lieven, autant chez Mme de Castellane (le salon Molé ; qui sait si dans peu ce ne sera pas le salon ministériel ? Il y a ce soir dans l'air des bruits de changement de ministère ; peut-être est-ce prématuré, mais Paris est ainsi fait, il y a toujours des chances de voir arriver ce qui n'est pas) ; enfin, de onze heures à minuit, chez ma voisine, Mme de Villeplaine où j'ai trouvé ses nièces, mes amies de fraîche date, les marquises de Vergennes et de Miramon, avec lesquelles j'avais dîné l'avant-veille chez la vicomtesse du Taillis, autre nièce de cette tante Gigogne.

Au diable les duchesses ! Elles commencent à quêter !!!

20 janvier.

Ici, plus que partout, qui trop embrasse mal étreint ; mais aussi, plus que partout, qui peu embrasse n'étreint rien du tout. Le journal du matin, la feuille du soir, le roman du jour et la pièce nouvelle, le soleil et la pluie, Guizot et Molé, la chancellerie et les visites, le sucre de betterave et Bautain, les étrennes et l'Opéra italien, les recettes et les dépenses, les gens aux affaires et au dehors, etc., etc., qui donc me donnera le fil d'Ariane pour me retrouver dans ce labyrinthe, une fois, bien entendu, que j'y serai complètement enfoncé, car, jusqu'ici, je travaille à m'y engouffrer tous les jours davantage.

Commençons par le haut bout de l'échelle.

Le mardi 3 décembre, le ministre des Affaires étrangères nous a fait savoir que le Roi nous recevrait le lendemain à neuf heures du soir ; donc, nous avons endossé nos uniformes, épées et tricornes et, à huit heures trois quarts, les voitures de gala de l'ambassadeur nous ont conduits, Kisseleff, Kourakine (1) et moi, aux Tuileries, où il y a

______

(1) Le prince Kourakine venait d'arriver à l'ambassade comme secrétaire.

cercle tous les soirs et où Leurs Majestés reçoivent les ministres, députés, hauts fonctionnaires, ambassadeurs et chefs de mission. Arrivés au Château, l'on traverse la longue galerie de Diane, puis une salle carrée où se tiennent d'ordinaire les aides de camp du Roi et des princes, et, enfin, l'on entre dans un salon de belles proportions, également carré, tendu de damas vert,

A gauche, en entrant, devant une grande cheminée, se tenaient, en groupe, les ministres Teste, Duchâtel, Cunin-Gridaine et Villemain qui avaient diné chez le Roi; au fond de la salle, est une grande table ronde, autour de cette table, un cercle de dames de tous âges, en habit de grand deuil, un sac à ouvrage en soie noire devant chacune d'elles et travaillant à quelque ouvrage dont la destination est toujours une œuvre de charité.

Le cérémonial est simple. notre chargé d'affaires ayant dit à l'aide de camp de service, comte de Chabannes, qu'il sollicitait la faveur de présenter à la Reine les secrétaires de l'ambassade de Russie, celui-ci s'est approché de Sa Majesté pour l'en prévenir et alors nous nous sommes avancés.

La Reine a une physionomie pleine de douceur et de bonté. Dévastés par l'âge et les malheurs, ses traits portent l'empreinte des douleurs récentes que lui a fait éprouver la mort du Prince royal, et respirent une douce mélancolie; ses cheveux, presque blancs, sa robe et sa toque noires, ajoutaient encore à cette expression de deuil et de tristesse.

Après les phrases d'usage, échangées avec Sa Majesté, nous avons continué notre ronde autour de la table royale et avons été présentés à Mme Adélaïde. Autant la Reine est pâle, autant Mme Adélaïde est colorée; rien de noble et d'élevé dans l'expression de sa physionomie, mais, en revanche, beaucoup d'intelligence. Par l'extérieur, comme par le caractère, elle tient du Roi, son frère.

Le Roi, qui se promenait avec le maréchal Soult dans la pièce voisine, nous ayant alors aperçus, s'avança vers nous de l'air le plus affable et le plus empressé du monde. Vêtu en habit bourgeois, souliers et cravate blanche, aucun signe extérieur ne le distinguait de son entourage et de ses hôtes. Rien de son port n'indique le monarque; en vain chercheriez-vous, dans sa démarche, dans ses manières, dans sa tournure, majesté, noblesse et sentiment extérieur de sa puissance.

Cependant, cette première impression, peu favorable d'abord, ne tarde pas à se modifier, lorsque le Roi vous adresse la parole et que vous distinguez, sous ses traits peu avantageux, une physionomie des plus remarquables par le mélange de haute intelligence, d'esprit, de finesse et de bonhomie que vous y découvrez.

La présentation faite, le Roi nous a approchés à diverses reprises, nous adressant la parole à chacun en particulier, parlant avec cette facilité qui se distingue et mettant toujours, quand il le veut, son interlocuteur parfaitement à l'aise.

En attendant, l'on entrait et l'on sortait : des membres du corps diplomatique, des députés, etc. J'y ai fait la connaissance du général baron Athalin, aide de camp du Roi, le même qui, en 1830, était venu nous annoncer à Saint-Pétersbourg la révolution de Juillet, et celle des comtes de Grave et de Chabannes, de la maison de Sa Majesté. Après être restés une vingtaine de minutes dans le salon, nous nous sommes esquivés, car Leurs Majestés ne congédient pas, ce qui serait incompatible avec le mode de réception des illustres hôtes de ce château. En somme, nous pouvons nous flatter d'avoir reçu du Roi et de la Reine l'accueil le plus gracieux ; il va sans dire que leur entourage n'est pas demeuré en reste d'amabilités.

Il est rare qu'une réunion quelconque n'entraîne après elle un certain nombre de visites obligatoires, soit à faire, soit à rendre ; on y consacre donc, ou plutôt l'on y perd souvent tout le temps libre que laissent les occupations officielles, car Paris est grand et il y a bien du chemin entre le faubourg Saint-Germain et la Chaussée d'Antin.

Le 3 décembre, en rentrant chez moi, j'y ai trouvé une invitation à dîner au Château ; ces invitations se font par cartes imprimées. « L'aide-de-camp de service a l'honneur de prévenir M... qu'il est invité à venir dîner aux Tuileries le... », ce qui est, à mon avis, un usage fort convenable.

Le même soir, il y a eu un grand raout chez l'ambassadeur d'Autriche. L'hôtel qu'occupe Apponyi, rue de Grenelle, est l'ancien hôtel des ducs du Châtelet, le rendez-vous de la coterie philosophique et littéraire du siècle dernier. C'est là que Voltaire, Diderot, d'Alembert, préludaient à l'ère nouvelle que devait inaugurer un baptême de sang. L'hôtel, du moins les appartements de réception, viennent d'être restaurés, il y a de cela deux ans, et l'on ne peut que rendre justice au goût de ses hôtes qui ont tenu à conserver dans toute son intégrité le style et l'ameublement de l'époque historique de cet hôtel, sans contredit l'un des plus beaux de Paris, et où le luxe et les dorures s'harmonisent parfaitement avec le bon goût et l'élégance.

Le lendemain, à six heures, nous nous sommes rendus de nouveau, en grand uniforme, au premier dîner que donnait le Roi à une partie du corps diplomatique, beaucoup trop nombreux pour prendre part à un seul et même banquet. L'on s'est rassemblé comme de coutume dans la salle verte où l'on était reçu par le comte de Saint-Maurice, introducteur des ambassadeurs, le général de Rumigny et autres aides-de-camp du Roi.

La Reine est entrée la première, puis Mme Adélaïde, la princesse Clémentine, le duc et la duchesse de Nemours et enfin le Roi. Sa Majesté aussitôt entrée, on a annoncé le dîner : la famille royale, les ambassadeurs et ambassadrices ont ouvert la marche et se sont placés au centre de la table de soixante couverts qui occupait la galerie de Diane dans toute sa longueur. Venait ensuite la phalange serrée des ministres, chargés d'affaires, conseillers d'ambassade, secrétaires grands et petits, orthodoxes et hérétiques brodés et chamarrés, jeunes et vieux, dorés et argentés, musulmans et chrétiens, enfin, la majeure partie de ce qui compose à Paris le corps diplomatique, le plus nombreux du monde.

Le hasard m'a fait asseoir entre M. Gréville, second secrétaire de l'ambassade d'Angleterre, et le colonel aide-de-camp du Roi, duc de La Rochefoucauld-d'Estissac. Ne nous connaissant pas, il a fallu nous deviner mutuellement, ce qui n'a pas été long pour l'Anglais qui s'est trahi par son accent ; c'est du reste un homme d'esprit et fort agréable. Quant à moi, je me suis amusé à intriguer mes voisins le plus longtemps possible. Arrivés au milieu du dîner :

— Eh bien, dit le duc à l'Anglais, qu'en pensez-vous ?

— Ma foi, dit l'Anglais, j'ai deviné ; voyons qu'en dites-vous ?

— Tenez, d'abord il nous a parlé cavalerie et chevaux de remonte, il pourrait donc être Prussien, puis il a parlé bonne chère, ce qui pourrait le faire prendre pour un Internonce s'il en avait l'âge et le costume ; or, il a glissé comme une anguille quand nous avons voulu tâter de la politique et ce qu'il a dit, il l'a dit dans le langage et

l'accent de nos marquis les plus merveilleux; réunissez
tout cela et vous aurez un Russe ou je ne m'y connais
pas.

La connaissance ainsi faite, grâce au duc, la conversation ne tarda pas à retomber dans le domaine de la politique.

— Mais pourquoi persécutez-vous donc ces pauvres
catholiques? me demanda le duc.

— Monsieur le duc, lui répondis-je, la bouche pleine
de truffes, et de l'air le plus innocent, de quelle religion
étaient Carême et Brillat-Savarin?

Cette plaisanterie, toute plate qu'elle était, n'en fit pas
moins pouffer de rire l'Anglais et sentir au duc que le
sujet de conversation n'était pas heureux. Toutefois, loin
de me garder rancune, il me fit, immédiatement après
dîner, les honneurs du palais et m'en fit voir toutes les
salles. Ce ne sont ni les proportions colossales de chez
nous, ni nos malachites, ni nos porphyres, ni notre luxe
fabuleux, mais ici les dorures, les moulures, moins brillantes sans doute que les nôtres, réveillent d'anciens et
glorieux souvenirs, car telles que les a créées le grand
siècle, telles encore elles existent aujourd'hui.

— N'est-il pas vrai, me dit le duc, que quoique légèrement ternies par le temps, ces dorures n'en font pas
moins l'effet d'être impérissables.

— C'est, lui répondis-je, que le métal est de bon aloi.

— Eh bien, Monsieur, me dit-il à mi-voix, car déjà
nous rentrions dans le salon où se tenait la Cour, il en est
de même de la Royauté en France; les révolutions en ont
terni l'éclat sans entamer le fond; enfin, elle est impérissable, car elle est de bon aloi.

J'étais en voie d'enfanter une réponse très agréable,
lorsque le comte de Saint-Maurice vint nous avertir que

le d'1c et la duchesse de Nemours et la princesse Clémentine attendaient le chargé d'affaires de Russie pour la
présentation de l'ambassade. Aussitôt, nous nous avan-
çâmes en comète dont Kisseleff était la tête, Kourakine
le corps et moi la queue.

Le futur Régent de France est d'une taille assez élancée,
ses cheveux, rares et relevés, sont d'un blond éteint, ses
yeux d'un bleu pâle, sa figure maigre, sa petite barbe à
la Henri IV soigneusement peignée, dans sa physionomie
quelque chose de vague et d'indécis, dans les allures quelque chose de mou, de fatigué; maigre, pâle et vague, tel
est le résumé de cet extérieur qui, dit-on, recèle un caractère ferme, altier, taciturne et qui a pour la popularité
et les suffrages qu'il est forcé de capter le plus souverain
mépris. Quel est-il au fond? Je n'en sais rien, et sauf
peut-être quelques rares exceptions, personne, à l'heure
qu'il est, ne le sait positivement.

Après nous avoir adressé la parole à chacun avec une
sorte de lenteur et de nonchalance qui lui sont habituelles,
et avoir, pour ainsi dire, laissé tomber des paroles fort
aimables et flatteuses d'ailleurs, le prince nous salua et
nous passâmes à la duchesse; grande, belle, figure allemande, blanche et rose, blonde, d'un beau blond, les
yeux bleus, d'un beau bleu. On ne lui accorde que peu
de moyens, toutefois elle ne manque ni d'aplomb, ni d'une
certaine facilité d'élocution et vous pose une série de
questions les unes à la suite des autres avec une bienveillance, une bonne volonté et un empressement qui fait
que souvent même elle n'attend pas les réponses et passe
outre. Après la duchesse, la princesse Clémentine; quelque chose des traits du père et de Mme Adélaïde avec
moins de finesse et plus de douceur et d'agrément.

La présentation terminée, le Roi nous a de nouveau

7

approchés à plusieurs reprises, nous adressant la parole
à chacun en particulier. En somme, nous avons reçu, de
la part des illustres hôtes du Château, l'accueil le plus
gracieux et l'on a été pour nous d'une amabilité marquée,
et remarquée par la nombreuse assemblée attentive à ce
qui se passait.

Huit heures et demie avaient sonné à l'horloge des Tuileries et à huit heures, le rideau se levait aux Italiens,
et la Grisi, Lablache, Mario et Tamburini paraissaient
dans la *Lucrezia Borgia* de Donizetti. Partir, arriver à
l'ambassade, jeter l'uniforme, endosser le frac et courir
prendre nos places aux Italiens, n'a été pour moi et Kisseleff que l'affaire d'un quart d'heure. Bref, nous tombons
au milieu des emportements de la Borgia qui, démasquée
et découverte par les grands de la cour dans ses intrigues
amoureuses, ténébreuses, ténébreusement amoureuses, se
traîne d'abord suppliante à leurs pieds, puis soudain se
relève comme une lionne blessée, la rage dans le cœur,
la menace à la bouche, belle, forte, ardente, regard de
feu, chevelure flottante, épaules splendides, voix à la fois
tendre et éclatante ; et bientôt Cour et courtisans, rois
présents et futurs, diplomates habiles ou autres, avaient
disparu de ma pensée comme un rêve brillant, ou plutôt
c'était le rêve qui commençait.

Du théâtre à onze heures, chez Mme Narischkine que je
vois assez souvent et toujours avec plaisir, femme d'esprit, accueillante et vraiment grande dame ; enfin, de là
a minuit, chez la duchesse de Rauzan où s'étaient donné
rendez-vous les marquises de Bellissen et de Podenas, les
comtesses d'Aramon et de Circourt, toutes légitimistes
ardentes et auxquelles, pour les faire enrager, je comptais chanter les louanges du Château et de ses habitants.

Mais, plus tard les salons, revenons au Château.

Le premier de l'an, le Roi a reçu le corps diplomatique pour les compliments d'usage. L'on se rassemblait aux Tuileries dans une des salles du rez-de-chaussée où un déjeuner était servi, repas auquel, par parenthèse, quelques-uns de mes collègues prirent une part si active que je ne puis me défendre d'y voir un calcul tendant à substituer la côtelette hospitalière de Sa Majesté au dîner peu économique du restaurant ; la Confédération germanique et le Chili se sont particulièrement distingués dans cette circonstance culinaire.

A quatre heures et demie, le comte de Saint-Maurice est venu nous annoncer que Sa Majesté nous attendait. Aussitôt, toute la phalange s'est ébranlée, a monté le grand escalier du palais, traversé de vastes galeries et s'est placée en fer à cheval, dans la salle du trône où l'attendaient le Roi, la Reine et toute la famille royale, sauf les membres absents et la duchesse d'Orléans que son profond deuil tient éloignée de toute réunion. C'est le comte Apponyi, cette fois doyen des ambassadeurs, qui a prononcé le discours d'usage.

« Sire, je m'acquitte avec bonheur », etc., etc., cela se trouve dans tous les journaux. Or, ou je me trompe fort, ou « je m'acquitte avec bonheur » signifie « avec succès », ce qui est tout différent de : « Je suis heureux de m'acquitter, etc. ». Depuis huit heures du matin, le Roi était sur pied, recevant les corps constitués de l'État et répondant par des discours aux compliments qu'il en recevait et, cependant, sa voix n'avait pas faibli, du moins il n'y paraissait pas.

Après la réponse, le Roi qui se tenait avec toute la Cour, à la droite du trône, a commencé sa tournée, approchant, pour leur adresser quelques paroles gracieuses, tous les chefs d'ambassades ou de missions, à commencer par

Apponyi, Brignole, Serra-Capriola, Cowley, Rechid-Pacha,
le prince de Ligne, l'Internonce.

Le Roi était suivi à quelque distance par la Reine et la
princesse Clémentine, puis venait la duchesse de Nemours,
ensuite Mme Adélaïde, enfin le duc de Nemours, chacun
des membres de la famille adressant la parole aux représentants des puissances étrangères. Toutes les grandes
ambassades ou missions avaient à présenter ce jour-là
quelque célébrité indigène ou quelque voyageur de distinction de passage à Paris, ce qui avait porté notre
valeur numérique à trois cents au moins. Les Anglais,
toujours curieux de spectacles, étaient en majorité, et il a
à peine suffi d'un quart d'heure à lord Cowley et à
Bulwer pour nommer à Sa Majesté toutes ces perches
endimanchées et affublées d'uniformes plus ou moins
fantastiques, poussées au château par amour du *sport*, et
qui tiendront compte au roi de son accueil gracieux en
le déchirant dans leurs journaux. En fait de Russes, il
n'y avait, outre l'ambassade, que Lomonossoff, notre
ministre au Brésil, et Tufiakine, espèce de momie mou-
vante, mélange de paralysie et d'ossification, emballé
dans un uniforme de Malte.

La facilité d'élocution du Roi est justement proverbiale,
il n'y a pas à en parler ; la Reine nous a demandé avec
beaucoup d'intérêt des nouvelles de l'Impératrice. Enfin,
la famille tout entière avait terminé sa promenade diplomatique et attendait, pour se retirer, le duc de Nemours,
qui la continuait encore. Le comte de Saint-Maurice
fit un mouvement pour aller l'en avertir, mais le Roi, le
retenant par le bras, lui dit à demi-voix : « Laissez-le,
laissez-le ».

Le Roi resta pendant quelque temps, spectateur paisible,
attentif et satisfait, à contempler le futur Régent de France

dans ce rôle, nouveau pour lui, et qu'il remplissait avec un succès, je puis le dire, inespéré.

Comme de coutume, on s'est retiré à reculons, en saluant et resaluant, et l'on est parti chacun de son côté. Le temps était superbe, les abords du Château encombrés de peuple, tout Paris était en l'air, c'était un train, une agitation, un bruit, une fièvre cérébrale, une ébullition universelle. Cette fièvre d'étrennes et de bonbons avait envahi jusqu'aux graves salons du faubourg Saint-Germain, jusqu'au salon catholique de Mme Swetchine, et Susse et Giroux avaient détrôné Bautain et Ravignan.

La fureur des étrennes est poussée à un tel point que la file des voitures qui amenaient chez Susse les nombreux acheteurs, s'étendait presque tout le long de la rue Richelieu, et que la présence de la gendarmerie à pied et à cheval pouvait seule maintenir l'ordre et la circulation. C'est, en un mot, un tourbillon et, hélas ! pour la poche, un galop infernal ! Portier, garçons de bureaux, cuisiniers, valets de pied, cochers, ouvreuses, blanchisseuses, gens de l'ambassade, gens du club, facteurs de la poste, tout ce monde, deux mois d'avance, vous sert avec un zèle, une ardeur, qui n'est que trop chèrement achetée; personne ne vous demande de l'argent, mais chacun en attend de votre générosité. Bref, le 1er de l'an vous allège d'environ 3 à 400 francs, comme si de rien n'était. Faut-il donc s'étonner que, plus léger que de coutume, l'on soit en l'air ce jour-là ?

Paris se réveille, les hôtels s'éclairent, la vie mondaine commence. L'Autriche et l'Angleterre ont déjà donné des raouts et vont faire danser. Naples va en faire autant et prend des jours, la comtesse Rasoumoffsky donne un raout jeudi, veille de notre nouvel an; Rothschild annonce un concert, et dans l'intervalle de ces grandes histoires, deux fois par semaine les Italiens, les réunions de Mme la duchesse de Rauzan, la comtesse de Circourt, la princesse de Lieven, la comtesse de Castellane, les visites de matin chez les comtesses d'Harcourt, de Marcellus, la marquise de Bellissen, toutes relations nouvelles, qu'il faut bien cultiver, sans compter les maisons de Delmar, Girardin, duc de Grammont et autres où, bon gré mal gré, m'entraînera le torrent; sans compter aussi mes innombrables compatriotes, Mmes Narischkine, Kisseleff, Radziwill, Wassiltchikoff, Choiseul, Kossalkoffska et Galitzine, Wittgenstein, Davidoff, dont quelques-unes ne le cèdent en rien et même franchement l'emportent sur ce que Paris offre de plus élégant, de plus merveilleux en fait d'élégance et de beauté. Au centre de cette cohue, peut-il être question, pour moi, d'une existence commode? Tout cela est aussi incommode que dispendieux, car le bon marché de Paris est encore une de ces inqualifiables illusions dont on berce notre jeunesse et que je tiens à détruire.

Mais parlons de la Société de Paris, de la Société française. Et, d'abord, y a-t-il une Société française? Et si elle existe, où est-elle? A proprement parler, il n'y en a pas : toute Société a besoin d'un centre; ici, ce centre n'existe pas; il n'y a donc que des coteries sans aucun lien entre elles; ce sont autant de membres épars d'un corps mutilé par les révolutions. Chacune de ces coteries a une couleur, une nuance qui lui est propre, chacune d'elles est un feuillet déchiré du grand livre de l'histoire nationale, une page du passé, ou le programme de quelque idée nouvelle, de quelque révolution à opérer dans l'avenir. Les ambassades, celle d'Autriche surtout, sont un terrain neutre où les jours de grandes réceptions, ces coteries se rencontrent, mais où elles disparaissent, écrasées par cette masse d'étrangers, diplomates et voyageurs, qui inonde les salons de Paris. Quant à l'ambassade anglaise, l'élément britannique y domine à tel point, que tout ce qui fait exception tombe là comme une goutte d'eau dans la mer. Le nombre des salons français est très limité, et cette année-ci plus que de coutume, car les Choiseul, les d'Arenberg et surtout les Montmorency et les Bauffremont, plongés dans l'affliction par la mort du jeune prince de Bauffremont. laissent un vide difficile à combler.

15 mars.

Paris est un monde et, à tort ou à raison, pour la jeunesse européenne, la capitale du plaisir. L'Europe frivole en attend ses inspirations, l'Europe élégante ses articles de modes et de nouveauté, et, les yeux fixés sur ce volcan politique, l'oreille attentive aux grondements de la montagne, l'Europe politique, cuirassée ou armée, en attend à son tour ou la paix ou la guerre. Quelle formule algébrique, quel signe hiéroglyphique, exprimera cette bigarure étrange, cet habit d'arlequin, ce mélange confus des hommes et des choses du passé avec les hommes et les choses du présent et de l'avenir ? Qu'est-ce qu'une société où se rencontrent journellement le vieux constitutionnel, le soldat de l'Empire, le chambellan de Louis XVIII, le confesseur de Charles X et le professeur ou l'avocat ministres de la Royauté de Juillet, où se coudoient tous les jours l'homme de l'ancien régime qui, de même que l'idole qu'il encense, n'a rien oublié et rien appris, l'homme du régime actuel qui, sans cesse et souvent à ses dépens, a du nouveau à apprendre ; enfin l'homme de tous les régimes, le Talleyrand au petit pied, l'homme budgétivore, sangsue administrative, adorateur du veau d'or ? C'est une vieille oriflamme brûlée, trouée, déchirée, rapiécée, dont les guenilles glorieuses, noircies par maints combats, font place peu à peu à l'étoffe nouvelle ; c'est un antique blason auquel on aurait ajouté sur champ de gueule la pique révolutionnaire, le chapeau du petit Caporal, le surplis du père Latil et la perruque de L...; enfin, c'est le laboratoire du diable ou je ne m'y connais pas !...

Nous avons ici des salons politiques, des salons littéraires, des salons légitimistes, des salons juste milieu, des salons diplomatiques, enfin, des salons neutres. Parmi les salons politiques, celui de la princesse de Lieven et celui de la comtesse de Castellane tiennent, sans contredit, la première place, honneur qu'ils doivent en partie à la réputation d'esprit et d'amabilité de ces deux dames, mais surtout à la présence assidue de deux notabilités politiques, de deux hommes d'État éminents, de deux rivaux de talent et d'ambition, de M. Guizot et du comte Molé.

Grâce aux antécédents diplomatiques de la princesse de Lieven et à son intimité avec Guizot, son salon est le rendez-vous habituel des diplomates, des Anglais de distinction de passage à Paris et de quelques élégants pris indifféremment dans tous les partis. J'y ai, cet hiver, rencontré plusieurs fois Humboldt, lord Brougham, le marquis de Normanby, ex-vice-roi d'Irlande. Rarement la conversation y est intéressante et suivie ; l'obligation pour la maîtresse de maison de dire un mot à chacun, le concours de diplomates représentant des intérêts divers, enfin, la présence de quelques grandes élégantes indigènes ou étrangères, entraînent naturellement la nécessité de maintenir la conversation à un certain niveau, au niveau mondain. La princesse de Lieven, assise sur son canapé et entourée de sa société, forme le noyau, le grand foyer de son salon. Vis-à-vis, devant la cheminée, se tient un groupe de cinq ou six personnes, diplomates, députés et autres : c'est le petit cercle ; M. Guizot circule et passe de l'un à l'autre. Un jour qu'il se plaignait, pendant l'orageuse discussion de l'adresse, de violents rhumatismes qui l'empêchaient de dormir, et que les uns lui conseillaient la transpiration par le moyen de bains de vapeur, tandis que je lui conseillais l'eau froide : « Pour le premier système, nous répondit-il, il y a la Chambre, je l'ai déjà commencé, quant à l'eau froide, si je pouvais en jeter sur le feu, je n'hésiterais pas à en faire usage. »

Il aura probablement usé du moyen, car il est sorti de la lutte plus triomphant et plus optimiste que jamais. Ce salon est ouvert de neuf heures à dix heures et demie ; selon les uns, la Russie y domine en maître, selon d'autres, c'est l'Angleterre qui y fait ses affaires ; il en est, enfin, qui prétendent que ces deux influences y ont chacune une part égale et s'y neutralisent merveilleusement.

Toute différente est la physionomie, l'air ambiant du salon de la comtesse de Castellane. La comtesse est une femme d'une cinquantaine d'années, et celle peut-être de tout Paris qui réunit au plus haut degré l'esprit naturel, la richesse et l'abondance de l'imagination et l'art de tenir avec succès le dé de la conversation. Les idées qui, chez elle, affluent, sont toujours revêtues d'une forme élégante, pleine de finesse et de bon goût ; ses réparties, toujours marquées au coin de l'à-propos. Ses connaissances variées lui permettent d'aborder les questions historiques et politiques les plus difficiles, les plus épineuses, lorsqu'elle a pour interlocuteur Moié, Barante ou Salvandy ; les arts, sous leurs formes les plus diverses, quand elle s'adresse à quelque voyageur instruit ; les sujets les plus frivoles quand c'est aux gens du monde qu'elle a affaire.

Or, on est sûr de trouver chez elle quelque échantillon de toutes ces catégories sociales. Son esprit attire les gens d'esprit, les gens de lettres ; la présence du comte Molé y fait affluer les hommes sérieux et donne à son salon sa couleur politique ; enfin, la présence de sa fille, la comtesse de Contades, y amène les gens du monde. quoiqu'en petit nombre, ce salon étant, de sa nature, un salon exclusif. Jamais de fêtes, jamais de réunions nombreuses, aucun luxe dans l'appartement, qui se compose de deux pièces, enfin, une simplicité de bon goût qui dénote une sorte de dédain pour la richesse dans les choses. La diplomatie n'y est pour le moment pas en majorité. et les sympathies que l'on prête au comte Molé pour l'alliance avec la Russie font considérer ce salon comme voué aux intérêts russes.

Le comte Molé est un homme de cinquante à soixante ans, d'une figure et d'une tournure nobles et intelligentes. Recherché dans sa toilette, on le voit toujours en souliers. l'habit boutonné et la plaque à la poitrine. Spirituel, fin et grave dans sa conversation, distingué et réservé dans ses manières, il réalise dans son ensemble et ses détails le vrai type du gentilhomme. C'est peut-être de tous les hommes d'État en France le plus considéré, le plus estimé, je dirai presque généralement estimé pour l'intégrité de son caractère, la sûreté de son commerce, la noblesse de ses sentiments et, ce qui est rare, la pureté irréprochable de ses antécédents ; ajoutez-y une fortune considérable, appendice agréable qui, en vous rendant indépendant, commande, ici plus que partout ailleurs, le respect de la foule, et vous aurez une idée de l'héritier présomptif du cabinet actuel. De même que M. de Barante, le comte Molé ne prend que fort rarement la parole à la tribune des pairs qui est la seule où il paraisse quelquefois : je ne le connais donc point comme orateur.

Puisque me voilà entré dans la voie des croquis, je vais vider mon sac. Ne pas s'extasier sur la beauté de Salvandy est déjà différer d'opinions avec lui, car, évidemment, il s'admire. Grand, bien fait, le front haut, l'œil, vif et intelligent, affligé de quarante-cinq ans au plus, Salvandy, par son extérieur seul, est déjà un homme dont on s'enquiert lorsqu'on le rencontre dans la foule. Sa conversation est animée, spirituelle et parsemée de saillies brillantes; sa position politique fausse et douteuse. Membre du parti conservateur, il vote pour le ministère présent tout en travaillant à se ménager une place dans le ministère futur; il boude Guizot et se rapproche de Molé; il n'a pas pris la parole dans la discussion des fonds secrets, ne voulant pas, disait-il, en faisant allusion à son ambassade, que son discours eût l'air d'une pétition; enfin et pour résumer, il est malade d'une ambassade rentrée.

Je connais peu Thiers et ne le rencontre que rarement : figurez-vous la tête d'une chouette sur le corps d'un gamin, les cheveux gris et plats, les yeux petits et vifs, la figure large, les traits crochus, la démarche nonchalante, tel est le gracieux ensemble de ce corps lilliputien; dignité, bel air, belles manières, il ne les a seulement pas aperçus en songe; en société, rendons-lui cependant justice, il est décent, croise une jambe, puis une autre, puis les bras, puis se tortille dans son habit comme s'il voulait s'en défaire, mais là se bornent ses excentricités corporelles.

Mais, si du corps nous passons à l'esprit, alors la chouette se fait aigle, et nous nous transportons soudain dans les **régions** les plus élevées, les plus variées de la sphère historique et politique. Dans sa conversation, aucun apprêt, rien de convenu ou d'arrangé à l'avance, tout y est simple, spirituel, inattendu, spontané et frappé au coin d'un esprit aussi juste que pratique. Thiers est muet durant la session actuelle ; c'est au moyen de ce silence significatif, je dirai même éloquent, qu'il travaille à redevenir possible, et le moyen est ingénieux, comme le succès infaillible, à en juger par les progrès rapides qui tous les jours le rapprochent du but auquel tendent ses efforts, but éloigné, d'ailleurs, car il ne compte, dit-on, que sur l'héritage de Molé. Témoin oculaire de la première des trois mémorables séances de la discussion des fonds secrets, je m'amusais à lorgner Thiers, tandis que du haut de la tribune pleuvait sur lui une grêle de dards, plus venimeux les uns que les autres, impassible, muet comme un mort, croisant une jambe, puis l'autre, se grattant les cheveux, se tortillant de ça et de là, et tout est dit.

La politique, cette vague envahissante du siècle, cette marée toujours montante, a depuis longtemps fait invasion dans le salon de l'illustre auteur des *Harmonies poétiques* et en a violemment expulsé l'élément littéraire ; c'est aujourd'hui le salon de l'influent député de Mâcon, de l'homme d'État pittoresque, de l'illustre transfuge qui, un beau matin, quittant les rangs de la phalange conservatrice avec laquelle il avait longtemps et glorieusement combattu, s'en est allé, tambour battant, planter son drapeau dans les rangs de l'opposition étonnée. Grand et

sec, d'une figure noble et digne, Lamartine, par ses
manières, tient bien plus du gentilhomme anglais que du
poète ou du député français. Les samedis, jour de réception, on dirait, à le voir, d'un ministre recevant les
députés et savourant l'encens officiel de ses subordonnés;
debout et entouré de ses admirateurs, prôneurs, flatteurs,
il discute la question politique du jour, il parle et l'on
écoute.

Grâce à Mme de Lamartine, ce salon est aussi le sanc-
tuaire des arts; à une conversation agréable, à un esprit
cultivé, elle joint un talent remarquable pour la peinture
et la sculpture. Dans la première chambre, vous apercevez
en entrant une pendule en albâtre, surmontée d'un
groupe composé de trois figures : c'est un enfant penché
sur le cadran qui, de la main, semble hâter la marche
trop lente pour lui de l'aiguille, une jeune femme qui le
retient, tremblant qu'il ne dérange sa marche régulière,
et un vieillard courbé par l'âge, qui, sentant sa fin prochaine, voudrait arrêter le temps qui fuit trop lentement
au gré de l'enfant. Ce groupe est l'œuvre de Mme Lamartine, chez laquelle vous retrouvez toujours une pensée
philosophique et religieuse à chacune de ses créations.
Mari et femme m'ont fait le plus gracieux accueil. Pouvait-
il en être autrement? Je leur ai parlé du comte de
Maistre (1).

Pour le monde politique, Lamartine est un barde qui,
aux sons de sa lyre aux accents mélodieux, entonne un
cantique ou une complainte sur le thème du droit de
visite ou des fonds secrets; néanmoins, l'élévation de son
caractère personnel et l'éloquence pleine d'images de sa
parole, toujours consciencieuse et sincère, lui assignent

(1) La famille de Victor de Balabine avait été liée d'amitié avec celle de
Xavier de Maistre.

une place honorable, considérable même parmi les illustres
orateurs de la tribune française. Son discours de « déménage-
ment », qui a provoqué ce mot charmant de Guizot, lequel
a substitué en parlant de lui, à l'épithète consacrée
d'« honorable préopinant » celle de l'« honorable voyageur »
et son discours récent sur les fonds secrets suffisent à eux
seuls pour le mettre au rang des orateurs les plus éminents
de la Chambre; et ce qui, mieux que tout autre chose,
prouve son importance comme orateur, c'est que, lorsque
Lamartine descend, c'est Guizot qui monte à la tribune.

Pour passer d'un camp dans un autre, il faut traverser
une nuance intermédiaire. Elle est représentée par le
salon neutre de Mme la comtesse de Chastenay. Marie de la
Guiche, comtesse de Chastenay, a, en femme d'esprit,
accepté tous les régimes; l'Empire, la Restauration comme
l'établissement actuel, tous ont reçu d'elle un accueil
avenant et gracieux; grâce au contact constant des célébrités de toutes les époques, elle a orné son esprit qui,
pour briller d'un éclat emprunté plutôt que naturel, n'en
suffit pas moins pour rendre son salon et sa conversation
des plus agréables. Ce salon est, comme la religion du Roi
de Prusse actuel, un composé de systèmes pondérés; l'on
y rencontre Barante, Salvandy, Mignet, puis des Bauffremont, des Montmorency, des Maillé, des Caraman.
Mme de Chastenay est la tante de la comtesse de Saint-
Priest.

M. et Mme Alexandre de Girardin : salon légitimiste élégant.
Le comte A. de Girardin, ancien maître des chasses de
Charles X, est le même qui, cette année, s'est présenté aux
élections de Paris comme adversaire du commandant de la
garde nationale parisienne, le général Jacqueminot, et
qui a échoué dans ses efforts, après un discours « sur la
destruction du fauve », à ce qu'à prétendu le *National*;

homme d'esprit, un peu lourd, anti-anglais de pied-en-cap et qui, lorsqu'une fois il m'attrape, ne me lâche qu'après m'avoir déroulé tout son plan, tout son système favori de politique extérieure : nécessité pour la France d'accroître sa marine, alliance intime entre la France et la Russie, incompatible selon lui avec l'établissement de Juillet dont, en sa qualité d'ancien grand maître de chasses, il se fiche pas mal.

— Telle est, Monsieur, ma manière de voir. Vous voyez bien que je prouve ce que j'avance. Quel est votre opinion à cet égard ?

— Sans doute, monsieur le comte, ce n'est pas moi qui contesterai la justesse de vos observations et la parfaite rectitude, toujours sous certaines réserves, de vos conclusions ; d'un autre côté cependant...

Enfin, il est de ces hommes qui vous poursuivent l'épée dans les reins et qui vous cloueraient raide contre le mur, si vous ne plongiez de droite et de gauche pour éviter de leur dire ce que voulez taire ; outre les plongeons et les phrases évasives, je me suis avisé d'un nouveau moyen qui me réussit assez bien et qui consiste à prolonger le plus possible les phrases préliminaires de mon discours ; ce que voyant, l'interlocuteur impatient prend le parti fort sage de prévoir et de faire lui-même mes répliques, et, alors j'écoute, moyen presque infaillible de passer pour un garçon d'esprit.

Mme de Girardin est une femme d'esprit et de goût, et sa conversation est souvent agréable ; sa société se compose des notabilités légitimistes, de quelques étrangers de marque et de quelques membres du corps diplomatique ; l'on y voit quelquefois sa nièce, la vicomtesse de Ludre, qui a beaucoup fait parler d'elle cet hiver. On lui connaissait un caractère sérieux, des goûts fortement aristocra-

tiques et l'habitude du monde où elle se montrait souvent ;
personne cependant ne soupçonnait les connaissances philosophiques et religieuses qu'elle possédait et auxquelles
elle vient d'initier le public en publiant un livre intitulé:
De l'Origine des idées au sein du catholicisme (1), ou quelque
chose d'aussi extraordinaire. Je ne l'ai pas lu, mais
Barante m'a dit que l'ouvrage était fort estimable sans
doute, mais que l'auteur a trop cherché à trop embrasser
et que, en définitive, il est resté au-dessous du sujet dont,
par parenthèse, il paraît ne pas s'être rendu un compte
assez clair.

Il est un point cependant de ce livre que je ne puis
passer sous silence.

De même que pour peser le pour et le contre, Franklin
avait imaginé une sorte de balance morale figurée par un
carré avec des cases, Mme la vicomtesse de Ludre a imaginé de représenter l'action de notre volonté dirigée vers
la répression de nos défauts, par une figure géométrique,
par un triangle! Par exemple, vous péchez par orgueil,
égoïsme, gourmandise et vite vous tracez sur une feuille
de papier, ou vous commandez en bois ou en ivoire,
n'importe, trois triangles ; en tête de chacun vous inscrivez
le péché dont il s'agit de se débarasser, car vous n'opérez
jamais que sur un péché à la fois. Prenons d'abord l'orgueil et travaillons. A mesure que cet abominable péché
disparaît, vous commencez à rayer le triangle par en
haut jusqu'à ce que diminuant tous les jours un peu,
l'espace vide disparaisse entièremement et alors vous
passez à la gourmandise. Je vous livre le système et son
appréciation.

Quant à moi, Mme de Rauzan a imaginé de dire que

____

(1) Le titre exact de l'ouvrage de Mme de Ludre est : *Étude sur les idées et
sur leur union au sein du catholicisme.* — 2 vol. in-8°.

j'avais les poches pleines de triangles et la duchesse de Valmy que je ne viendrais jamais à bout d'un seul. Mieux que cela: un jour que j'étais assis à table entre la duchesse de Plaisance et la comtesse de Vergennes et qu'on parlait de ces triangles, la première de ces dames, après le dîner, en découpa un et me le remit avec le nom de la seconde en guise de péché; Mme de Vergennes en fit autant de son côté, je fis l'échange des deux triangles et les leur rendis intacts.

Quant à la comtesse d'Aramon elle m'avoua avoir essayé du triangle pour se guérir de la gourmandise, mais n'y avoir pas réussi; en conséquence je lui conseillai un nouveau système qui consistait à ne rien retrancher de son dîner, mais à le faire servir à rebours, les sucreries d'abord et le potage en place du dessert. Elle m'invita à déjeuner et me fit servir d'abord un entremets sucré, puis des truffes, des côtelettes et enfin des salaisons, j'avalai le tout sans sourciller, elle a été malade à force de rire.

Quelque soit le côté risible de tous ces triangles, Mme de Ludre n'en est pas moins une femme du plus grand mérite, comme son œuvre, une œuvre pieuse et vraiment respectable. Mais ce qui est bien plus surprenant encore, c'est que la princesse Belgiojoso qui a toujours passé pour mettre ce qui lui convenait au-dessus des convenances, vient de publier un ouvrage sur la vie des Pères de l'Église. En vérité, si ce n'était déjà consommé, il y aurait là de quoi la brouiller définitivement avec son mari qui, en fait de saints, ne connait que celui des belles qu'il courtise.

Mais reprenons nos salons: ceux des duchesses de Gramont, de Maillé, de Marmier, etc., ont tous la même physionomie, le même air, un reste de l'ancien bel-air;

on y trouve de l'esprit, de l'élégance, une élégance de bon
goût, de l'urbanité, beaucoup de politesse ; enfin, ce sont
encore, çà et là, de beaux restes de cette antique société,
oracle éternel, moule impérissable de celles, qui plus tard.
se sont formées sur son modèle et lui ont plus souvent
emprunté ses défauts que ses bonnes qualités. Jusqu'ici,
on y vivait exclusivement dans le passé, mais aujourd'hui
un travail curieux s'y opère : le cercle magique est vivement entamé, l'œuvre de fusion est commencée, poussée
vigoureusement par la force des choses, et l'élément nouveau, le présent, l'actualité, y font invasion et pénètrent
par les mille brèches qu'ont pratiquées les révolutions,
dans cette antique citadelle, dont les ruines accusent
encore le style gracieux et les formes arrondies de l'époque
de Louis XV.

Sur le premier plan que présente cette société illustre.
vous voyez dans ce moment les Montmorency, les Bauffremont, les Noailles et les familles que j'ai déjà nommées ;
tout ce monde entre tous les jours davantage dans la voie
des concessions, les aînés suivent, à la vérité, la bannière
de leurs pères, sentiment noble et élevé quand il part du
cœur et n'a point pour base l'ignorance et la vanité, mais
déjà les cadets entrent dans les collèges royaux ; là les
traditions se perdent, les nuances s'effacent, puis on va
guerroyer en Afrique et y gagner ses grades, ses épaulettes, la croix d'honneur et souvent même les aiguillettes
d'aide de camp de S. M. Louis-Philippe Ier, Roi des Français qui, en dépit de l'adage : « Le roi règne et ne gouverne pas », règne et gouverne à la fois, et cela, comme
il convient de le faire dans le siècle où nous sommes :
avec une main de fer et un gant de velours.

Sur le second plan, l'on aperçoit, au fin fond du faubourg Saint-Germain, les membres épars d'anciennes et

illustres familles qui, ruinées et appauvries par les révolutions, s'éteignent ignorées et disparaissent dans l'oubli pour céder la place à de nouvelles générations.

Je reviens de chez Lamartine. Grande soirée musicale : Batta, Artot, Mme Damoreau, puis des amateurs : M. Delsarte, Mme Andriane, la femme du compagnon de Silvio Pellico : *elle*, du talent et de la grâce, *lui*, une figure de carrossier et tout ce qu'il y a de moins poétique au monde. Il y avait foule, toute la gauche réunie : Odilon Barrot, Garnier-Pagès, Mauguin, puis Salvandy, Emile de Girardin avec sa femme (Delphine Gay), aussi masculine de corps et d'esprit que féminine dans ses œuvres.

La soirée de lord Cowley a été admirable ; en voici le programme :

PREMIÈRE PARTIE

1. Septuor de *Lucrezia Borgia* . . . .   DONIZETTI.
   Tutti.

2. *Versatenis del Vino.* Duo . . . .   SCHIRA.
   MM. Mario, Tamburini.

3. *La Luna.* Romanza . . . .   VERA.
   Mlle Brambilla.

4. Trio : *Italiana in Algeri* . . . .   ROSSINI.
   MM. Mario, Tamburini, Lablache.

5. Duo : *Don Pasquale.* . . . .   DONIZETTI.
   Mme Grisi, M. Lablache.

6. *Credeasi Misera.* Puritani . . . .   BELLINI.
   Mme Grisi, M. Mario.

7. *Capuletti.* Finale . . . .   BELLINI.
   Mmes Grisi, Brambilla.
   MM. Mario, Tamburini et Chœur.

DEUXIÈME PARTIE

1. *A te, O Cara.* Quatuor . . . . BELLINI.
Mᵐᵉ Grisi ;
MM. Mario, Tamburini, Lablache.

2. Duo: *Clemenza di Valois.* . . . . GABUSSI.
Mᵐᵉ Grisi, M. Mario.

3. Trio: *Guillaume Tell* . . . . ROSSINI.
MM. Mario, Lablache, Tamburini.

4. Duo: *Giuramento* . . . . MERCADANTE.
Mᵐᵉˢ Grisi, Brambilla.

5. Introduction du *Stabat* . . . . ROSSINI.
Mᵐᵉˢ Grisi, Brambilla,
MM. Mario, Tamburini et Chœur.

6. *Eja Mater. Stabat.* . . . . ROSSINI.
M. Tamburini et Chœur.

7. *Stabat. Inflammatus* . . . . ROSSINI.
Mᵐᵉ Grisi et Chœur.

----

19 mai.

Paris s'en va, Paris se meurt, j'assiste à son dernier soupir, au dernier souffle de cette vie naguère encore si agitée, si convulsive ; hier encore plein de vie, aujourd'hui à demi-mort, c'est un rouage qui s'arrête, c'est le dernier accord d'une grande symphonie, c'est le gladiateur mourant. Nulle part je crois, grâce à la centralisation (ce résultat inévitable des révolutions autocratique ou démocratique) le mouvement du sang, du cœur aux extrémités, et plus tard, des extrémités au cœur, n'est aussi sensible, aussi violent qu'en France. L'automne c'est le flux, l'hiver un débordement, aujourd'hui le reflux qui va emporter et répandre au loin dans la province le trop plein de Paris.

Propriétaires grands et petits, marquis et roturiers, riches et pauvres, tous ont hâte de quitter, de fuir ce gouffre effrayant, gouffre des fortunes, boîte de Pandore de toutes les renommées, tirelire de toutes les réputations honnêtes, de toutes les probités ! Tous le quittent, mais c'est pour aller ramasser, entasser, amasser de nouveau et revenir gaiement jeter, dépenser et engouffrer en hiver ses épargnes de l'été ; car si, pour notre ami Jacotot, tout est dans tout, pour le parisien, pour le français en général, tout est dans Paris : c'est l'objet chéri de son rêve de bonheur, c'est à la fois le but et le moyen de son ambition c'est le point culminant de son intelligence. Vieillards, femmes, enfants, jeunes hommes, tous ont les regards tournés vers Paris, c'est Roma profane, c'est la Jérusalem du plaisir, c'est la Mecque de l'Occident.

Cependant au milieu des fortunes, météores d'un jour, qui souvent croulent et s'éteignent le lendemain, au milieu de ce mouvement en apparence désordonné de hausse et de baisse continuelle, il est aisé d'apercevoir une tendance générale, et de découvrir un ordre de faits réguliers, quelque chose enfin comme de l'ordre dans le chaos. Les dernières années de la Restauration avaient été fatales pour les fortunes territoriales ; la Révolution de Juillet semblait leur avoir porté un dernier coup. En émancipant l'industrie, en faisant pour elle ce que Luther avait fait pour la pensée, elle a donné la vie aux capitaux et élevé l'aristocratie de bourse et de finance sur les ruines de toutes les aristocraties. Les propriétaires fonciers, légitimistes paur la plupart, quittant alors la cour et la scène du monde, écrasés sous le luxe arrogant de la Bourse. lui laissant le champ libre, se retirèrent prudemment, retraite d'ailleurs plus prudente qu'honorable, car s'ils refusèrent leur adhésion au régime nouveau, ils n'en reconnurent pas moins la suprématie sociale du parvenu enrichi. Aujourd'hui encore nous voyons une duchesse de Poix ou de Grammont faire sa cour à Rothschild et à Hope, mendier pour ses amies du noble faubourg une invitation au bal ou à dîner, et les banquiers... de faire souvent les difficiles.

Un jour cet hiver qu'il y avait cercle à l'ambassade d'Angleterre.

— Etes-vous demain chez Hope? me dit la duchesse de Grammont.

— Qu'est-ce Hope, madame?

— Mon Dieu Monsieur: vous êtes étonnant! mais c'est après Rothschild, le particulier qui nous donne les « choses » les plus prodigieuses!

— Madame la duchesse, quand je vais chez les gens, c'est « quoique » et non « parce que » ils donnent des fêtes.

— Faites vous donc présenter!

— Permettez-moi d'attendre l'occasion.

— Vous pourriez attendre longtemps.

— Je suis résigné.

— Et vous Prince? dit à mon collègue la duchesse de Poix.

— Si **M.** Hope témoigne le désir d'être présenté à ma femme... je n'y vois pas d'inconvénient... je serai charmé.

Hope est un jeune homme d'une quarantaine d'années au plus et, qui plus est, garçon!

Cependant pour revenir à ce que je vous disais, le règne exclusif des industriels est passé, leur étoile a pâli à la suite des révolutions commerciales qui dans ces derniers temps ont ébranlé le monde, la banqueroute est arrivée, l'Icare moderne, mécanicien audacieux s'est brûlé les ailes, la terre reprend ses droits et l'aristocratie foncière revient à la surface tandis que la finance s'enfonce. Telle est, aujourd'hui, la tendance générale du mouvement des fortunes, tendance qui coïncide avec le retour aux idées d'ordre et de conservation et que l'on doit, ce me semble, appeler de tous ses vœux, car si la terre est un élément de richesse, c'est à la fois l'élément conservateur par excellence.

Ainsi les vieux hôtels se remeublent-ils peu-à-peu, et chaque hiver, depuis deux ou trois ans, voit quelques anciennes familles ouvrir leur maison à la société de Paris. Ce qu'ils veulent, je l'ai compris enfin, c'est reprendre dans l'État le rang et l'influence qu'ils ont perdus et celui-là seul sera le « légitime », qui les leur rendra.

Puisque me voilà au sein de ce parti, je veux raconter ma rencontre avec un de ses membres, à la fois cause et victime des événements de 1830. Un jour que j'avais dîné chez la princesse Radziwill, qu'ensuite j'étais allé me chauffer au feu sombre et ardent du regard velouté de la princesse W... et, près d'elle, rêver un instant de l'Orient et de ses délices, puis de là chez Mme de Marcellus, pour y faire ma cour à la belle duchesse d'Istrie, puis chez la comtesse de Girardin où m'attirait ce soir Mme Arthur de l'Aigle, j'arrivai à minuit et demi chez la duchesse de Grammont. Son monde était déjà sur l'escalier, les intimes seuls, au nombre de huit ou dix, continuaient leurs conversations groupés çà et là dans les coins du très petit salon

de la duchesse qui, après avoir congédié les marquises de
Barbantade et de Béthune, s'était jetée pensive sur son
canapé et attisait nonchalamment les charbons à demi
éteints de sa cheminée.

— Ah ! bonjour Russie, me dit-elle, en me tendant la
main, toujours le bienvenu ; venez donc charmer ma
solitude et tâcher de me tirer de mes pénibles réflexions ?

— Comment, qu'y-a-t-il ?

— Figurez-vous quelle horreur, quel guet-apens !

— Quoi donc enfin ?

— Eh bien, nous étions treize à table, ce n'est qu'au
dessert que je m'en suis aperçue et, ce qu'il y a de pis,
c'est que sous ce prétexte, je serais peut-être parvenue à
faire expulser le petit S..., que je déteste, et que je ne l'ai
point fait !

J'allais répondre, lorsque se tournant vers la porte,
elle s'écrie : « Attendez donc, cher comte, venez me conter
votre affaire. »

Le cher comte s'assied près d'elle et se met à nous
conter comment Chaix-d'Est-Ange, qui lui a d'anciennes
obligations, est venu l'inviter à dîner, comment il a lou-
voyé pour refuser, prévoyant qu'on voulait le mettre face
à face avec quelque personnage du régime actuel, comment
enfin il s'est trouvé à ce dîner entre Vivien et Salvandy
et vis-à-vis de Thiers.

Impatienté de la minutie des détails et du ton d'importance de ce récit, j'interromps l'orateur.

— A qui le dites-vous, monsieur ! lui dis-je, à la
duchesse de Grammont qui, cet hiver, au grand scandale
de tout Paris, a dîné cinq fois avec ce même M. Thiers,
lequel, qui pis est, lui a donné son bras pour la conduire
à table !

— Mensonge ! atroce calomnie ! s'écria-t-elle, mais ce que

vous dites, me prouve que vous ne connaissez pas notre cher comte.

— Enfin, dit ce dernier en terminant son récit, au moment de partir, je vis Thiers s'épuiser en combinaisons stratégiques pour m'approcher sans se faire remarquer, je passe devant lui et lui dis en le saluant : « Monsieur, il se pourrait que l'entente entre nous ne fût pas « impossible

« — Monsieur, me dit-il à son tour, je ne crois pas aux revenants ; mais j'en ai peur ! »

— Eh bien, me dit la duchesse, y êtes-vous, quel est donc notre revenant ?

— Le défunt, ministre d'une défunte majesté ou je ne m'y connais pas.

— Bien dit, faites donc la connaissance du comte de Peyronnet.

C'était lui en effet, j'avais ainsi sans le savoir rencontré l'un des auteurs des fameuses ordonnances ; c'est ainsi qu'à Paris l'on se trouve souvent face à face et sans s'en douter, avec quelques vieux débris, quelque soutien isolé d'un édifice qui n'est plus : Paris est le forum des constitutions et des ruines humaines.

Avec tout le reste, la philanthropie, cette parodie de la charité, déménage à la campagne et cesse pour quelques mois de nous harceler, de nous étouffer sous le poids des bonnes œuvres. D'ordinaire, la Semaine sainte termine la saison philanthropique, cette année c'est à la Guadeloupe qu'appartient cet honneur.

J'ai enfin entendu Ravignan à Notre-Dame où il prêchait à six heures du matin pour les gens du peuple, à deux heures pour les dames, à huit heures du soir pour les hommes des classes supérieures de la société. A six heures et demie, j'avais déjà trouvé l'église occupée par un public

nombreux : pressé et resserré de tous côtés, je pris place
où je pus et je m'assieds, me proposant d'attendre tranquillement le moment solennel du sermon ; mais à peine
suis-je assis, que commence une sorte d'assaut, d'escalade,
de cheval fondu des plus insupportables : ce sont les personnes qui se sont fait retenir d'avance les places avoisi-
nant la chaire, qui, au détriment de nos côtes et de nos
épaules, s'en vont pieusement se placer sous le rayon
visuel du prédicateur ; peu soucieux de me victimer pour
ces damnés de la veille, ces saints d'aujourd'hui, disciples
de fraîche date, apôtres de circonstance, et las de céder,
de concert avec Tolstoï et Wittgestein je me raidis, regimbe
et récalcitre et, finalement, me révolte et refuse net de
me déranger davantage pour laisser passer les zélés.

— Monsieur veuillez vous déranger un peu.

— Non.

— J'ai ma place réservée.

— Peu m'importe.

— Monsieur un peu d'humilité ne serait pas de trop.

— Eh bien ! prêchez d'exemple et restez en arrière.

Huit heures sonnent, l'Eglise était comble et jusque
dans ses coins les plus obscurs, la foule qui les avait
envahis attendait avec impatience le moment où paraîtrait le prêtre dont la voix, quoique vibrante et forte,
devait mourir en route dans l'espace trop vaste de Notre-
Dame. Enfin il paraît : grand, maigre, brun, pâle, l'œil
vif, le geste dramatique et prompt, tout annonce en lui
l'habitant du midi.

« Que ceux qui ne veulent pas me suivre, dit Gédéon
à son armée, s'en aillent » Tel est le texte du sermon. Dès
les premiers mots la parole de l'orateur devient déclama-
toire, fiévreuse, son geste menaçant ou suppliant, toutes
les fibres de ses nerfs sont tendues, tout son corps en

mouvement, enfin toutes les ressources de l'art, toute la dextérité du talent, toutes les finesses du langage sont mis en jeu pour simuler (le mot est fort. je le crois correct) pour simuler « l'inspiration et l'enthousiasme religieux », ces enfants du ciel qui ne savent guère se plier aux circonstances et qui étoufferaient infailliblement, dans leur céleste étreinte, le mortel audacieux qui oserait les invoquer trois fois par jour.

Je concevrais bien l'admiration pour Ravignan des populations méridionales dont l'enthousiasme est instantané, qui sentent vivement, promptement et ne pensent que peu ou point du tout; ou s'il s'agissait de soulever un peuple, de le fanatiser et le faire courir sus aux Huguenots, Ravignan serait l'élu, car ce qui perce au fond de ses discours, c'est l'intolérance et le fanatisme, c'est je ne sais quel parfum de Saint-Barthélemy. Mais nous autres, hommes du Nord, moins ardents, moins sensitifs, nous demandons des pensées, moins soucieux de la forme, nous voulons le fond; or tout le sermon, ce soir là du moins, a roulé sur deux ou trois idées banales, tout au plus suffisantes à un exorde, à une entrée en matière. En résumé, Ravignan m'a paru pauvre d'idées mais doué d'une imagination brillante, et possédant à fond les ressources de l'art, acteur consommé il cache ce qu'il lui manque sous le prestige de la forme, forme riche et brillante et qui suffit à un public qui n'a pas le temps de penser.

Au sortir de l'église la foule était immense sur le parvis, et des centaines de voitures armoiriées et de gens en livrée, encombraient la place et les ruelles adjacentes. C'est que le mouvement religieux commence à s'infiltrer dans tous les rangs : duchesses, lingères et épicières, marquis, valets et artisans, tous aujourd'hui vont entendre la messe, et les églises, naguère encore vides et délaissées, regorgent de monde, j'allais dire de curieux. Sans doute la mode et le bon ton, la fashion enfin entrent pour beaucoup dans ce zèle admirable, cette ardente ferveur, mais, en les passant au tamis, il en restera toujours quelque chose. Le clergé a de l'avenir ici, ou je me trompe fort, mais cet avenir il l'a à la condition de ne pas en abuser. Or à l'heure qu'il est l'abus a peut-être déjà commencé; l'éveil est donné, les huguenots sont avertis, ils ont l'œil attentif et l'oreille aux aguets et de nouveau le fanatisme, la violence, l'ambition aveugle et les vues bornées, ces errements éternels du clergé catholique en France sont peut-être au moment de compromettre la plus belle position du monde.

Autrefois, lorsqu'il se recrutait d'éléments aristocratiques, le Clergé se divisait en deux grandes branches, rivales sinon ennemies l'une de l'autre, et avait à lutter souvent contre la Royauté, contre les parlements, les corporations, et aujourd'hui que, depuis son chef jusqu'au dernier de ses membres, il est démocratique et constitué tout d'une pièce, il trouve table rase, des ennemis personnels mais plus d'opposition constituée et systématique; c'est donc sur ce terrain, libre d'entraves permanentes, qu'il opère actuellement et qu'il marche à la conquête de cette influence que lui ont fait perdre les révolutions et ses propres abus. Déjà la guerre est commencée : d'un côté c'est l'Université et les Docteurs de la Sorbonne qui luttent pour conserver le contrôle de l'enseignement public, de l'autre c'est le Clergé qui, en apparence, plaide la cause de la liberté de l'enseignement pour ensuite et une fois débarrassé de l'Université, s'en approprier la direction exclusive et confisquer le tout à son profit. Enfin l'on voit ce qui ne s'est pas vu depuis longtemps : des évêques correspondre directement avec la Cour de Rome et Monseigneur de Chartres déclarer, en plein xixe siècle, que le système de Copernic est une hérésie anti-chrétienne.

J'ai rencontré aujourd'hui quelques zélés; l'article des *Débats* du 3/15 de ce mois soulève, au plus haut degré, leur indignation et leur animosité, d'autant plus que le coup était inattendu et que cette feuille avait vivement soutenu le Gouvernement lors de l'incident soulevé à la Chambre des pairs par la pétition des protestants lesquels réclament, comme conséquence de la liberté des Cultes proclamée dans la Charte, la faculté de former des congrégations religieuses partout où bon leur semble, sans s'astreindre à demander l'autorisation préalable exigée aujourd'hui par le Gouvernement.

Et remarquez une chose futile en apparence mais qui dans le fond ne laisse pas d'être un indice curieux de la tendance actuelle des esprits, c'est qu'il n'y a pas un voyageur, pas un touriste qui ne se croie appelé à traiter à fond la question religieuse, et Dieu sait comment ils la traitent! Ainsi Marmier, dans les articles publiés dans la *Revue des Deux Mondes*, et Custine dans la préface de son ouvrage sur la Russie, préface vague, problématique, où il parle de sa religion que probablement il ne connaît que fort imparfaitement et de la nôtre qu'il ne connaît pas du tout, et où je défie qui que ce soit de débrouiller quelque idée claire, quelque notion précise, quelque pensée arrêtée; mais n'importe, il fallait cette concession au courant du moment et il l'a faite; qui sait même si l'effervescence religieuse qui règne aujourd'hui et qui semble avoir ressuscité l'ancien antagonisme des deux églises, n'est pas entrée pour beaucoup dans la publication de ce livre et surtout dans la couleur générale que l'on y trouve répandue.

Enfin le Clergé gagne ici du terrain, c'est évident ; déjà il soulève un coin de son masque, mais déjà aussi il rallume contre lui des haines séculaires ; le feu couve encore, mais si d'ici quelques années, de nouvelles complications ou quelque grande question politique ne surgissent soudain pour donner aux esprits une direction nouvelle, il y a tout lieu de présumer qu'en France du moins, la question religieuse nous apparaîtra sous de formidables dimensions.

Voyez, cependant, ce que c'est que de nous, rien de tel qu'une opposition, quelque soit, d'ailleurs, son caractère, pour nous fortifier dans nos propres idées. Aussi jamais notre chapelle n'a-t-elle été aussi encombrée de fidèles que cette année-ci, pendant la Semaine sainte surtout : la colonie y affluait en masse, on faisait file pour y arriver, les périclitants eux-mêmes, poussés par je ne sais quel aiguillon, n'avaient garde de manquer à l'appel et de se placer sous le rayon visuel de MM. les agents officiels.

Je suis étonné que la crosse n'ait pas encore fait invasion au « Salon » (c'est le nom que l'on donne ici à l'exposition de tableaux) et qu'elle ne soit pas encore au fond de l'inspiration des artistes du jour ; nous y viendrons. soyez-en certains. En attendant le tableau d'histoire a fait son tour ; le « Genre » a détrôné l'Olympe avec ses déités et autres gracieuses nudités ; la chaste Diane ne pourchasse plus la biche timide, Jupiter et Léda n'offusquent plus les regards pudibonds de la mère de famille, Vénus et Apollon n'attirent plus... Enfin, le génie de la Grèce et de Rome achève de disparaître devant le christianisme et le génie du Nord, ou, si vous l'aimez mieux, devant le romanticisme, ce fils d'Odin et de Velléda, qui s'infiltre peu à peu et suinte goutte à goutte sur la terre classique de France ; action pénible et lente, mais persévérante et sûre dont les arts comme la littérature commencent déjà à ressentir l'inévitable influence.

Comparée à la nôtre, l'exposition d'ici offre quelques traits généraux de dissemblance, qui méritent d'être signalés : ainsi chez nous les premières salles sont garnies par une série de... comment dirai-je... de choses sans nom, œuvres problématiques de nos redoutables Van-der-Croute ; ce sont des figures de conseillers honoraires, chefs de sections ou autres respectables soutiens de l'État, pittoresquement encadrées dans des colets dont les couleurs vives et attrayantes font pâlir l'arc-en-ciel et projettent de nobles reflets sur ces faces administratives ; ce sont enfin de ces figures qui font que lorsqu'on prétend que l'homme est fait à l'image de Dieu, j'en doute ; ce sont encore de ces scènes de la vie intime, batterie de cuisine y compris, de ces tableaux de famille qui sont cause que lorsqu'on me parle du bonheur de la famille, j'en doute encore. C'est en un mot de « l'art bureaucratique ». De là, sans presque vous apercevoir de la moindre transition, vous tombez sur quelque chef-d'œuvre de Bruloff ou de Bruny. Ici, au contraire, tout est dans le milieu ; chez nous le médiocre est rare, les extrêmes dominent, ici c'est le médiocre qui règne et écrase les extrêmes ; en ceci, du moins, les arts sont le miroir fidèle du degré et de l'état de la civilisation dans les deux pays.

Chez nous encore, que ce soit Jupiter, Jésus-Christ ou Actéon vous reconnaissez toujours la même figure ; ici vous trouvez plus de variété et d'indépendance ; chez nous la chaîne pesante de l'étude académique, ici l'affectation qui est le naturel des naturels de ce pays. Je ne donnerai pas de détails, les journaux m'en dispensent ;

quelques mots seulement sur la pièce capitale, chef-d'œuvre incontestable dû au pinceau de Léon Cogniet. C'est le Tintoret retraçant une dernière fois l'image de sa fille qui vient de rendre le dernier soupir : le tableau, en général, d'un ton sévère et sombre, est éclairé par la lueur lugubre et triste d'une lampe cachée par un rideau et qui répand des reflets rougeâtres sur les figures du père et de la fille ; celle-ci pâle, froide, inanimée, un sourire angélique errant sur ses lèvres comme un dernier adieu à la vie qui s'en va, comme un salut radieux à la vie qui commence ; celui-là les yeux secs, ardents, plein d'angoisse et de douleur comme un homme qui n'a pas encore versé une larme. C'est beau, cela m'a bouleversé.

Vernet a exposé un joli tableau représentant une bédouine surprise demi-nue par un kabyle audacieux et qui, par un mouvement que commande un sentiment naturel de pudeur africaine, ramène son burnous pour cacher son beau visage ; c'est peint avec la verve, l'audace et l'esprit habituels de Vernet.

Un paysage d'un peintre nommé Koukouc, c'est tout ce qu'on peut se figurer de plus frais, de plus chatoyant : verts gazons, prés émaillés, feuillage touffu, eaux murmurantes, rosée brillante, fleurs odorantes, nuées soyeuses, collines onduleuses, c'est ravissant, cela m'a rappelé les hameaux, les bois, cela m'a transporté à la campagne qui a toujours pour moi tant de charme, cela m'a rendu idyllique en plein Louvre, en plein midi, en plein Paris.

Trois tableaux d'Ayvasoffsky : un clair de lune assez indifférent, une vue de Venise qui ne manque pas d'un certain mérite, enfin trois figures de moines pensifs et isolés, promenant leur mystérieuse rêverie sur une plage déserte baignée par l'Adriatique, dont les eaux calmes et endormies reflètent le croissant et les derniers feux du soleil couchant ; il règne dans ces tableaux un calme, un repos, qui repose l'âme et calme les sens. J'apprécie Ayvasoffsky, mais ce sentiment est chez moi, je le crois, tout individuel ; je lui reconnais de nombreux défauts et une facilité malheureuse, cause évidente de cette absence d'étude qui fait toujours de ses tableaux quelque chose d'incomplet ; mais il possède à un haut degré l'entente de certains effets de la nature que j'affectionne particulièrement et qui ne manquent jamais de produire sur moi un puissant effet.

Arrivé au bout de la galerie, je m'assis machinalement sur un banc et cédai à une invincible disposition à la rêverie qui me poursuivait depuis une heure. J'avais commencé ma matinée à sept heures au cimetière Montmartre où j'avais assigné notre prêtre et notre vice-consul, et où je faisais placer ce jour-là un monument sur la tombe de Tépliakoff ; à neuf heures j'étais déjà occupé à explorer le salon d'exposition, dix heures sonnèrent à l'horloge du Louvre, je me réveillai (j'avais rêvé dix minutes, c'est beaucoup à Paris) et me dirigeai en toute hâte vers le Palais de Justice où j'avais rendez-vous avec Kourakine, Apponyi et Esterhazy et où m'attendait un autre genre d'exposition. Le temps était magnifique et, toujours avide de spectacles, la lie de la populace parisienne, dont cette partie de Paris est le quartier général, débouchait en masse des rues adjacentes, de ces bouges où jamais le soleil ne pénètre, et se portait, comme un torrent, vers la place du Palais de Justice.

Emporté comme par une avalanche, je me trouvai bientôt pressé, serré, foulé et refoulé par la foule la plus compacte que j'ai jamais vue de ma vie. Une estrade et trois poteaux avaient été dressés sur la place : trois femmes étaient attachées à ces poteaux, toutes trois

condamnées aux travaux forcés avec exposition. En
attendant je m'étais frayé un chemin vers le café du coin
que j'atteignis après des efforts inouïs. Là, monté à l'en-
tresol, je découvris et contemplai à mon aise un spectacle
des plus curieux.

Figurez-vous une place en demi cercle, dans le fond de
la cour du Palais de Justice, et cette place et cette cour
envahies par une populace qui semblait ne former qu'un
corps, qu'une seule masse, tellement l'espace était étroit
et la foule épaisse; entre la foule et les tréteaux une distance de quinze à vingt pas et pour tenir toute cette foule
en respect et à distance, pas une barricade, pas une corde
tendue, pas le plus misérable étalage de force armée,
cinq gendarmes à cheval et voilà tout.

Souvent je flotte entre deux. idées diamétralement
opposées; je suis tantôt frappé des difficultés sans nombre,
des obstacles de tout genre, des déceptions cruelles que
doit nécessairement rencontrer le Gouvernement chez un
peuple que divise, en fractions ennemies, la haine des partis et qui a, en général, brûlé ses croyances au feu des
Révolutions; tantôt au contraire, et peut-être le plus souvent, je suis bien plus frappé encore de la promptitude
de ce peuple souverain, ou qui se croit tel à reconnaître
les décrets de l'autorité et à faire acte d'obéissance. Fron-
deur individuellement, en masse il est soumis; enfin il
me semble parfois qu'en faisant la part du sentiment de
la légalité et du respect aux lois qui au fur et à mesure
commence à pénétrer toutes les classes de la société en
France, — avec de l'adresse et en ayant bien soin, d'un
côté, de revêtir l'arbitraire de formes légales et libérales
et de l'autre, de faire peser à toute heure sur la masse le
poids d'une justice rigide, rigoureuse même, et de lui
faire toujours flairer l'autorité, l'on arrivera aisément à

un résultat satisfaisant et l'on reconnaîtra la nature essentiellement maniable et malléable des Français.

L'une des femmes était Javotte, la maîtresse illustre de Lacenaire, l'assassin homme de lettres. Sa figure annonce environ quarante ans, sa physionomie est douce et agréable, elle promène ses yeux autour d'elle avec la plus complète indifférence et, de temps à autre, distribue des coups de tête amicaux et des sourires gracieux à ses amis dispersés parmi les spectateurs ; enfin Javotte a eu les honneurs de la séance, car un gros bouquet de violettes, parti du milieu de la foule, vint frapper son sein et tomber à ses pieds.

— Qui donc est cette autre femme, demandai-je à un homme du peuple, familier de l'endroit où je me trouvais, et qui se tenait à côté de moi ?

— Ah ben ! c'est la Comtesse.

— Comment, quelle Comtesse ?

— Ah ben ! c'est la comtesse Demidoff.

— Pas possible !

— Comment pas possible, fichtre ! quand c'est moi qui vous le dis !

Et dans la foule : « Tiens, tiens, vois donc Mme la Comtesse. Cristi ! quelle grande dame ! ».

Voici en deux mots l'histoire : c'est une femme qui était restée vingt ans, dit-on, au service de la famille Demidoff, qui, comblée de bienfaits par cette famille, s'était retirée avec un pécule qui lui a permis depuis de mener à Paris une existence aisée et presque de luxe, qui enfin a vécu, dépensé, et qui aujourd'hui va expier aux galères un faux de quarante mille francs ; elle est âgée et paraît accablée.

La troisième passait inaperçue et n'excitait pas le moindre intérêt ; j'en demandai la cause à mon voisin la blouse : « Oh Monsieur, c'est que ça n'a pas de renommée, pas de réputation, c'est probablement quelque rien du tout ».

Voilà bien les hommes de tous pays, de toutes classes !

En général l'exposition des condamnés me parait loin de répondre au double but que se proposait évidemment le législateur : celui d'arrêter le criminel par la crainte d'une publicité flétrissante et d'impressionner les masses par la vue de cette flétrissure ; or un homme sur le point de commettre un crime et qui ne reculera pas devant la perspective des travaux forcés, ne sourcillera seulement pas à l'idée de l'exposition. Quant au peuple, il y court comme à un spectacle réjouissant, car ce sont des cris, des rires, des espiègleries et des pièges innocents tendus aux gendarmes et rien de plus, rien, pas même à la vue du « panier à salade » qui emmène les malheureux condamnés à leur dernière demeure, à leur sépulture civile. Décidément la vue trop fréquente de semblables spectacles doit émousser tout sentiment de crainte, étouffer toute pitié et blesser la susceptibilité des sens et des nerfs. Je n'en suis pas partisan.

Une journée commencée de la sorte ne pouvait se terminer qu'au théâtre ; c'était un contraste, et comme tel, il devenait un complément indispensable à ce qui avait précédé ; les contrastes ici sont l'ordinaire de la vie. Puisque nous voilà au théâtre, sachez que trois pièces, trois tragédies nouvelles sont venues donner un nouvel intérêt au Théâtre Français et ranimer dans tous les salons de la capitale la polémique littéraire ; ce sont les *Burgraves*, de Victor Hugo, *Judith*, de Mme Émile Girardin et *Lucrèce*, de Ponsard. Dans la première, vous trouvez de beaux vers, d'autres monstrueux : des centenaires, une femme octogénaire, voilà les héros du drame ! exclure ainsi la jeunesse est sans doute ingénieux et nouveau, cela peut être curieux comme le serait un fossile antédiluvien, mais exclure la jeunesse c'est exclure Rachel et partant, c'est livrer une œuvre à la merci du reste des humains qui composent la troupe du premier théâtre français ; c'était pour les *Burgraves* les livrer à des pygmées, à de misérables pygmées quand il eût fallu des colosses pour les soutenir ; les *Burgraves* sont tombés ! et d'un !

Avant de paraître sur la scène, *Judith*, avait reçu le baptême des salons et obtenu la protection doublement perfide des gens du monde qui, flattés d'être choisis pour arbitres, vous flattent à leur tour, vous encensent, vous aveuglent et puis, comme de coutume, vous abandonnent. C'est ce qui est arrivé : *Judith* a réussi à la lecture devant le public des salons élégants, où l'auteur a des amis, et a fini par tomber devant le public du théâtre qui en a fait prompte justice et qui, à mon avis, a fort bien fait. Le drame ne vous inspire pas le moindre intérêt, l'action se traîne, languit et meurt et vous demeurez spectateur calme, froid et désintéressé de ce qui se passe ; rien ne vibre en vous, aucune émotion ne vous agite, vous ne vous sentez ni pitié, ni admiration pour Judith, ni colère pour Holopherne qui est une sorte de chevalier français ou de maréchal de France, comme l'est, par exemple, Son Excellence M. le Maréchal Ministre de la Guerre. Passions de fourmis que tout cela, sphère étroite où le génie de Rachel étouffe et, faute d'aliments, s'évanouit de faiblesse : œuvre féminine dans sa conception comme dans sa forme, pâle et terne dans son ensemble.

« Il faut avouer, a dit Lamartine, après avoir assisté à la première représentation de *Judith*, il faut avouer que *Lucrèce* est une belle œuvre. »

Et il a dit vrai. Le jeune Ponsard, petit employé de l'administration dans je ne sais plus quelle petite ville du midi de la France, arrive à Paris et sa tragédie en poche se présente devant l'orgueilleux aréopage du Théâtre Français, il réclame pour son œuvre l'insigne faveur d'une simple lecture ; on répond par un refus avec l'autorisation toutefois de déposer sa pièce dans les cartons déjà remplis du répertoire et d'attendre patiemment son tour qui, lui dit-on, pourra bien n'arriver que dans deux ou trois ans. Désespéré, rebuté, il allait quitter Paris et retourner à son bureau en province, lorsqu'il rencontre son ami Boccage, de l'Odéon. Il lui conte ses soucis.

« Tiens, voilà mon œuvre, fais-en ce que tu voudras... ».

Ponsard a diné chez le Roi, tout Paris a couru et court encore à *Lucrèce* dont l'auteur est aujourd'hui la coqueluche de tous les salons de la capitale. Réussir est toujours et en toute chose difficile ; mais à l'époque où nous sommes, réussir avec des romains ou des grecs, est à mon avis un phénomène hors ligne, qu'un homme d'un talent éminent peut seul tenter d'accomplir.

L'action est bien menée, l'intérêt ne languit pas : les caractères de Lucrèce, de Tullie, de Sextus et de Brutus sont bien tracés et pas trop mal rendus par les acteurs de l'Odéon ; peut-être y a-t-il du Don Juan dans Sextus Tarquin et du Hamlet dans Brutus, mais ce ne sont là que des traits généraux d'une ressemblance que détruisent d'ailleurs la marche du drame, les lieux et les faits qui sont conservés dans toute leur intégrité historique. La fin seule fait défaut : lorsqu'on fait tant que d'amener le peuple sur la scène, et quel peuple encore ! au moins faut-il une foule, une émeute, une prise d'armes en masse comme dans la *Muette*, mais quand ce peuple est représenté par une

vingtaine d'épiciers en toge, il n'y a pas jusqu'à leurs
amis du parterre qui ne soient sensibles au ridicule de
cette prétention insolite et insolente.

Dans ce moment Custine occupe les salons... Mais
assez, assez, mille fois assez, je tombe de sommeil et de
lassitude; à une autre fois le Marquis humoriste et ses
boutades, vraies quelquefois dans le fond, toujours exagérées dans la forme: il nous juge mal, mais il nous voit
grands et redoutables, et, tour à tour nous prodiguant
l'injure et l'encens, il se contredit souvent car, dit-il, se
contredire c'est apprendre; néanmoins l'ouvrage se lit
avec intérêt.

31 juillet.

Nous sommes en pleine saison morte, la session parlementaire est terminée : brillante et vive au début, elle
s'est éteinte terne et languissante, comme il en serait d'une
fusée qui, fendant les airs, éclaterait en feux étincelants
pour retomber inerte et calcinée à quelques pas de son
lieu de départ. Autant les luttes politiques ont offert cette
année un spectacle imposant, grâce surtout à l'éloquence
téméraire de M. Guizot, autant la Chambre s'est montrée
mesquine et tracassière lorsqu'il s'est agi des affaires
matérielles du pays. Défiant le monde entier lors de la
discussion de l'Adresse, toujours au nom de l'honneur et
de la dignité de la France, le ton change quand il s'agit
de voter le budget ou, ce qui revient au même, de payer
la carte du festin parlementaire.

Cependant, si les hostilités sont suspendues au Palais

Bourbon et au Luxembourg, elles ne font que continuer
avec plus d'acharnement que jamais entre la Sorbonne et
la partie remuante du Clergé: de la chaire la guerre est
descendue dans la presse, ce champ clos de toute les hostilités. A la bombe lancée cet hiver par les prêtres et dirigée contre ce qu'ils appellent les doctrines athées et sub-
versives des professeurs de la Sorbonne, MM. Michelet et
Quinet, qui se tiennent aux avant-postes de la docte
phalange ont répondu par des cours publics qu'ils viennent de faire imprimer et où, devant un nombreux auditoire, ils ont tonné contre les abus monstrueux et séculaires et les tendances sempiternelles de l'incorrigible
Compagnie de Jésus.

La première édition de ce petit recueil de saintes ini-
quités a été enlevée en deux jours; nous touchons à la fin
de la seconde. A son tour le patriarche Cousin vient de
publier, en un volume, les œuvres du père André, Jésuite
réfractaire, faux frère, qui n'a pas craint de dévoiler les
turpitudes des fanatiques de son ordre; enfin les règle-
ments et statuts de cet ordre viennent d'être réimprimés
avec le texte latin en regard. On s'attend à une réponse
fulminante et, dans tous les cas, plus fulminante que chrétienne, surtout si le soin de répondre échoit en partage à
Mgr de Chartres ou de Bailem ou à l'édifiant abbé
Vedrine.

Quinet est clair, précis et concis dans sa manière, il est
entendu et lu avec intérêt, je ne saurais en dire autant de
Michelet que je trouve diffus dans ses idées, affecté dans
son style et qui, reniant le génie de sa nation et de sa
langue, qui est avant tout la clarté et la précision, le
positif enfin, se perd dans les spéculations philosophiques, dans les brouillards physiologiques où la boussole
germanique peut seule sauver le navigateur téméraire.

Quand je vois l'esprit français s'élancer dans ces régions éthérées, je me figure involontairement l'ascension du cerf Coco.

Quoique en général peu abondante, l'année littéraire n'en a pas moins été marquée par une série de productions qui méritent à juste titre l'attention que leur a accordée le public et la presse. Dans la sphère du roman de mœurs, la première place appartient de droit aux *Mystères de Paris* où, souvent, à travers des peintures exagérées de caractères imaginaires et fantastiques, vous trouvez des tableaux pleins de vie tracés de main de maître, hardiment esquissés et vigoureux de ton. Le talent de l'auteur est incontestable, la tendance morale de son œuvre pourrait seule lui être contestée. Pour moi j'y crois: dans tous les cas c'est bien la nature prise sur le fait, dans ce gouffre effrayant que l'on nomme Paris où le 27 juillet, jour anniversaire de la Révolution de 1830, les maires des douze arrondissements ont distribué des secours d'argent à près de soixante-dix mille misérables: or, la misère engendre la prostitution et la prostitution enfante la misère, cercle doublement vicieux et fatal, autour duquel gravite une population immense, car ces soixante-dix mille indigents ne sont encore que les pauvres inscrits et, pour ainsi dire, patentés, des gueux à brevet.

A propos de brevet je citerai encore un chiffre, nommément celui des brevets de toutes sortes distribués à Paris dans la classe industrielle, chiffre qui se monte au total effrayant de quatre vingt mille ! Voilà pour l'encombrement et la concurrence, car qu'est-ce qu'un brevet sinon l'espoir d'un refuge contre la concurrence. Eugène Sue a pêché à la source bourbeuse de la misère, de là, la popularité vraiment fabuleuse de son œuvre : les pauvres ont pu s'y mirer et les riches y ont trouvé du neuf.

Dimanche passé, invité à dîner chez la comtesse de Vintimille-Girardin, je me suis rendu par Châtillon et Fontenay-aux-Roses à sa campagne d'Aulnay, ancienne retraite de la comtesse Moussine Pouchkine-Bruce, campagne située dans un bas-fond et dont les environs m'ont rappelé le sol onduleux et pittoresque de la Normandie. J'y ai trouvé le ministre de Hanovre et sa jolie femme, le trop fameux marquis de Boissy qui vient de marier sa fille au prince de Léon, c'est l'entrepreneur des petites tempêtes parlementaires à la Chambre de Paris, il est au chancelier Pasquier ce que Cabrion est à Pipelet, son cauchemar quotidien, l'ennemi de son sommeil et de son repos, le comte Grefulhe, homme d'esprit et millionnaire, enfin, Eugène Sue.

Eugène Sue passe pour être l'homme élégant, l'homme de salon, le gant jaune par excellence de la gent littéraire; c'est qu'ici plus que partout ailleurs, l'on passe toujours pour être un peu plus ou un peu moins que ce que l'on est réellement. Eugène Sue n'est rien de tout cela : grand, fortement bâti, brun et légèrement barbu, ses manières sont simples et réservées, sa conversation assez indifférente et son rôle, celui d'un écrivain cherchant à s'abriter derrière l'insignifiance des gens du monde, comme pour faire oublier sa profession ; il n'y réussit que trop bien.

La conversation n'a pas tardé à tourner à la politique: le ministre de Hanovre a embrassé, assez maladroitement et avec feu, la cause posthume de feu Espartero ; Mme de Girardin a conseillé à M. de Boissy de provoquer en duel M. le maréchal Soult et de lui donner pour second le chancelier ; enfin la soirée s'est terminée par quelques anecdotes sur la famille royale spirituellement contées par

cette dame aux blanches couleurs, et que je m'abstiens de
répéter. En revenant à Paris, ma voiture a accroché dans
un chemin creux celle du marquis de Doissy, et nous avons
manqué rouler ensemble dans le fossé.

Dans la sphère dramatique, *Lucrèce* a fait événement, et
son apparition dans l'ordre littéraire a été regardée comme
une sorte de complément nécessaire à l'apparition, il y a
quelques années, dans l'ordre artistique, du talent de
Mlle Rachel. Si ce n'est pas encore une restauration de
l'absolutisme classique, je la crois impossible et ne la
désire pas, cela n'en est pas moins un symptôme de
réaction. Quant aux *Burgraves* et à *Judith*, je crois en
avoir déjà parlé ; le public d'ailleurs en a fait prompte
justice et je n'aurai garde de me montrer moins équi-
table que lui.

Puisque nous voici au théâtre, quelques mots sur
Mlle George qui, après avoir subi dans sa fortune dramatique, toutes les hausses et les baisses imaginables,
fait aujourd'hui frissonner le public de la Gaîté. Son
embonpoint, hélas ! commence à déborder son talent:
obligée de se faire emmailloter tout le corps pour ramasser sa graisse et paraître plus mince, sa démarche et son
geste se ressentent parfois de ces entraves à la liberté de
locomotion, fatiguée par cet état de malheureuse prospérité,
elle joue son rôle comme ferait une cantatrice qui, dans les
morceaux d'ensemble, ménagerait sa voix pour briller
dans les solos, elle a donc l'air par moments de répéter
son rôle mais, quand arrive le moment dramatique, la
passion brûlante et frénétique, l'actrice se réveille et fait
oublier et sa difformité et son âge; elle fait remonter au
siècle le courant du temps. Je l'ai vue ces jours-ci dans
un drame échévelé dont le nom m'échappe comme celui
de l'auteur échappera à la postérité.

Parmi les ouvrages historiques, celui de Louis Blanc tient sans contredit la première place. Jugé avec quelque sévérité par le parti au pouvoir qui, cependant, y trouve trop de modération pour le condamner, il est porté aux nues par les partis extrêmes qui, ici comme ailleurs, réunissent leurs suffrages en haine de l'ennemi commun.

L'Europe pendant la Révolution par Capehgue est moins appréciée. En général Capefigue jouit chez nous d'une faveur que lui refusent ses compatriotes qui lui reprochent, avec quelque apparence de raison, la division du travail qui préside à la composition, j'allais dire au confectionnement de ses œuvres : son cabinet est une filature littéraire.

L'ouvrage du marquis de Custine qui a fait ici beaucoup de bruit (car nous sommes ici fort à la mode, et les russes d'aujourd'hui, disent les français, sont les anglais de 1830) est déjà en partie tombé dans l'oubli; il ne laisse pas d'être curieux, et cela, à plus d'un titre. Voulez-vous un échantillon de sa manière? « Les Russes, dit-il, vous adressent parfois à bout portant les questions les plus embarrassantes, les plus indiscrètes, *c'est que les russes sont curieux et inquisitifs à l'excès...* et ils amarrèrent leur nacelle au rivage, et prenant terre passèrent devant l'étranger *sans même le regarder, c'est que les russes ne sont pas curieux. Ce qu'ils voient chez eux leur ôte l'envie de connaître ce qui existe ailleurs.* »

M. de Custine professe à l'endroit des classes élevées de notre société le plus superbe mépris; mais croit-il par hasard que les mœurs de céans soient faites pour inspirer un plus noble sentiment? Pour ne parler par exemple que des contrats de mariage, chez nous tout est fiction et, de gré ou de force, le jeune couple est à la merci de la loyauté ou de la duplicité des parents; ici, pas si bête, c'est un bail à long terme, un marché en règle où tout est

noté, stipulé, enregistré depuis le nombre des valets jusqu'à l'étoffe des rideaux de la couche nuptiale, où le futur
beau-fils fait quelquefois signer à son futur beau-père
l'engagement de ne jamais se remarier, où enfin sont enre-
gistrées les preuves d'une mutuelle défiance.

Balzac est venu dernièrement faire viser à l'ambassade
son passeport pour Saint-Pétersbourg. « Faites entrer »,
dis-je au garçon de bureau.

Aussitôt m'apparait un petit homme gros, gras, figure
de panetier, tournure de savetier, envergure de tonnelier,
allure de bonnetier, mise de cabaretier, et voilà. Il n'a
pas le sou, donc il va en Russie ; il va en Russie, donc il
n'a pas le sou.

Nous sommes en plein automne depuis les premiers jours
de l'été : le vent, la pluie et le froid se disputent la préséance et tous l'obtiennent à la fois ; c'est notre ordinaire
qui fait ici l'exception, c'est d'autant plus vexant. Je fuis
le monde et, jusqu'à la fin novembre, ne me soucie pas seulement d'en entendre parler; la retraite toutefois est ici
impossible, et il ne se passe pas de jour où, entre quatre
et six, je ne sois en campagne pour rendre quelque visite.

14 août.

Nous sommes ici en plein calme plat, rien ne bouge,
rien ne remue, c'est quelque chose comme Saint-Pétersbourg quand la Cour en est absente : le Roi est absent,
les princes en tournée, Guizot parti pour sa campagne,
donc la princesse de Lieven pour Versailles, touchante soli-
darité de pensées, de paroles, de faits et de gestes. Bouffé

est au Havre, Rachel à Lyon, les Italiens à Londres, enfin grands et petits, acteurs politiques et artistes dramatiques, tous absents. Il n'y a vraiment de présent que l'éternel Corps diplomatique, que l'on rencontre çà et là aux ambassades ; encore a-t-on le bon goût de ne pas trop se chercher, j'ai, dans ce moment-ci, peu soif de mes collègues qui, j'aime à le croire, me le rendent bien.

Je me trompe toutefois, tout le monde n'est point absent : de tous les partis naguère en présence, de toutes les luttes naguère si vives, si nombreuses et si pressantes, deux combattants et entre eux une lutte à mort, tel est le spectacle que nous avons actuellement sous les yeux.

Il y a environ un mois, le Théâtre français nous a donné la première représentation des *Demoiselle de Saint-Cyr*, comédie en cinq actes de Dumas. La pièce a eu du succès par les raisons fort simples, d'abord qu'en temps de disette l'on est généralement assez coulant sur la nature des aliments, ensuite parce que Mlles Anaïs et Plessy y ont déployé un talent et une grâce dignes d'un meilleur sort. La pièce se passe sous Louis XIV, ou plutôt sous le règne de Mme de Maintenon qui, grâce à l'usage des lettres de cachet, fait épouser à deux jeunes seigneurs deux novices de Saint-Cyr que ceux-ci s'apprêtaient à séduire : tout se termine à souhait. Pauvre de conception, la pièce m'a paru longue, néanmoins l'intérêt s'y soutient, le dialogue, quoique trivial par moments, ne manque pas toujours d'esprit et, encore une fois, le jeu des acteurs fait le reste, en somme et vu l'état déplorable des forces imaginatives de l'époque, la pièce a eu du succès.

Or, si le but justifie les moyens, selon Dumas, le succès est bien autrement suffisant. Jules Janin (dont Dieu nous garde) n'est pas de cet avis et, tant qu'il n'y est pas personnellement intéressé, les moyens lui importent fort et c'est au contraire le succès qui l'offusque. De là le duel dont voici les deux premiers coups d'épées ; Dumas d'abord, puis Janin. On prétend aujourd'hui qu'ils vont se battre sérieusement ; heureusement, les médecins ayant dénoncé comme dangereuse la pratique de déjeuner d'abord et de se battre ensuite, un usage beaucoup plus hygiénique s'est établi ici ; il n'y aura donc de sang versé que celui du poulet amical destiné à cimenter indéfiniment la haine des athlètes.

Les nouvelles d'Espagne sont assez bonnes. L'innocente Isabelle a été déclarée majeure et la Junte de Barcelone, renonçant à s'intituler Junte suprême, tout en restant en permanence, a consenti à descendre au rang plus modeste de Junte consultative, faisant par là acte de soumission au Gouvernement central de Madrid. Ceci est assez heureux, car Barcelone étant le foyer du républicanisme espagnol, c'est de là surtout que vient le danger dans l'étrange crise actuelle. Quand à don Carlos, nulle chance pour lui de rentrer en Espagne ; et les interpellations qui viennent d'avoir lieu à son sujet au parlement anglais ainsi que l'accord sur cette question de Palmerston et Peel avec le Cabinet d'ici prouvent suffisamment que tout espoir de revoir son pays lui est désormais interdit.

— Comment se conduit-il à Bourges ? demandais-je dernièrement à l'homme d'État le mieux placé pour me répondre.

—Don Carlos, me repondit-il gravement, ne se conduit pas, ne s'est jamais conduit.

— C'est juste, repris-je, aussi suis loin d'ignorer que c'est vous qui l'avez conduit... en prison.

—Mais il n'est point en prison, il est libre d'aller à peu près où bon lui semble, et tenez, vous ferez bien de nous en débarrasser.

—A Dieu ne plaise, fis-je en terminant, car l'on pourrait,
et à juste titre, vous accuser d'être plus hospitalier pour
les sujets que pour leurs princes.

— Alors nous le gardons.

La réponse était bonne mais elle en invoquait une à son
tour.

—C'est justement ce que vous faites. vous le gardez à
vue.

Il est quatre heure, je m'arrête un instant pour aller
faire mes excuses à la comtesse Rasoumoffsky, de n'avoir
pu me rendre hier à un déjeuner qu'elle donnait aux Kotchoubey, Bielosselsky, Seebach pour rendre visite à Mmes
Potocky, Meyendorff et Radziwill, puis diner. etc., etc.

Il est neuf heures, je rentre. Marie Potocky faisait sa promenade. Pauvre femme ! comme une lampe avant de s'é-
teindre, elle brille, scintille et s'éteint tour à tour, et semble
n'avoir de forces pour vivre que celles que lui impriment
la vivacité fébrile et l'ardeur romanesque de sa brillante
imagination. Mme Radziwill était chez elle, j'y ai trouvé
Mmes Razoumowsky et de Lagrené. Cette dernière se
souvient avoir vu Lise en Allemagne et se rappelle à son
souvenir. En vain me suis-je efforcé à retrouver chez elle
les traces de cet ancien prestige qu'elle exerçait si bien, par
la grâce et la gentillesse de ses manières. Si je n'ai pas la
berlue, elle est définitivement et irrévocablement tombée
de la dive poésie dans le domaine de la prose. Au moment de partir, elle m'a prié d'aller chercher ses enfants
qui jouaient au bout du jardin, et quel n'a pas été mon
étonnement, en y trouvant une jeune personne qui dans
peu d'années aura atteint l'âge qu'avait sa mère lorsque,
souple et légère, elle folâtrait et gazouillait dans les salons
de Saint-Pétersbourg. Elle va quitter Paris pour se rendre
en Chine où son mari doit être envoyé en qualité de plé-

nipotentiaire : elle part sans sourciller, le couple est dit-on, le plus uni du monde.

Il se faisait tard, j'ai renoncé à Mme Meyendorff en faveur de Kitty Tschitchérine et de son père que j'ai trouvés rajeunis, rafraîchis et je dirai volontiers quasi réhabilités ! Ils explorent Paris, y restent une dizaine de jours et partent pour l'Italie ; je les ai quittés à sept heures passées et me suis rendu au Club, vers lequel me poussait un estomac aux abois ; après dîner je me suis attablé, pour prendre mon café, sur le balcon où j'ai trouvé les comtes de Caux et de Clermont ; nous y avons jasé politique un peu, coulisses beaucoup. Rien de plus animé que l'aspect du boulevard, la nuit est belle, c'est dimanche. tout Paris est dehors ; assis ou plutôt couché sur mon balcon, je plane sur une fourmillière, il me semble que si j'y tombais je serais disséqué en un clin d'œil. Quelle lanterne magique ! Voici venir le lion du Café de Paris aux gants jaunes, à la botte vernie, puis l'émigré espagnol, celui qui retourne dans son pays et celui qui en vient, la légion nombreuse de ces êtres inqualifiables que surveille la police et qu'abritent les alentours hospitaliers de Notre-Dame-de-Lorette ; en face de moi est Tortoni qui étincelle de mille bougies, et au-dessus de moi la lune qui, triste et blafarde, contemple avec tristesse et pitié l'or du riche, qui se cache sous les haillons du pauvre et, ce qui est plus commun, la misère endimanchée que recouvrent la soie et l'or.

Paris est, par excellence, la ville des contrastes : dernièrement, en tournant du boulevard du Temple vers la rue Lavoisier, au centre d'un quartier des plus populeux de Paris, je suis entré, vers dix heures du soir, dans une sorte de couvent ou d'abbaye, dont rien ne faisait pressentir l'approche et dont l'existence m'était parfaitement inconnue. Là, entre sept et huit heures, arrivent, des quartiers environnants, jusqu'à six cents ou sept cents jeunes ouvriers qui, après avoir travaillé toute leur journée dans les ateliers, viennent assister aux leçons et s'initier aux sciences et aux arts que leur enseignent gratuitement les frères de la doctrine chrétienne.

J'y suis entré avec Michel Kotchoubey, et nous y avons trouvé deux ou trois classes de dessin en pleine activité, chaque classe occupée par soixante ou quatre-vingts jeunes gens, tous ouvriers, vêtus d'une simple blouse, la casquette sur l'oreille, et chacune de ces classes présidée par un seul individu revêtu de son costume de religieux. Partout l'ordre, la tranquillité, l'attention et le travail; partout assiduité et soumission chez cette jeunesse la plus turbulente du monde, partout un tact exquis, une justice intelligente et une sévérité tempérée par beaucoup d'indulgence chez le précepteur qui semble sincèrement pénétré de la sainteté de son œuvre; enfin partout le même mépris pour le luxe extérieur, pour la forme et l'apparence, toujours sacrifiées pour la réalité, pour le fond.

Nous sommes entrés sans mot dire, nous avons parcouru de haut en bas tout l'édifice, sans que personne songeât seulement à nous demander qui nous étions et ce que nous y venions faire. C'est ainsi que, par les soins charitables d'une pieuse congrégation, six cents jeunes gens, au lieu de dépenser au cabaret et au théâtre le fruit d'une journée de travail, trouvent, tous les soirs, dans cette enceinte, les éléments de leur fortune future. Cette congrégation fondée, il y a plus d'un siècle, par M. de la Salle à la canonisation duquel, m'a dit un des frères, on travaille beaucoup, cette congrégation a, pendant un siècle, existé à l'état de couvent; après 1830, quelques ouvriers affamés y sont venus demander tout simplement à y apprendre à lire et à écrire; leur nombre dès lors est allé croissant, et à l'heure qu'il est, Paris compte déjà plus d'un établissement de cette nature. C'est ainsi que la force des choses indique souvent les besoins des populations, que les hommes les mieux éclairés ne sauraient toujours deviner. Le comte Rambuteau, préfet actuel de la Seine, mérite bien ici sa part de louanges car, observateur attentif et éclairé, il sait utiliser et mener à bonne fin ces indices que son coup d'œil ou sa longue expérience lui font découvrir çà et là.

29 août.

Depuis que la pièce parlementaire est jouée et la toile définitivement tombée, Paris fait l'effet d'une salle de spectacle qui se vide à mesure que s'écoule la foule insouciante et oublieuse des émotions qu'elle vient d'éprouver; enfin, l'âme même de la machine gouvernementale, personnifiée dans Guizot, s'est envolée dans les régions champêtres de son clocher. Or, Guizot absent, nous sommes frappés de paralysie, et, Guizot absent, que devient la princesse de Lieven, nymphe politique de Beauséjour?

Aussi Calypso ne pouvant se consoler du départ d'Ulysse, est-elle allée promener sa mélancolie dans les somptueuses solitudes de Versailles, mais Versailles est triste et rappelle le clocher de Saint-Denis par cela même qu'il se dérobe à vos regards; car tel est le motif qui, auprès du grand Roi, a milité en faveur de l'emplacement dont il a fait choix pour sa résidence. Abandonnant Versailles, la princesse de Lieven a transporté ses pénates à Saint-Germain où

notre excellente comtesse Rasoumoffsky est allée la rejoindre.

Avant-hier, notre chargé d'affaires m'en rapporte une
invitation à dîner pour le lendemain ; j'avais promis à
Wittgenstein de dîner chez lui à Castel Madrid, au Bois de
Boulogne, afin de faire partie, avec Kotchoubey et Bariatinsky, d'un jury jugeant en dernier ressort des talents
culinaires d'un sujet que je lui avais envoyé, et que
m'avaient vivement recommandé Sebastiani et Guiche.
Obligé de faire des excuses, pour moi et Kourakine, aux
nymphes de Saint-Germain, j'appelle mon domestique :
« Voici deux lettres à porter à Saint-Germain, à la princesse Lieven et la comtesse Rasoumoffsky ; prends donc le
train ».

Ici Jocrisse hésite, pâlit et balbutie quelques mots
inintelligibles : « Si cela n'est pas pressé, Monsieur,
permettez-moi d'aller sur terre ferme ».

C'est ainsi qu'il qualifie la voie ordinaire des diligences,
par opposition au railway qui lui semble la grande route
de l'enfer ! Bref, pour toute réponse, je lui donne deux
heures pour faire dix lieues, en lui laissant le choix des
moyens de transport de sa pusillanime personne. Il m'est
revenu guéri.

Le lendemain, nouvelle invitation : par une journée
accablante et hélas ! unique de son espèce, Kourakine et
moi accoutrés de nos plus attrayants atours, pestant et
repestant, fîmes route vers le pavillon Henri IV. Nous
croyions trouver deux parques, nous trouvons deux
rosières rivalisant de grâce, de jeunesse et de fraîcheur ;
nous dînons en partie carrée, après dîner, promenade en
calèche le long de la terrasse, la conversation ne tarissant
pas, c'est tantôt de la politique champêtre, tantôt de
l'idylle politique.

— Figurez-vous, nous dit la princesse de Lieven, qu'aussitôt que je change de place et d'air, j'oublie tous ceux qui m'entouraient dans la sphère que je quitte et je me dis : « mais mon Dieu, qui y a-t-il donc dans ce monde, je n'y suis pas seule cependant ! ». Maintenant, par exemple, je ne connais absolument que vous, chère comtesse, et vous, Messieurs.

— Ce qui fait, princesse, dis-je, que nous avons encore une heure à vivre, car à neuf heures nous vous quittons.

— Du tout, du tout, car pour vous oublier, il me faut changer d'air, or je vous retrouve à Beauséjour et à Paris, résignez-vous donc, car vous êtes condamnés à vivre dans ma mémoire.

— Si c'est une condamnation à mort, l'oubli serait de beaucoup préférable.

— Ne vous en flattez pas.

Et elle continue : « Que ce clocher de Saint-Denis fait bien dans le lointain, les habitations qui l'entourent font l'effet d'autant d'ex-voto suspendus à une image... lord Palmerston est entièrement dans son tort : son attaque est parfaitement insolite, car enfin les droits d'intervention de la Russie dans les affaires de la Servie sont aussi nettement établis que possible ; quant à lord Brougham, il m'écrit qu'il persiste à présenter son malencontreux « Coercion bill » qu'il regarde comme un remède infaillible à la situation de l'Irlande ; mais lord Stanley me mande que Brougham ne sera pas soutenu, et que sa proposition violente ne fera que rehausser la modération des lords et du Gouvernement qui voteront contre, si toutefois notre capricieux original ne se laisse convaincre par ses amis de rester tranquille ».

Revenus au pavillon, nous nous sommes tous mis à tour de rôle au piano ; enfin à dix heures prenant congé de ces dames nous les quittâmes, on ne peut plus satisfaits de notre visite.

L'Espagne est assez tranquille ; on espère que les menées des républicains de Barcelone ne parviendront pas à détruire l'espèce d'ordre et d'harmonie qui règne dans la péninsule. Le mariage de la jeune et innocente Isabelle va vivement occuper le monde politique ; Espartero est arrivé à Londres où il est reçu avec les honneurs dus à son rang car ainsi que l'a déclaré sir Robert Peel, il y est regardé, jusqu'à la prochaine réunion des Cortès, comme Régent « de juro ». Par dépit contre la dernière insurrection qui l'a renversé, et contre la France qui a des chances nombreuses de reconquérir son influence en Espagne, on paraît vouloir mettre à Londres quelque affectation à recevoir dignement celui que le *Charivari* a si bien stigmatisé du nom de « Barbier de Séville », faisant allusion à sa menace de « raser » la ville.

Dans son dernier meeting monstre, O'Connel a fait connaître son plan pour donner une existence réelle à sa chimère, pour la formation d'un nouveau parlement d'Irlande, devant couronner l'œuvre de séparation législative des deux pays ; de son côté la Reine, en prorogeant le parlement anglais, a déclaré que jamais elle n'y consentirait ; l'Irlande n'aura pas son parlement, c'est chose jugée ; néanmoins dans un avenir peu éloigné l'on peut s'attendre à de grandes concessions en sa faveur.

Le duc de Nemours continue son voyage dans l'intérieur. Les journaux plus ou moins officiels ne tarissent pas sur ce sujet : le langage de l'adulation est le même dans tous les pays et s'il y a une différence elle est peut-être en notre faveur, c'est beaucoup dire. On parle d'une entrevue possible entre le Roi Louis-Philippe et

Sa Majesté Victoria, du reste on ne sait encore rien de certain.

L'Archevêque de Paris, homme sage et modéré, vient de publier une brochure sur la liberté de l'enseignement, cette grande question qui aujourd'hui sert de prétexte à la partie remuante du clergé pour reprendre le pouvoir. Le ton y est calme et parfaitement modéré, il a même des paroles sévères pour ceux des siens qui, comme l'évêque de Chartres, l'abbé Védrine et autres, compromettent, par leur langage injurieux et indécent, une cause qui tous les jours recrute de nouveaux adeptes.

Hier, après avoir dîné chez la comtesse Rasoumoffsky, j'ai accompagné Grégoire Koucheleff et sa femme à la Gaîté, pour voir Mlle George dans *La Folle de la Cité*, sorte de drame échevelé dont Clara Derby et ses deux fils, Monmouth et Sutherland sont les héros. On reconnaît dans Mlle George la source où ont puisé jadis les Semenoff, les Karatyguine, etc. Son talent lutte avec peine contre sa corpulence, et en triomphe parfois ; elle a de beaux moments dans ce drame qui présente quelques situations atroces, assez bien ménagées.

30 août.

Le bruit de l'arrivée de la Reine d'Angleterre s'accrédite de plus en plus, les feuilles anglaises en parlent comme d'un fait certain, le voyage doit durer en tout huit jours, Sa Majesté britannique doit, dit-on, s'embarquer à Southampton, se rendre de là au château d'Eu où se trouvera, pour la recevoir, le Roi entouré de toute sa

famille, et enfin venir à Paris et y paraître au grand Opéra.
Depuis la fameuse entrevue du camp du Drap d'or, entre
François Ier et Henri VIII, c'est la première fois que les
deux nations, rivales éternelles, passées, présentes et,
j'espère bien, futures, se rencontreront dans la personne
de leurs souverains.

Le voyage de la Reine d'Angleterre, si toutefois il a
réellement lieu, ne saurait, comme de raison, avoir un but
politique spécial, mais ne saurait non plus rester sans
portée sur la politique générale. Dans un moment où la
France est peut-être sur le point de s'emparer, en Espagne,
de tout le terrain qu'y perd tous les jours l'Angleterre, et
lorsque le Roi Louis-Philippe, renonçant à toute prétention
en faveur de sa famille, paraît néanmoins vouloir circons-
crire le choix du futur époux de l'innocente Isabelle dans
l'une des quatre branches de la descendance de Philippe V,
la visite de la Reine d'Angleterre, qui dénote un esprit de
conciliation que l'on est assez peu habitué à rencontrer
dans la hautaine Albion, est un fait des plus remarquables.

Le duc d'Aumale et le prince de Joinville, qui étaient à
Londres, quittent brusquement la terre étrangère et
reviennent en France : aussitôt l'opinion publique
d'attribuer ce retour à l'accueil gracieux fait au duc de
la Victoire (1) par le Cabinet anglais ; mais bientôt à cette
version succède la nouvelle de la visite de la Reine Victoria
se rendant aux pressantes sollicitations des Princes. Cette
nouvelle ne trouve d'abord que des incrédules, le Corps
diplomatique se distingue parmi les sceptiques ; la

______

(1) Le maréchal Espartero, Régent d'Espagne à la fin de la minorité de la
Reine Isabelle, en remplacement de la Reine-mère Marie-Christine qui lui
avait transféré ses pouvoirs. Vainqueur de don Carlos et des chefs carlistes
il avait été créé duc de la Victoire.

surprise est générale, l'impression, en sens divers,
immense, universelle et 'déjà, oh ! humanité, l'amour-
propre national, caressé, flatté, fait taire pour le moment
les cris de l'amour-propre froissé, blessé qui, hier
encore, la menace à la bouche, les poings serrés, se
répandait en injures contre la perfide Albion ! Voilà le
monde, mais voilà surtout la France.

18 novembre.

En fait de société nous n'avons encore que des lambeaux
épars et isolés ; la chasse retient les maris à la campagne,
les femmes ont pour elles l'ennui. On peut à la rigueur
rester chez soi jusqu'au moment de l'ouverture des
Chambres car, en définitive, c'est là le réveil. Le
spectacle, voilà pour le moment le plaisir à l'ordre du
jour. Des mutations considérables ont eu lieu dans la
troupe italienne. Ronconi a remplacé Tamburini : Ronconi
sans posséder un timbre de voix remarquable n'en a pas
moins une voix forte, vibrante, parfois agréable ; d'une
taille moyenne, blond, laid, il est bon acteur, sobre de
gestes, expressif dans sa voix comme dans le jeu remarquablement mobile de sa physionomie ; moins irréprochable que Tamburini pour la justesse de son chant, il est
moins prodigue que lui des fioritures et roucoulements
de toutes sortes dont Tamburini abuse. Toutefois dans la
Lucia, je préfère Tamburini et pour son jeu, et pour son
chant qui l'emporte sur Ronconi, dans le final du second
acte surtout ; enfin, si la nature a été plus généreuse pour
Ronconi, Tamburini a, à mon avis, plus d'art.

En fait de ténor, outre Mario, nous avons Salvy qui a beaucoup de mérite : si sa voix le cède de beaucoup à celle du premier, il la manie avec un art et une entente remarquables. Il est faible dans le final de la *Lucia*, et serait parfait dans le dernier air du troisième acte si, outrant la situation, il n'était par trop défaillant.

Enfin nous avons acquis Fornasari au sujet duquel les opinions des dilettantes se partagent. D'une taille colossale, jeune, beau, sa voix a parfois quelque chose de lourd et de gauche comme sa personne, son timbre de basse-taille est vibrant et sonore, son intonation souvent douteuse, son récitatif tantôt trainant, tantôt saccadé, est presque toujours mal accentué ; dans chaque morceau, il a quelques moments admirables, rarement il l'est d'un bout à l'autre. Fornasari a débuté dans le *Belisario* de Donizetti, œuvre traînante, faible, peu récréative : libretto et musique. Ce Bélisaire, soldat mendiant, est assommant ; son infortune me pèse ; ne serait-il pas temps de le reléguer à l'hospice ? En histoire, en peinture, en musique, je voudrais ne plus en entendre parler : il me rappelle trop les sujets, banals et usés, de composition des étudiants, les plus rudes gaillards que je connaisse en fait de véritable sentiment, et qui se croient toujours tenus de pleurnicher sur quelque noble victime de l'ingratitude souveraine.

Nous avons toujours la Grisi et la Persiani : l'une ardente et passionnée, l'autre défiant avec succès la plus habile clarinette de l'orchestre. *Sémiramis* avec la Grisi, Brambilla dans Arsace et Fornasari dans Assur, nous a été donnée avec un ensemble, un entrain, une verve brillante qui ne laissaient rien à désirer.

Mais voici du nouveau, cette semaine deux premières représentations : *Don Sébastien de Portugal*, opéra en cinq actes de Donizetti, et *Maria di Rohan* du même compositeur ; le premier écrit pour l'Opéra français, le second pour les Italiens. Rien de si différent que ces deux genres dont le premier se joue plutôt qu'il ne se chante, et dont le second se chante bien plus qu'il ne se joue ; il était donc curieux de voir comment un compositeur sortirait à deux jours de distance de cette difficile épreuve. Meyerbeer a fait, pour la musique, ce que chez nous Bruloff a fait pour la peinture par son *Ultimo giorno di Pompei* ; l'un et l'autre ont introduit le colossal dans les proportions et ont mis le feu à leur coloris, aussi leurs successeurs se brûlent-ils les doigts : comme Byron, ils seront toujours grands, mais d'une grandeur isolée, leur influence est funeste. Depuis Meyerbeer, il faut au public français cinq grands actes, il faut pouvoir venir au théâtre lundi et en sortir mardi, il faut un ballet complet, la magie enivrante des danses, il faut Satan, enfin, et par-dessus tout, le clergé et ses pompes. Voilà le cadre que le gracieux compositeur de *La Lucia* s'est tracé pour *Don Sébastien*. Aussi les yeux ont-ils été parfaitement satisfaits : la mise en scène, les costumes, les décors magnifiques de fraîcheur, et de richesse.

Mais hélas ! comme il arrive souvent de nos jours, l'accessoire a détrôné le fond et en a usurpé la place. Les trois premiers actes sont faibles à l'excès : point d'inspiration, partant point de mélodies suivies, soutenues et qui se gravent dans votre mémoire. Toutefois il n'en est pas de même des quatrième et cinquième actes ; au quatrième, Don Sébastien, revenu d'Afrique, assiste avec Camoens, à son propre enterrement : vous entendez le chant des morts, le clergé défile en masse, enfin paraît le char funèbre, le cercueil du Roi méconnu. La situation est dramatique et l'auteur en a su tirer parti ; je me croyais à Notre-Dame, assistant aux funérailles de l'année dernière et il semble que cette impression aura été générale, car le public qui applaudissait tant que défilait la procession, s'est tu tout à coup au moment ou a paru le char. Le final de cet acte est admirable.

Au cinquième acte nous entrons dans de sombres caveaux où siège la Sainte-Inquisition, là encore, quelques beaux morceaux ; la fin, libretto et musique, ne vaut guère mieux que le commencement. La partition est bien instrumentée. Quant à l'exécution, c'est Duprez qui a encore son talent et sa renommée mais qui n'a plus une note, et qui vous met à la torture en s'épuisant lui-même en vains efforts, pour atteindre les sommets qu'il atteignait autrefois, et pour dominer le corps d'armée qui le sépare du public.

C'est Mme Stolz qui, par son chant ou plutôt ses cris, ses contorsions vocales et corporelles, est le type du genre français : genre mélodramatique, où la passion est remplacée par le délire, la colère par la rage et l'amour par quelque chose dont le nom n'a encore trouvé place, que je sache, dans aucun dictionnaire.

C'est que la nature du grand Opéra est une nature à part, c'est celle dont tout bon français emporte quelque parcelle dans son sac de voyage, à laquelle il rapporte ses précieuses impressions et à travers laquelle il contemple, juge et condamne le reste de l'univers. Ainsi soit-il.

Passons à *Maria di Rohan*, c'est-à-dire passons outre, pour vous, pour moi, pour l'honneur du maestro. Ronconi y est excellent, ainsi que Salvy et la Grisi. J'y étais oisif, le démon de la curiosité dormait en paix dans mon âme car, sans le moindre effort, devançant la pensée du compositeur, je voyais toujours où il me conduisait : hélas ! nous n'avons pas quitté les routes royales, pas la plus légère

surprise, pas le moindre casse-cou vicinal, pas l'ombre
d'un coupe-gorge. Oisif, qu'avais-je de mieux à faire
que de lorgner Mlle D..., qui depuis nous a quittés
pour retourner en Russie avec sa mère et dont les yeux,
Dieu me pardonne, commençaient à en vouloir à mon repos. Mon chargé d'affaires faisait de même, nous étions
d'accord.

Je goûte peu l'Opéra Comique, je n'y vais jamais. Rien
de bien remarquable pour le moment aux autres théâtres,
si ce n'est les *Bohémiens de Paris* à l'Ambigu, pièce qui n'a
ni queue ni tête mais qui, retraçant avec fidélité les
mœurs de la lie du peuple parisien, a fait courir tout le
public.

Au mois de janvier prochain nous aurons à la Porte-
Saint-Martin les *Mystères de Paris*, mis en scène par l'auteur
lui-même. Cet ouvrage, grâce à sa popularité vraiment
extraordinaire, est ainsi destiné à reparaître sous toutes
les formes. L'illustration s'en est déjà emparée, du théâtre
il passera au cirque d'où il tombera en partage aux saltimbanques, et ainsi de suite, jusqu'à ce que, ce moyen
épuisé, il n'y ait plus un sou à tirer de la poche des
contribuables.

Du reste, en littérature rien de bien saillant. Louis Blanc
a complété ses *Dix années*, en publiant son quatrième
volume qui me semble plus faible que les trois premiers.
Il y a longtemps que Cousin publie son *Pascal* et l'ouvrage
doit déjà se trouver en vente à Saint-Pétersbourg.

Une petite brochure, intitulée *Un mot sur l'ouvrage de
M. de Custine*, a produit quelque effet : l'auteur s'est montré spirituel, et incisif ingénieux et de bon goût ; la brochure a passé par les mains de tous ceux qui lisent et a
été appréciée. Si j'avais du temps et de l'espace, je m'amu-
serais à montrer comment l'on pourrait s'y prendre pour

traiter, à la manière du marquis de Custine, la France et
les Français. S'agirait-il des douanes : vous arrivez, votre
enfant a un A B C (édition de Bruxelles) entre ses mains,
confisqué, voilà pour la libre circulation de la pensée;
avez-vous quelques cigares dans votre poche, confisqués;
du thé, confisqué; des dentelles, des soieries, etc.,
confisqué, voilà pour la liberté du commerce. Le régime
de nos prisons russes est cruel! et le Mont-Saint-Michel
avec ses détenus dont le *National* nous donne tous les jours
le bulletin de santé? et dans ce bulletin que lisons-nous?
Jacques s'est pendu, Pierre s'est étranglé, Jasmin est devenu
fou, Théodore fou, Etienne fou, etc., etc., voilà pour le
régime des prisons; s'agit-il de la moralité des employés!
et le procès de l'Hôtel de Ville? de la moralité de
la classe commerçante! et qu'est-ce donc qui se débite
tous les jours en profusion, sous le pseudonyme de Bordeaux, de Bourgogne, de lait, de farine? Mais je ne sais
trop pourquoi je vous entretiens de toutes ces choses
depuis longtemps oubliées du public de Paris, car ici,
roses, la majeure partie des productions ne vivent que ce
que vivent les roses : l'espace d'un matin. Mais Custine
est une épine, il se pourrait donc qu'il fut destiné à vivre
plus longtemps.

Le 29 octobre, jour anniversaire de l'avènement au
pouvoir du ministère Soult-Guizot qui vient d'entrer
dans sa quatrième année, le Roi a rassemblé ses ministres
à Saint-Cloud et les a réunis à table. Le moment du toast
arrivé : « Messieurs, a-t-il dit, « trois, six, neuf », ceci
vous dit assez mes vœux les plus ardents. »

Ces chiffres ne sont autres que ceux des baux et contrats
que l'on passe en France. Vous louez votre maison pour
trois, six ou neuf ans. Ce toast essentiellement bourgeois
a été accueilli avec une faveur marquée. En effet, le minis-

tère semble avoir des chances de prolonger son existence. ·

L'année dernière, la question du droit de visite était
l'épée de Damoclès suspendue sur sa tête. Aujourd'hui,
point de grande question posée à l'avance, pas de vaste
champ de bataille ouvert au choc des deux armées parlementaires ; le tiers parti n'existe plus : Salvandy, qui en
était le chef, est à Turin, Dufaure et Passy ont passé à la
gauche, Molé se tient à l'écart. Pas de grande bataille,
mais une guerre d'escarmouches, voilà vraisemblablement
ce qui nous attend pour la prochaine session.

A l'intérieur, deux questions préoccupent seules l'attention du public : celle des fortifications et la question religieuse. L'opposition portera à la tribune, contre le ministère, l'accusation d'avoir fait élever trois nouveaux forts
détachés, sans en avoir préalablement soumis le projet aux
Chambres, et de convertir le château de Vincennes en un
arsenal formidable, afin d'en pouvoir au besoin, et en
vingt-quatre heures, tirer un matériel de guerre suffisant
pour armer les forts environnants. Le ministère, de son
côté, puisera sa défense dans l'accusation même, se faisant
un véritable mérite d'avoir élevé, sans demander de crédits
supplémentaires, ces nouveaux forts qui complètent la
défense de Paris, et d'être resté au-dessous des devis,
fait exact et bien remarquable. Thiers, le père de ces forts,
ne dira pas un mot contre ses enfants, et vraisemblablement persévérera dans son mutisme de l'année dernière.

La question religieuse est plus grave : quoique toute
question religieuse soulevée en Europe puisse, jusqu'à un
certain point, être regardée comme un indice de paix, car
les passions religieuses ne s'agitent qu'alors que les
passions politiques sommeillent, cette question néanmoins
pourra avoir de graves résultats si les prélats récalcitrants

ne renoncent à leurs prétentions. La lettre, du reste pleine
de modération et de convenance, de l'Archevêque de Paris,
prétendait soustraire les petits séminaires à l'influence
universitaire et les placer sous la juridiction exclusive du
clergé. La prétention, pour être soutenable, n'en était pas
moins ambitieuse ; mais ce n'était encore qu'une prétention.

L'Archevêque de Lyon, Primat des Gaules, a, d'un trait
de plume, fait faire à la question un pas immense : sa
lettre ne contenait rien moins que la menace de retirer,
dans son diocèse, l'aumônier de tout collège qui compte-
rait, au nombre de ses professeurs, un zélateur de quelque
doctrine que réprouverait l'Église, ce qui mettrait le rec-
teur dans la nécessité ou de se passer de l'aumônier, et de
priver ainsi les élèves de l'instruction et des pratiques
religieuses, ce qui révolterait les parents, ou de renvoyer
le professeur, ce qui ferait nécessairement passer tout
l'enseignement aux mains du clergé et rétablirait sa domi-
nation sur l'enseignement national en général. Les Évêques
de Chartres, de Châlons, de Perpignan ont suivi l'exemple
du Primat des Gaules, c'est une véritable coalition
d'évêques. Enfin, l'Évêque de Châlons est allé si loin par le
ton de sa lettre que le Gouvernement s'est décidé à en
appeler comme d'abus au Conseil d'État. Le comte d'Hau-
bersaert a été nommé rapporteur. Je l'ai trouvé, à cette
époque, causant avec lord Brougham chez la princesse de
Lieven. Brougham est d'avis que, grâce aux empiètements
successifs du clergé, nous verrons, dans quelques années,
les ecclésiastiques siéger dans les deux Chambres ; il
regrettait, pour la curiosité du fait, que Genoude (1) n'ait
pas été nommé.

(1) L'abbé de Genoude, qui dirigeait la *Gazette de France*. Il s'appelait
Genou, mais il avait été ennobli par Louis XVIII, qui avait dit en lui confé-
rant la particule : « Nous allons lui mettre du « de » par devant et par derrière. »

Le gouvernement use d'une grande modération dans cette question et, en cela, il n'a pas tort. Le Conseil d'État a prononcé l'abus, et la chose s'est bornée à un blâme moral, le Code pénal ne disant mot sur cette matière. « Avons ordonné et ordonnons, dit le décret, qu'il y a abus. » En attendant, l'Université riposte de son mieux aux attaques des prélats ; Dupin (1) foudroie les jésuites dans son éloge d'Etienne Pasquier, le jour de l'ouverture de la session de la Cour de cassation ; d'autres le suivent dans cette voie et la guerre continue avec acharnement.

Quoique un peu moins nombreux que l'année dernière, nos compatriotes n'en sont pas moins en force. En fait de nouveaux venus nous avons les Kotchoubey, mère, fils, belle-fille, etc., j'y vais dîner quelquefois, la princesse Nathalie Galitzin née Apraxine, Mme Baranoff née Poltawtseff, Hélène Pielosselsky, et puis les vieux amis : la comtesse Lehon, Mme Narischkine, la princesse Radziwill, les Davidoff. J'ai été faire mes adieux à la petite Mme de Lagrené qui accompagne d'un air radieux son mari en Chine. Peut-être lui aurais-je encore trouvé sa gentillesse d'autrefois, si je n'avais eu sous mes yeux la comtesse Woronzoff pour point de comparaison. Quant à cette dernière que j'ai eu l'occasion de voir ici, elle est jugée, mais mal jugée, car si elle a tout l'esprit qu'on lui connaît, elle a, de plus, tout le mérite que beaucoup lui refusent. J'oubliais le prince Dimitry Galitzine, reçu récemment à l'unanimité à notre cercle dont il a bien voulu faire partie. Le comte Michel Woronzoff est à Londres, il va traverser la France pour se rendre dans le Midi, en évitant Paris où ses anciennes relations avec le duc d'Orléans le mettraient dans une fausse position vis-à-vis du Roi.

(1) André-Marie Dupin dit Dupin aîné, magistrat et député, ministre, président de la Chambre de 1832 à 1840, sénateur.

ANNÉE 1844

20 novembre.

Depuis l'époque du retour du Roi à Paris, nous vivons dans le calme le plus complet, en attendant les orages qui se préparent pour le début de la session prochaine. A la Cour comme à la ville, c'est la même tranquillité, le même silence : là, rien ne vient troubler la monotonie du cercle de la Reine; ici, l'on se cherche et c'est à peine si l'on se rencontre, en courant de chez la princesse de Lieven, où j'ai trouvé lord Brougham dimanche dernier, à l'ambassade de Sardaigne, la seule qui reçoive en ce moment, l'Autriche n'ayant pas encore ouvert ses salons depuis la mort du comte de Benckendorff (1).

(1 Il était le frère de la princesse de Lieven. Sa fille avait épousé le fils aîné du comte Apponyi, ambassadeur d'Autriche à Paris.

A la Cour donc comme à la Ville, l'on ne s'amuse que médiocrement. Fuyant l'ennui ou du moins l'aspect austère de la table ronde de la Reine, la duchesse d'Orléans, sous prétexte d'enfants, n'y paraît, dit-on, que pour une demi-heure dans la soirée; la duchesse de Nemours, elle, s'insurge tout de bon, aussi est-il arrêté que le futur régent ouvrira ses salons cet hiver : salons de dimensions exiguës d'ailleurs, car, n'ayant jamais pu obtenir d'aller habiter le Palais-Royal, le Roi voulant tenir tous ses enfants sous son aile protectrice, ce sont les salons destinés au Roi des Belges que l'on est en train d'orner dans ce moment, au palais des Tuileries, pour les fêtes de la saison prochaine.

Mais les petites causes amènent les grands effets : pour payer les violons, il faut de l'argent, et il en faut d'autant plus que le voyage de Londres en a coûté beaucoup et qu'il a fallu marcher sur les traces encore chaudes de l'Empereur. Cela ne nous mène-t-il pas droit à la dotation? Il est, dit-on, décidé qu'on la demandera, qu'au besoin même l'on poussera les choses jusqu'à recourir aux grands moyens, jusqu'à appeler M. Thiers aux affaires, M. Thiers qui a doté Paris d'une ceinture de fortifications et qui pourrait bien le doter d'une dotation, quitte ensuite à s'en défaire, comme ci-devant, pour confier de nouveau à M. Guizot le soin de réparer les fautes de son prédécesseur.

Toutefois l'on se berce, non sans quelque motif, d'un avenir plus doux : cette dotation, qui naguère soulevait tant de colères et qui devait, disait-on, ébranler le Trône, semble perdre de jour en jour quelque chose de sa gravité; déjà même elle est considérée par bien des gens avec un calme qui pourrait bien être l'avant-coureur du succès qui finira, vraisemblablement, par couronner les efforts incessants d'une sage ténacité.

D'autres indices non moins favorables au maintien de ce qui existe se font encore remarquer ; c'est ainsi que rien ne semble arrêté pour la grande attaque périodique à l'ouverture des Chambres : point de plan arrêté, de combinaisons solides, mais de la tiédeur, de la lassitude, une sorte de conscience, chez l'opposition, de sa faiblesse ; et ce qui semble le prouver, c'est que ses organes ajournent déjà le triomphe de leur cause aux élections générales, jadis l'on disait aux calendes grecques. Ainsi, comme le mirage qui fuit à mesure que s'en approche le voyageur du désert, les portefeuilles, ce mirage si attrayant, échappent, cette fois encore, aux bédouins de l'opposition. Mais j'oubliais que je suis à Paris où, comme les roses, les calculs de probabilité ne vivent que l'espace d'un matin.

En fait de nouveaux compatriotes nous avons dans notre voisinage, sur la place Vendôme, le comte Wielkorsky et sa fille, ainsi que Mme Lazdreff, née Byron, enfin la malheureuse comtesse Marie Potocka qui n'est plus qu'un cadavre. Mais, comme toujours, les uns arrivent les autres partent ; de ce nombre est ce pauvre Élime Mestchersky qui vient de mourir, à la suite d'une hydropisie dans laquelle sont venus se fondre les maux qui l'accablaient depuis tant d'années.

31 décembre.

A la fin de l'année, chacun des théâtres de Paris régale le public d'une revue, c'est-à-dire d'une pièce, le plus souvent détestable, qui fourmille d'allusions plus ou moins satiriques, plus ou moins drolatiques, à tous les événements littéraires, dramatiques, parfois même politiques qui ont marqué dans l'année qui vient de s'écouler. Ces sortes de revues sont, d'ordinaire, suivies de près de nombreux procès intentés soit par le Vaudeville contre le Gymnase, le Palais-Royal contre les Variétés, par tel auteur qui se vante d'avoir été diffamé, comme si la chose était possible, contre tel autre qui prétend qu'il a été noirci et qui, à son tour, s'en prend à un troisième sous prétexte que sa moralité a été attaquée! Comédie que tout cela! Toujours comédie! que les personnages soient ornés de noms obscurs ou qu'ils se nomment Scribe, Ancelot, Victor Hugo, Dumas, car à la moralité qui est dans toutes les bouches, personne n'a la bêtise de croire : la moralité est le prétexte, le fond est l'argent et rien que l'argent. Pour en revenir aux revues, je ferai comme les théâtres et vous donnerai en peu de mots un léger aperçu des événements divers qui ont, non pas occupé le public qui ne s'occupe jamais, mais effleuré son épiderme sensitive et nerveuse, et puisque j'ai déjà prononcé le nom de Shakespeare, c'est par lui que je commencerai.

Depuis longtemps une troupe anglaise nous était annoncée. C'est dans la salle Ventadour, dans la salle élégante des Italiens qu'aux accents mélodieux de Bellini devaient succéder les rugissements discordants du drame anglais; c'est là qu'en effet la troupe a été installée pour alterner avec les Italiens. Macready, le premier tragédien de l'Angleterre, celui qu'on qualifie de successeur des Garrick, des Kemble et des Kean, et Miss Helene Faucit, qui jouit d'une certaine réputation, méritaient d'être entendus. Je suis allé les voir dans celle des tragédies de Shakespeare dont le héros m'est le plus sympathique : dans *Hamlet*, que j'avais vu représenter chez nous avec un succès que je m'attendais à voir s'évanouir à jamais par la comparaison. Le théâtre était comble, la France et l'Angleterre s'y étaient donné rendez-vous, c'était le triomphe de l'entente cordiale!

Paraît Macready, la première impression est peu favorable : la jeunesse l'a quitté, Hamlet est trop vieux, c'est un anachronisme moral car c'est là un caractère qui jure avec les rides. La seconde impression m'a choqué, car Hamlet m'apparaissait autre que je ne l'avais conçu, dans les nuances surtout. Ici c'est une âme sans cesse agitée, ballottée, tourmentée, irrésolue, poursuivant la vengeance et reculant sans cesse devant son accomplissement, indécise, fiévreuse, et qui semble ne penser et ne sentir que par les nerfs, ne vivre et ne se mouvoir que dans un cauchemar qui, sous la forme du doute, pèse sur elle de tout son poids.

Tout différent est l'Hamlet de Karatyguine : c'est, comme l'autre, un être ardent, impétueux, une âme déchirée par d'affreuses tempêtes, un penseur profond qu'accable le doute, mais c'est de plus une âme forte qui se possède merveilleusement, qui combine avec calme ses plans de vengeance, avec sang-froid ses projets sanguinaires. Ainsi dans la scène où, entouré de courtisans, Hamlet joue la folie, et se joue avec tant de profondeur de la tourbe qui l'entoure, Macready dans sa voix, dans son geste trahit une agitation intérieure telle, qu'on finit par le croire réellement en délire ou plutôt par le juger au-dessous du rôle qu'il s'est imposé, trop débile et pas assez fortement trempé pour maîtriser ses passions et les enfouir, comme sous une pierre sépulcrale, sous l'apparence terrible d'une rêveuse indifférence, sous cette expression à double entente, sous cette face à deux tranchants que reproduit si bien la physionomie si mobile de Karatyguine.

De même, lorsque étendu aux pieds d'Ophélia, Hamlet attend le dénouement de son effrayante combinaison et en observe les progrès sur les physionomies de son oncle et de sa mère qui assistent à une représentation théâtrale, Macready se démène, se tord à tel point, joue avec tant d'affectation avec l'éventail d'Ophélia qu'on le prend en pitié et qu'il détruit en partie l'effet foudroyant qui succède à cette scène. Enfin au moment où il se lève avec un rire frénétique et en battant des mains, nulle comparaison possible entre lui et son émule: l'un est un chacal qui grince des dents, l'autre un lion furieux; l'un est d'un bout à l'autre le jouet du destin et semble succomber sans combattre, l'autre succombe après une lutte acharnée et jusqu'au bout on ne sait lequel l'emportera, de lui ou du destin; l'un est anglais pur sang, l'autre une incarnation plus poétique du génie du Nord, l'un enfin est un gentilhomme de fort bonne maison, l'autre, de race royale, et pour tout dire, Karatyguine possède un talent remarquable, une étude approfondie, scrupuleuse, minutieuse de son art et une mécanique savante appliquée à sa physionomie; Macready est possédé!

Quelques mots maintenant sur les personnages secondaires : pourquoi ici lord Polonius est-il bourru comme le serait un puritain? Sosnitsky en avait fait un coquin rusé, souple, poli, façonné aux usages d'une Cour élégante; cela n'est-il pas préférable! Ophélia n'est ni suffisamment jolie, ni suffisamment jeune, cela n'est sans doute pas sa faute, mais en revanche pourquoi dans la scène de la folie où, parfois, elle a des poses, des gestes, d'une frappante vérité, pourquoi a-t-elle l'air d'une fille publique en ribote, ce qui fait qu'elle est touchante et dégoûtante à la fois. La Reine n'a sa

pareille que sur quelque scène obscure et éloignée de
l'Ohio ou du Michigan, et n'a de semblables que parmi
ces insulaires à longues dents qui se promènent, les jours
de grand raout, dans les salons de Lady Cowley. Je compte
voir *Macbeth* et clore par là mon cours de littérature
dramatique anglaise. Macready a été favorablement traité
par le public et la presse de Paris, qui avec une impartialité remarquable ont rendu justice à son talent; c'est
qu'en effet Paris ne possède pas un sujet dont le genre
lui permette d'aborder Shakespeare : vous connaissez
Bouffé et son genre essentiellement français, Frederick
Lemaître et son ignoble physique sur lequel Robert
Macaire a déteint en couleurs avinées, Bocage taillé en
Brutus et les acteurs du Théâtre français qui ne sont bons
que pour les Académiciens.

Au milieu du bruit et du fracas étourdissants, une
étrange nouvelle s'est répandue dans la journée d'hier et
le soir il n'était plus permis d'en douter : Villemain,
le ministre de l'Instruction publique, le grand Maître de
l'Université est fou. Depuis trois jours déjà il donnait
des signes d'aliénation mentale; hier le mal s'est définitivement déclaré et Chomel qui a été appelé est d'avis,
dit-on, que le mal est incurable. Le malade se croit
poursuivi par des personnes qui l'accusent d'avoir enfermé sa femme sous prétexte de folie. Le fait est que,
depuis longtemps, elle l'est bien véritablement et qu'elle
est soignée dans une maison de santé. Les journaux
affirment que MM. de Salvandy et Dufaure ont refusé
le portefeuille vacant par suite de la retraite de Villemain, que Rossi et Saint-Marc Girardin hésitent, vu le
vote d'hier à la Chambre qui n'a accordé que quatre voix
de majorité au candidat ministériel à la vice-présidence,
enfin que M. Hébert accepterait. Il y a de l'incertitude

depuis ce vote et le doute a remplacé déjà pour beaucoup la confiance que l'on montrait tout récemment encore.

Je termine, je suis d'une humeur de chien, au diable les étrennes !

On vient de nous assurer que le mal de Villemain offre des chances de guérison.

ANNÉE 1845

5 janvier.

Je suis rentré fort tard. J'avais commencé ma soirée d'hier par Mme de Boigne, chez qui j'ai trouvé Sainte-Beuve et le marquis de Sainte-Aulaire, fils de l'Ambassadeur, qui, ayant lu dans je ne sais plus quel journal du matin qu'un grand revirement diplomatique se préparait et que son père allait quitter l'ambassade de Londres, tâtait, ce

soir là, les salons, pour remonter à la source de ce
bruit. De chez Mme de Boigne, chez Mme de Castellane, où
j'ai trouvé le comte Molé, Sainte-Beuve et Mérimée.

Nous allons avoir trois réceptions académiques, trois
solennités littéraires; c'est Saint-Marc Girardin qui commencera. Le sujet du discours est toujours l'éloge de
l'académicien défunt que remplace le récipiendaire: Mérimée fera l'éloge de Charles Nodier, et Sainte-Beuve celui
de Casimir Delavigne. Ils avouaient, hier, la terreur qui
les possède, à l'idée de se produire avec un discours
devant un public sinon hostile, du moins railleur, exigeant, qui pèsera chacune de leurs paroles. Toutefois, ils
se consolaient en pensant que le discours étant écrit, on
était du moins certain d'arriver au bout; mais, hélas!
le comte Molé, qui était peu encourageant ce soir-là, s'est
bien vite hâté de leur ôter cette douce illusion.

« A la tribune, leur a-t-il dit, vous avez pour excuse
l'improvisation : c'est une difficulté, sans doute, mais
elle vient à votre aide et vous sauve; d'ailleurs, celui qui
vous succède s'attaque au fond et non pas à la forme de
votre discours, enfin, vous avez toujours assez d'éloquence pour parler d'affaires. C'est le contraire à l'Académie où la forme est tout et où, par-dessus tout, il
faut bien dire. »

Grande perplexité de ces messieurs : Sainte-Beuve prétend qu'il se mettra à sangloter, et Mérimée prévoit qu'il
prendra le mors aux dents et mordra l'académicien chargé
de lui répondre. Ceci peint parfaitement ces deux hommes
de lettres, car Sainte-Beuve est timide, parfaitement
simple dans ses manières, dénué de toute affectation dans
son langage, modeste, peu brillant, et ce qui le prouve
c'est que j'ai maintes fois causé avec lui sans songer à
demander son nom : Mérimée, au contraire, est mordant,

agressif, et court après l'esprit qu'il rencontre souvent. L'un et l'autre sont d'une société agréable.

On a un peu raillé aussi l'éloquence horticulturale du Président Séguier qui, le Jour de l'an, a dit au Roi que les lauriers ne faisaient que ressortir davantage quand ils se mariaient au myrthe. On n'a point épargné l'éloquence sans nom du Chancelier duc Pasquier qui, seul, possède le secret de ses harangues, et l'on a effleuré en passant le discours du Corps diplomatique, discours dont, pour l'honneur du Corps, je me suis empressé de rejeter l'étrangeté, pour ne pas dire autre chose, sur Mgr le Nonce apostolique qui a voulu ménager une surprise à ses collègues, en ne le leur communiquant pas d'avance. Pour comble de malheur, il est tombé malade au moment de le prononcer, ce qui a mis le comte Apponyi, doyen des Ambassadeurs, dans le cas de lire, au nom du Corps diplomatique, une pièce excentrique, ou de se passer entièrement de discours. Mais la réponse de Sa Majesté était prête, il était trop tard pour reculer, il n'a donc pas reculé.

A notre réunion au Château, le Jour de l'an, le Roi s'est montré aussi dispos que d'habitude. Le duc d'Aumale, que je n'avais pas vu depuis longtemps, a rapporté d'Afrique une figure basanée, des allures et une prestance militaires qui font qu'il a en lui quelque chose du militaire russe; sa jeune femme n'a pas paru. Le prince de Joinville, qui s'y trouvait, est allé se cacher dans l'embrasure d'une fenêtre pour échapper à cette fastidieuse cérémonie. La princesse, sa femme, a encore embelli et n'a rien perdu de ce genre de beauté pleine de distinction, de cet ensemble gracieux, un peu sauvage, qui vous fait deviner en elle une fleur exotique et que n'a point encore étiolée le souffle glacial de la vieille Europe.

Ce jour-là, il y avait de l'incertitude dans les esprits ; les débuts de la session n'avaient pas été des plus favorables pour le ministère ; le Roi et les Princes, à leur entrée au Palais-Bourbon, le jour de l'ouverture des Chambres, avaient été accueillis avec une froideur inusitée. Le discours du Roi fait mention de Mogador : silence, de ses fils qui ont exposé leur vie pour le pays : même silence, des marques nombreuses d'amitié qu'il avait reçues de la part de l'Angleterre lors de son voyage à Londres, enfin des sacrifices que sa dynastie n'a cessé de faire à la France qui, sans doute, se montrera reconnaissante : mutisme complet.

C'est que la Chambre, préoccupée par l'idée que la dotation percerait d'une manière ou d'une autre dans le discours, était sourde à tout ce qui ne répondait pas à son idée fixe, et, malheureusement, la fin du discours, le mot de reconnaissance publique surtout, avait semblé d'une déplorable transparence. Rentré au Château, le Roi se serait écrié : « J'apprécie, sans doute, les services que m'a rendus ce pauvre Guizot, mais je veux d'un ministère qui soit assez populaire pour qu'on crie : Vive le roi ! »

Ce propos qui, à tort ou à raison, s'était accrédité dans le public, avait fait croire que le Roi, sur lequel avait rejailli l'impopularité de son ministre, lui retirait son appui. Il n'en a pas fallu davantage pour ébranler le Cabinet, et il s'en est fallu de peu que M. Billault (1), l'ennemi le plus acharné de M. Guizot, celui qui s'attache à lui et ne le quitte pas plus que son ombre, ne fût porté à la vice-présidence de la Chambre, et ne triomphât de M. de Belleyme, le candidat ministériel, qui ne l'a emporté que de quatre voix. La situation était grave, l'échec no-

_____

(1) Avocat, homme politique, député, ministre, président du Corps législatif.

toire, il fallait y remédier à tout prix. M. de Belleyme
arrive le soir au Château, le Roi lui fait l'accueil le plus
flatteur, lui dit le plaisir que lui cause sa nomination,
ses regrets du petit nombre de voix qu'il a obtenues.

« Quant à ceux qui n'ont pas voté pour vous, ajoute-t-
il, ce sont des dupes ! J'espère, Messieurs, s'écrie-t-il, en
s'adressant aux députés qui l'entourent, que vous n'êtes
pas des dupes ! »

Le lendemain matin, le mot était dans toutes les bouches,
dans tous les journaux. Il devient évident que le Roi soutient le ministère. Jeudi dernier, l'on procédait, dans les
bureaux de la Chambre, à la nomination des commissaires
qui devront rédiger l'adresse en réponse au discours du
Trône : sur neuf bureaux, sept ont voté pour le candidat
ministériel, et voilà comment le Roi règne et ne gouverne
pas.

Quant à Villemain, il est complètement fou et se figure
être poursuivi par les Jésuites, qui lui reprochent d'avoir
enfermé sa femme, qui est folle ; son frère l'était aussi
et, si je ne me trompe, il a, dans un accès de folie,
mis fin à ses jours. Le Jour de l'an, il n'a été question,
au Château, que du triste événement qui éclipsait pour
jamais une brillante intelligence et privait l'État d'un de
ses membres les plus distingués.

Aujourd'hui, il s'agit de le remplacer, mais grande est
la difficulté pour le quart d'heure : les doutes sur l'avenir
du Cabinet ne sauraient, malgré les chances favorables,
se dissiper entièrement qu'après la discussion et le vote
de l'adresse, nul, par conséquent, ne se soucie de prendre
un portefeuille aujourd'hui pour le déposer demain, et de
s'asseoir sur le trône ministériel pour en descendre dans
deux ou trois semaines et compromettre ainsi son avenir.
Force a donc été de confier l'intérim de l'Instruction

publique à M. Dumon, ministre des travaux publics, en attendant le ministre en pied qui sera, selon les uns, Salvandy, selon d'autres, Saint-Marc Girardin. Enfin l'on nomme Vitet, Rossi comme ayant des chances. Le choix est difficile, car il faut ne pas mécontenter l'Université dont le ministre est le grand-maître. Il faut un homme qui jouisse d'une certaine réputation de moralité et de probité, car l'éducation de la jeunesse du Royaume lui est confiée; il faut aussi un bon orateur au moment où une foule de passions diverses vont s'entrechoquer dans la question religieuse. Le Gouvernement demandera aux Chambres une pension de quinze mille francs pour les trois enfants de Villemain, qui se trouvent orphelins du vivant de leurs parents.

La saison des bals et des salons est, en ce moment, tout épanouie. Comme d'ordinaire, c'est notre don Juan du boulevard Montmartre, notre vieux prince Tufiakine, qui en a donné le signal. Le comte Apponyi a réuni, dans un bal splendide, toute la masse de la société parisienne et étrangère qui a accès aux ambassades. Les bals de l'ambassadeur d'Autriche ont cela de remarquable que l'on y danse dans les grands salons du rez-de-chaussée, et que de nombreuses tables à souper, auxquelles vous pouvez prendre place et vous asseoir à votre aise, occupent tout le premier : c'est là à Paris un phénomène unique.

Mardi dernier, après le premier acte du *Pirate*, j'ai fait une apparition chez le ministre des Affaires étrangères: le monde y affluait, les députés centriers y étaient au complet et en bien plus grand nombre que le mardi précédent. Je suis persuadé que l'huissier qui annonce les visites dans le salon d'un ministre, et celui qui inscrit les noms sur son registre, vous diront au juste si le vent est favorable et les chances heureuses : ils doivent être à la fois d'adroits politiques et de profonds philosophes... toujours est-il que ce soir-là les salons étaient remplis.

Je les ai quittés en même temps que le prince Adam Czartoryski et son bras droit ou sa tête, Ladislas Zamoyski, notre mortel ennemi, pour me rendre à l'invitation du comte Molé qui, ce soir-là, ouvrait sa maison, acquisition nouvelle qu'il s'est plu à arranger et à orner selon son goût, et il peut, à bon droit, se vanter d'en avoir. Ces salons qui, dit-on, sentaient le boudoir lorsque c'était la fameuse Mme L... qui les habitait, offrent aujourd'hui un ensemble à la fois simple et riche, d'un ton un peu sévère : les tentures sont blanches rehaussées d'or, la tapisserie du plus beau vert émeraude. Quelques beaux tableaux ornent le cabinet, entre autres, deux Ary Scheffer représentant Mignon, l'héroïne des *Voyages de Wilhelm Meister*, cette jeune fille qui aspire au ciel par les réminiscences qu'elle semble en avoir rapporté.

Au bas de ces deux tableaux est une inscription sur laquelle on lit : « A mon ami le comte Molé qui, par le grand acte de l'amnistie, a scellé le rapprochement des partis, je donne ces deux tableaux que je le prie d'accepter comme gage de l'affection que je lui porte. — Louis-Philippe. »

De chez le comte Molé, j'ai été passer une demi-heure chez Mme de Circourt ; enfin, à minuit, je suis arrivé au bal chez Mme de Chastenay, où j'ai trouvé le comte Armand de Saint-Priest qui était venu me voir ces jours-ci, et le comte Alexis, son fils, que l'on pourrait prendre pour son frère.

Mais je m'aperçois que je n'ai encore rien dit de la saison musicale et de ce qu'elle nous a offert de nouveau ou de réchauffé. Les Italiens nous ont donné les *Cantatrici Villane* qui ont eu le charme de la nouveauté

pour moi qui n'avais jamais entendu cette partition, dans
laquelle j'ai été agréablement surpris de trouver quelques
jolis morceaux pleins de verve et de mordant, et
surtout un duo de basse et baryton d'un admirable
effet, que Lablache et Ronconi ont exécuté avec une rare
perfection.

Le *Pirate*, qui était au fond de l'eau depuis Rubini, est
de nouveau revenu à la surface, et Mario s'est enfin
décidé à aborder ce rôle qui offre d'autant plus de difficultés que souvent, à mon avis du moins, il y faut faire
de l'énergie à froid. J'en reviens justement tout à l'heure,
après avoir terminé ma soirée chez la duchesse de Rauzan.
La Grisi a fort mal chanté son premier air que je trouve
détestable, elle n'y est bonne que par moments, ce rôle
ne lui va pas. Mario a été admirable. Il y a longtemps
que la salle n'avait retenti d'applaudissements aussi
bruyants, car Dieu sait que le public parisien en général,
et celui du Théâtre Italien en particulier, public le
plus blasé du monde, est sobre de marques d'approbation.

Quant à la musique de cet opéra, elle me paraît bonne
par moments : du nerf par ci par là, parfois même de
l'énergie, mais aussitôt, sentant ses forces s'épuiser, l'auteur tombe à plat dans le vulgaire, l'inspiration l'abandonne et le lieu commun reprend sa place accoutumée, se
réservant la part du lion. C'est pendant l'épuisement où
l'a laissé la composition de cette œuvre, que Bellini a eu
l'inconcevable outrecuidance d'écrire la partition de *Beatrice
di Tenda* dont on vient de nous gratifier : œuvre insipide,
monotone, inutile et à laquelle tout le talent de la Persiani
ne parvient pas à vous intéresser, ne fût-ce qu'un moment ; pas une idée, pas un motif original et qui sorte
enfin du triste milieu dans lequel languit cette chétive

production. Je veux bien gémir et pleurer, mais je veux
qu'avant de verser des larmes on se fâche, et qu'après on
se refâche, qu'on se révolte enfin, et que si l'on me verse
de l'eau, on me serve du feu au moins pour la faire
bouillir.

Un Espagnol, nommé Géda, y a débuté dans le rôle
de ténor : une voix fraîche, peu suave, assez juste, pas
assez travaillée qui ne cultive évidemment, avec quelque
succès, que le larmoyant et qui, passant à travers deux
rangées de dents merveilleusement blanches, mais
qui se gardent bien de se déranger pour la laisser
passer, vient frapper vos oreilles sans pénétrer jusqu'à
l'âme.

Le Grand Opéra ne se lasse pas de nous donner *Marie
Stuart* que, fort heureusement, je ne me lasse pas d'entendre. Pour le sujet, c'est Schiller et Walter Scott que
l'on a fondus, confondus, volés, pillés, dénaturés, pour
en faire un opéra en cinq actes. Quant à la musique, qui
est de Niedermeyer, jeune compositeur qui s'est déjà fait
connaître par un opéra dont le nom m'échappe, je serais
assez embarrassé pour en donner une idée précise. Peu
originale, elle abonde en réminiscences, et cependant on
écoute les trois premiers actes surtout avec plaisir : c'est
assez vif, il y a de la verve, de l'entrain, de la variété, de
tout un peu, et c'est beaucoup. Les adieux de Marie au
moment où elle quitte, pour ne plus le revoir, le rivage
hospitalier de la France, le chœur des gentilshommes qui
trinquent avec Darnley et l'air à boire de cet imbécile,
mais surtout la leçon de chant, quintette charmant entre
Marie, Bothwel, Douglas, Rizzio, etc., etc., sont de ces morceaux qui, de force, s'emparent de vous, vous poursuivent et vous pourchassent dans la rue, dans votre lit, et
qui sont cause que, le lendemain, vous recommencez trois

fois une dépêche, que vous entendez mal et répondez à tort et à travers.

Des danses gracieuses, de belles décorations viennent ajouter leur prestige au charme de la musique : une de ces décorations reproduit admirablement un effet de lune qui scintille dans les eaux dormantes du lac, au milieu duquel s'élève le château de Loch-Leven, on voit la barque des fugitifs qui glisse dans l'ombre et l'on entend de loin le canon du château qui annonce leur fuite. En somme, c'est une œuvre agréable mais, de beaucoup, trop étendue ; quant à moi, sauf le jour de la première représentation, je n'en vois jamais qu'un fragment, car il me faudrait révolutionner mes habitudes pour arriver au commencement.

Mais il est plus que temps d'arriver enfin au grand phénomène du jour. « Un grand génie s'est révélé au monde ! » s'écrient les Français, « Beethoven est ressuscité ! » s'écrient les feuilletons. Moins pressé de saluer la venue de ce nouveau messie musical, je me surprends, hélas ! nouveau saint Thomas, à douter encore, à me refuser presque à l'évidence, car je l'ai entendu. Or, à l'époque de la banqueroute de la société saint-simonienne, lorsque Bazard et Olinde Rodrigues (1), se séparant du Père Enfantin, le laissèrent entouré d'un petit nombre de partisans, celui-ci se retira avec Barrault, Michel Chevalier, Duveyrier, Félicien David, sur les hauteurs de Ménilmontant, où ils cherchèrent à mettre en pratique leur théorie sociale, leur rêve égalitaire. En France, pour toute doctrine, pour toute entreprise, pour toute chose, il existe deux issues : le succès et la Cour d'assises.

(1) Partisans et propagateurs du Saint-Simonisme, ils s'étaient faits les disciples du P. Enfantin dont ils se séparèrent lors de la dislocation de la secte.

C'est par cette dernière que s'est dénoué le drame saint-simonien.

Trouvant l'Europe indocile et rebelle à la régénération, quelques-uns des adeptes s'en allèrent en Orient pour porter la lumière nouvelle au berceau même de notre civilisation. Parmi ces derniers se trouvaient Félicien David qui, à Ménilmontant, composait et dirigeait le chant du matin et du soir. En Orient, il vit le désert, entendit sa grande voix, y vit scintiller les étoiles, y entendit la marche de la caravane qui, à travers les sables mouvants, s'avance comme un noir serpent, il entendit ses chants et la vit dispersée par le terrible simoun. Puis il revint dans sa patrie, vécut pauvre et ignoré, mais riche de souvenirs et d'impressions que, dès lors, il chercha à rassembler dans un tout harmonieux. Telle est l'origine, le berceau, l'histoire de la symphonie *le Désert*, que nous venons d'entendre exécuter.

Je ne l'ai entendue qu'une fois, j'en ai rapporté des impressions diverses, confuses, je ne puis donc en donner qu'une idée succincte, qu'une légère ébauche. Et d'abord, nouvelle par la forme, tout point de comparaison vous échappe, en effet, il y a des morceaux d'orchestre, des chœurs, un récit interrompu par des accords, enfin une voix que l'on dirait échappée de la chapelle Sixtine, qui, avec un timbre d'eunuque, vous chante en arabe l'appel du muezzin, tombant du haut des minarets. Voici en bloc mes impressions : à trois bons morceaux d'orchestre qui commencent la symphonie, morceaux qui ne manquent pas d'originalité et orchestrés avec art, sans bruit, sans fracas, succède une série de romances qui vous rappellent les éphémères créations de Labarre et de Mlle Puget, œuvres de salon, voire de boudoir.

La première partie, décidément, vous laisse désappointé;

dans la seconde, vous entrez en plein dans le désert : l'effet de lever du soleil, la marche de la caravane, le chant syrien, la tempête qui éclate, le vent du désert qui siffle, la rêverie au bord de la mer, et, peu à peu, votre imagination incertaine et vague file vers l'Orient auquel, d'incrédule que vous étiez, vous finissez par croire, et, comme moi, vous y auriez cru, si, comme moi, vous aviez vu, ce jour-là, vis-à-vis de vous, assis immobiles aux stalles, enveloppés de burnous blancs comme neige, pâles et silencieux, les chefs arabes que l'on a amenés à Paris pour leur montrer la grande merveille, et que, ce jour-là, l'on avait mis face à face avec le désert.

Le chant du muezzin se fait entendre, et voilà que tout à coup ces figures se dérident, ces Arabes s'agitent sur leurs sièges, des éclairs brillent dans leurs yeux, ils éclatent en applaudissements et, au même moment, un rire fou les prend et se communique à toute la salle qui avait les yeux fixés sur eux. Mais, en attendant, dans cette seconde partie, l'auteur avait frappé juste, il était dans le vrai, et le public, qui, dans tout pays, est une brute, mais qui souvent possède l'instinct merveilleux de la bête, l'avait compris.

Y a-t-il oui ou non du génie dans cette œuvre ? je ne sais. Mais ce qu'il y a, c'est une poésie originale, primitive, c'est une imagination brillante, colorée, c'est le sentiment des grands effets de la nature. David est donc un poète, un coloriste, un être fortement impressionnable ! Mais grattez cette séduisante surface, et vous voilà, ou je me trompe fort, vis-à-vis du néant ! Or, grattez donc Beethoven, et vous n'aurez jamais fini, car là est la profondeur indestructible, insaisissable, infinie.

12 janvier.

Nous avons eu, aujourd'hui, notre premier concert au
Conservatoire où l'on nous a régalés d'une symphonie de
Mendelssohn-Bartholdy, d'une composition et d'une exécution admirables, mais dont le public n'a su apprécier
que la moitié ; si le public musicien de Paris est, en général,
d'une désolante ignorance, celui du Conservatoire, qui
certes ne l'est pas, est en revanche routinier à l'excès, et
s'il a adopté Haydn, Mozart et Beethoven, il n'est pas
encore arrivé à l'intelligence des successeurs de ces grands
maîtres. Ce public, enfin, est pour la musique ce qu'est
pour la tragédie celui du Théâtre français, pour lequel il
n'existe rien en dehors de Corneille et de Racine. A
cette symphonie ont succédé un chœur d'*Idomenée* d e
Mozart, un autre des *Ruines d'Athènes* de Beethoven, un
concerto, de Bériot, exécuté par un artiste de Berlin, fort
bon, fort ennuyeux comme le sont presque tous les solistes
qu'écrasent, misérablement et impitoyablement, les masses
d'harmonie qui se déchaînent autour d'eux, dans les concerts de ce genre, enfin la symphonie en Ut majeur de
Beethoven qui n'est certes pas le chef-d'œuvre du grand
maître.

13 janvier.

Ce soir, après un dîner chez M. Laski, banquier de
Varsovie, qui est ici avec sa femme et sa fille, j'ai couru

à neuf heures et demie au Grand Opéra, pour me rafraîchir par un peu de musique et un peu de danses: à dix heures et demie, j'ai fait une visite à la duchesse de Galliera chez qui j'ai trouvé son père, l'Ambassadeur de Sardaigne, qui m'a appris qu'à la Chambre des pairs, où la discussion du projet d'adresse venait de commencer dans l'après-midi, le comte Molé avait pris la parole, pour se disculper des accusations malveillantes du *Journal des Débats* qui le désignait comme le chef de ce que ce journal nomme « l'Intrigue », dénomination puisée dans le vocabulaire impur de cette feuille atrabilaire, et par laquelle elle désigne cette fraction de la Chambre qui, sans être ministérielle, n'en appartient pas moins au parti conservateur, mais qui cependant ne prête au Cabinet qu'un appui douteux.

Il paraît que le comte Molé a attaqué la politique du Ministère, non pas dans son principe mais dans ce qu'elle pouvait avoir d'exagéré, de trop tendu. M. Guizot a répliqué et, dit-on, victorieusement. C'est que pour lutter avec ce dernier et ne pas succomber, il faut commencer par lui emprunter quelques-unes des qualités dont il est éminemment doué, et commencer par son inflexible audace que rien ne peut ébranler, et par son sang-froid, son calme, sa ténacité vraiment remarquables! Il domine, et la France et les Français ont besoin d'être dominés. Le comte Molé, malgré la haute estime qu'inspire son noble caractère, ne possède ces qualités qu'à un degré inférieur : il a le tort d'être trop susceptible, trop chatouilleux et pas assez audacieux.

Mais au milieu de ce bruit, de ce fracas étourdissants, une affreuse calamité est venue, au début de la saison, fondre, à l'improviste, sur Paris. Cette calamité, c'est le froid, fléau terrible dans ce pays, car il y trouve une masse énorme de population, des milliers de familles pour lesquelles nul moyen n'existe de s'en garantir. Perchées dans les mansardes, sous les toits à travers lesquels l'eau filtre souvent, entassées les unes sur les autres, encaissées dans des murailles humides et froides, sans feu, sans moyens de s'en procurer, d'innombrables familles, des nuées d'ouvriers n'ayant que de misérables haillons pour se vêtir, souffrent la mort dans cette Babylone de luxe et de plaisir. Avec le froid, d'épais brouillards sont venus envelopper Paris de leur impénétrable et mystérieux linceul.

C'en était assez pour que le crime, ce fils de la misère, descendit dans la rue et jetât l'effroi dans l'âme du piéton attardé. De ces quartiers sombres et isolés que ne connaît pas, même de nom, l'opulent habitant des quartiers riches qu'inondent de lumière des milliers de réverbères, les escarpes, car c'est là le nom de ce fléau, se rapprochant peu à peu, s'enhardissant par le succès facile de leurs entreprises nocturnes, vinrent fondre dans nos quartiers. Dans la rue de Castiglione, à neuf heures du soir, à la porte de l'hôtel Clarendon, en face de la sentinelle du ministère des finances, un jeune homme a failli être assassiné. Les escarpes cependant, et c'est justice à leur rendre, ne vous assassinaient que si vous résistiez et, le plus souvent, se contentaient de vous étourdir pour vous dévaliser. Pressé vivement par le public alarmé, par les journaux qui, tous les matins, racontaient les aventures de la veille, le Gouvernement s'est décidé à agir vigoureusement : la police des rues, qui est aussi mauvaise que la police politique est habile et vigilante, a été renforcée de nombreuses patrouilles. Bientôt, en effet, ces drames ténébreux sont venus se dénouer en Cour d'assises. Le froid a entièrement disparu.

14 janvier.

Je rentre à l'instant, je reviens du Château où le Roi
donne ce soir un bal monstre : la foule était compacte, le
bal brillant; j'y ai, pour la première fois, vu de près la
duchesse d'Aumale qui, dit-on, remplace par les grâces
de l'esprit ce qui lui manque en beauté, elle est fort
petite de taille, ses cheveux sont d'un blond clair, son
teint pâle, sa figure maigre.

L'événement du jour est le discours prononcé hier par
le comte Molé, et l'espèce de duel parlementaire qui s'en
est suivi entre lui et M. Guizot. Quelques jours avant
l'ouverture de la discussion sur l'adresse à la Chambre
haute, le bruit s'était répandu que le comte Molé prendrait la parole; toutefois l'on y croyait si peu que
M. Guizot et le duc de Noailles n'avaient pas hésité à
parier le contraire. La surprise a été générale, car le
comte avait si bien gardé le secret sur ses intentions que
sa famille même les ignorait ; seul, le comte Mathieu de
La Redorte en avait eu connaissance.

Cet événement, diversement interprété, est cependant
considéré comme un grave embarras pour le Ministère
qui regrette déjà, sans doute, que le comte Molé ait été
poussé à bout, tandis qu'avec un peu de circonspection
et d'aménité il eût été aisé de s'assurer la continuation de
son silence. Actuellement, le mal est fait et quand bien
même le comte ne prendrait qu'une part insignifiante aux
débats, cette voix qui de nouveau se fait entendre après
six années de silence, cette parole toujours digne et sobre

ont produit leur effet, et il **restera** désormais acquis que la politique du Cabinet a été qualifiée de « politique à outrance partout et toujours » par l'homme d'État le plus modéré et le plus considéré de tous, sinon le plus considérable.

4 février.

On peut, sous bien des rapports, ne pas approuver l'esprit et la tendance du *Journal des Débats*, néanmoins abstraction faite du point de départ, c'est autour de cette feuille que se groupent encore les publicités les plus distinguées. Ce journal a, en outre, sur la majorité de ses confrères, le précieux avantage de reproduire presque *in extenso* les discussions des Chambres.

Trois événements ont signalé la dernière discussion de l'adresse : le discours prononcé par M. Thiers, par lequel il a inauguré, après quatre ans de silence obstiné, sa rentrée dans la lutte; le discours de M. Dupin, le chef, pour ainsi dire, du cabinet privé du Roi, son confident et son conseil pour la gestion de ses affaires particulières, discours qui l'a rejeté dans les rangs de l'opposition la plus avancée; enfin, le vote de l'amendement Malleville, de l'amendement Pritchard. (1)

En 1840, après avoir rêvé l'indépendance de l'Egypte, excité les passions populaires, posé la première pierre de

(1) Missionnaire protestant anglais, consul d'Angleterre à Taïti, qui, expulsé de l'île pour raisons politiques par l'amiral Dupetit-Thouars en 1843, faillit occasionner un conflit entre la France et l'Angleterre. Une indemnité de 25.000 francs, votée en faveur de Pritchard, apaisa la querelle.

l'embastillement, rappelé la flotte et signé la note du
8 octobre, vulgairement appelée reculade, M. Thiers, ce
phénomène étincelant, s'est tout à coup éteint après avoir
cédé sa place à M. Guizot, à cette époque ambassadeur de
France à Londres. Considéré dès lors en France et dans
le reste de l'Europe comme désormais impossible, M. Thiers
s'est condamné au silence et a consacré ses heures de loisir
à écrire l'histoire de Napoléon, œuvre qui promet beaucoup et qui, dit-on, touche à sa fin.

Mais voyez à quel point est mouvant le terrain sur
lequel nous marchons ici. Après le discours à la Chambre
haute du comte Molé, considéré comme la tête du tiers-
parti, lui seul semblait avoir quelques chances d'arriver
au pouvoir dans le cas d'un revirement, seul il apparaissait comme l'homme du moment autour duquel venaient
se ranger humblement Dufaure, Passy, Dupin et jusqu'à
Billault pour l'appui que prêtait, en cette occasion, le centre
gauche. Mais depuis, les événements ont marché avec une
rapidité extraordinaire, et ont présenté les phases les plus
variées. A peine Thiers avait-il parlé que les choses avaient
changé de face : d'un bond il prenait sa place comme chef
de l'opposition, vivement secondé par les sarcasmes san-
glants du hargneux et rancunier Dupin, et par l'infatigable Billault, le vote de l'amendement Pritchard, vote
dont il a failli sortir vainqueur, a presque remis de nouveau entre ses mains les destinées du pays. Ses chances
étaient grandes, celles du comte Molé avaient diminué.
Les grands orateurs, cette fois, s'étaient rangés du côté de
l'opposition : Thiers, Dupin, Odilon Barrot, Billault, et
un seul pour lutter contre eux de talent et d'éloquence,
un seul, mais inébranlable comme un roc. En effet, sans
M. Guizot le Cabinet et sa majorité auraient infailliblement disparu dans la tourmente.

Voici quelle est actuellement la situation : le vote sur l'amendement Pritchard n'a donné au Ministère qu'une mince et transparente majorité de huit voix dont cinq ministres. Le Ministère par ses organes avait déclaré qu'il lui fallait sur cette question une majorité forte, compacte, une adhésion non équivoque. On s'attendait donc à le voir quitter les Affaires : il y reste. Les 213 qui ont donné leurs voix se sont réunis dans les salons de Lemardelay, restaurant de la rue Richelieu ; là, présidés par Hartmann, le doyen d'âge, ils ont exécuté une sorte de « juramento », et ont pris l'engagement de soutenir le cabinet envers et contre tous. Là encore est venu les joindre Salvandy, dit « l'intempestif », transfuge du camp Molé, et dont le zèle de néophyte a déjà été récompensé par le portefeuille de l'Instruction publique, département qu'il avait déjà géré dans le Cabinet Molé du 15 avril et qu'il avait ensuite cédé à Villemain, lequel, disent les mauvaises langues, a passé deux années consécutives à réparer les fautes et les bévues de son prédécesseur. En effet, M. de Salvandy ne passe pas pour administrateur de première force. Pour moi qui ne le connais que comme homme de salon, je le tiens pour fort spirituel, pour causeur entraînant, aimable, vaniteux, parfois puéril, vif, toujours, je le pense du moins, bien intentionné, probe et loyal, à en croire la réputation dont il a joui jusqu'ici.

Ici encore quelle étrange péripétie : l'année dernière, nommé ambassadeur à Turin, il part, il revient pour l'ouverture des Chambres, vote dans la question de la flétrissure contre le Ministère, se voit tancé vertement en tout lieu, donne sa démission et le voilà le héros du jour, l'idole de toutes les oppositions, le lion des salons légitimistes. Considéré il y a un mois au plus comme l'un des satellites du comte Molé, le voilà ministre avec M. Guizot.

Ainsi vont les choses ! Donc le Ministère demeure et cela n'est pas sans motifs.

Evidemment, une majorité de huit voix serait insuffisante, s'il n'y avait de bonnes chances de la rendre plus imposante. Or ces chances existent, voici pourquoi : Dans un an et demi auront lieu les nouvelles élections, et les députés seront appelés à rendre compte à leurs commettants de l'emploi de leur temps et du pouvoir qui leur a été confié. Or Dieu sait que Pritchard, le pharmacien, comme dit M. Dupin, n'est rien moins que populaire dans le Pays. Voter pour lui, n'est-ce donc pas risquer sa réélection ? C'est clair. Pourquoi alors ne pas se séparer du Ministère sur une question odieuse au pays pour le rejoindre ensuite, et qui plus est, se faire bien venir de lui. Donc d'une pierre deux coups : point d'indemnité, voilà pour le pays ; les fonds secrets, voilà pour le Ministère, et l'équilibre est rétabli. Tout est ajourné au vote qui va avoir lieu sur les fonds secrets et qui, vraisemblablement, tranchera la question qui pour le moment reste en suspend.

Voici un cancan : Philippe Dupin avait, l'automne dernier, plaidé la cause du *Journal des Débats* dans un procès intenté à cette feuille par M. de Genoude, rédacteur en chef de *la Gazette de France*. L'avocat triomphant demande, pour tout honoraire, que le *Journal des Débats* appuie la candidature de son frère à la Présidence de la Chambre. Le journal s'exécute de bonne grâce, mais ne réussit pas à entraîner les convictions du Ministère qui appuie Sauzet. Sauzet est élu président, mais Dupin n'est pas homme à pardonner, il s'est vengé. Quant à Sauzet on connaît son escapade le jour du vote par assis et levé sur l'amendement Pritchard : grande était l'anxiété au moment du vote, on aurait entendu voler une mouche, on se regarde :

« l'amendement est rejeté » ! s'écrie le président. Moment de stupeur... on se toise une dernière fois... Tout à coup la tempête éclate, hurle et va fondre sur le fauteuil vide du Président qui avait disparu. Quand? Comment? Par où? Nul ne l'a vu, nul ne le sait! Alors d'un côté c'est une grêle d'injures, de l'autre une averse de quolibets qui viennent fondre sur le malheureux siège étonné.

« C'est une indignité! Une honte! » s'écrie-t-on à gauche.

« C'est une question de CABINET! » s'écrie M. Vatout.

« Si M. Guizot fait de la Chambre un marché, dit le lendemain *le Charivari*, M. Sauzet en fait un champ de foire », etc., etc. Enfin une colique intempestive est encore la solution la plus rationnelle de ce problème d'un nouveau genre.

La princesse de Lieven continue à souffrir des yeux, et, depuis près de trois mois, elle vit dans l'obscurité, n'ayant pour la distraire que les hommes d'État qui affluent toujours dans son salon. Or au-dessus de la princesse fleurit M. le comte Jaubert (1), le conquérant des îles Baléares, le quasi homonyme de M. Desjobert, l'ancien ministre du 1er mars, l'orateur jovial et spirituel, l'ancien ennemi des razzias en particulier, de l'occupation de l'Afrique en général. Dernièrement, la princesse de Lieven reçoit un billet ainsi conçu :

« Veuillez, Madame, m'accorder un moment d'entretien, une affaire grave peut seule me rendre importun : il y a du sang répandu ». C'était signé : « Comte Jaubert. »

Grande est l'émotion de la Princesse, grande aussi sa curiosité ; le Comte est immédiatement introduit, il entre.

_____

(1) Homme politique, ministre sous Thiers.

La Princesse : Mon Dieu, M. le Comte : vous m'effrayez, qu'est-ce donc qui est arrivé ?

Le Comte : (*d'un ton poli, cérémonieux, doux et mielleux qui cache un naturel malicieux, caustique et violent*), Madame veuillez m'excuser ; je suis désolé d'avoir à vous entretenir d'un déplorable événement, d'avoir à vous conter des faits qui vous feront horreur ; encore une fois, il y a du sang versé !

La Princesse : Ah mon Dieu, mon Dieu, mais qu'est-ce donc, quel sang ?

Le Comte : D'un chat !

La Princesse : Comment d'un chat ?

Le Comte : Oui d'un chat ! Madame : la comtesse Jaubert avait un chat qu'elle affectionnait vivement et que Mlle Jaubert chérissait tendrement, un ami de la maison enfin ! eh bien hier, à la faveur des ténèbres votre cuisinier et votre valet de pied l'on assassiné sur le grand escalier ; les traces du sang s'y trouvent encore et il ne sera pas facile, témoins le meurtre de Rizzo, de les faire disparaître.

La Princesse : Ah ! mon Dieu est-il possible ! mais j'en suis désolée, dites à Mme la comtesse Jaubert combien, je suis affligée... combien je prends part....

Le Comte : Pardon. Madame, ce n'est pas tout ; j'ai consulté le code et vos gens pour ce meurtre barbare sont passibles de 50 fr. d'amende ou d'une détention qui peut se prolonger de quinze jours à trois mois, et je suis décidé à les poursuivre.

La Princesse : Grand Dieu, quel malheur ! il m'en faudra chercher d'autres ; car enfin que puis-je faire, moi femme, seule.....

Le Comte : Pardon Madame, ce n'est pas fini. Le chat assassiné avec une atroce barbarie, a été porté dans vos cuisines, écorché, bouilli dans vos casseroles et servi en civet par votre cuisinier à votre concierge lequel l'a mangé sans se douter de rien !

La Princesse : Quelle horreur, quelle abomination ! dans mes casseroles, mais c'est intolérable ! comment faire, je n'ai personne... Ah ! j'en parlerai à M. Guizot, il faut qu'il s'occupe de cette affaire.

Le Comte : Madame c'est trop, beaucoup trop, mes prétentions ne vont pas jusque-là ; entretenir M. Guizot, d'un chat mort entre Tahïti et le Maroc ! c'est trop !

La Princesse : C'est égal, il s'en occupera.

Le Comte : Pardon Princesse, ce n'est pas tout. J'ai procédé à une enquête sévère, l'enquête a amené la découverte de la peau du chat dans votre cuisine, et lorsqu'on a sommé le cuisinier de restituer la peau, « tenez, a-t-il dit, et dites à la comtesse Jaubert qu'elle peut s'en faire une paire de brodequins.

Dans ce moment arrive M. Guizot revenant d'une séance des plus orageuse. De suite il est au fait de ce qui se passe et, continuant la plaisanterie, il fait comparaître les coupables, et commence contre eux un réquisitoire qui aurait fait envie au procureur général Hébert, mais qui est bientôt interrompu par l'arrivée du duc de Noailles.

Nous avons vu mourir ces jours-ci cette pauvre Marie Potocka après une agonie de deux ans. La veille de sa mort elle était sortie en voiture et avait manqué mourir tandis qu'on la promenait doucement aux Champs-Elysées.

8 mars.

Les concerts se succèdent avec une telle rapidité et leur nombre est tel, qu'à moins que cela soit Liszt ou Thalberg, c'est à peine si on en entend parler, et on n'y songerait seulement pas, si parfois de malencontreux billets ne venaient les rappeler à votre obligeant souvenir. Léopold Meyer. Kaumann, Batta, une myriade de célébrités enfin ! et puis c'est le fameux celui-ci, et le célèbre celui-là, mais dont le nom frappe votre oreille pour la première fois. Pour moi, je n'y vais guère, car le matin je n'en ai pas le temps et le soir, pas le loisir.

Quelques mots sur l'Orphéon :

En 1819, sur la proposition du baron de Gérando, à la Société pour l'instruction élémentaire, le chant fut introduit dans les écoles populaires ; en 1835, le Conseil municipal de Paris, présidé par le comte de Rambuteau, le préfet actuel, ayant voté l'enseignement du chant dans toutes les écoles communales de Paris, il fut introduit dans plus de trente écoles ; aujourd'hui il est dans plus de cent, et six mille enfants et dix-huit cents hommes prennent part à cet enseignement. Chaque année, des réunions générales ont lieu, où l'on rassemble de douze à quinze cents chanteurs. Cette fois, la réunion a eu lieu au cirque Franconi, aux Champs-Élysées. L'affluence de monde y était énorme ; quant à moi, j'étais loin de m'attendre à une aussi bonne exécution ; ainsi, *la Garde passe, la Chasse, le Départ* et divers morceaux de ce genre ont été réellement enlevés pour ainsi dire et ne laissaient à désirer

que sous le rapport de la qualité du timbre des voix ;
mais, en revanche, quand arrivait Haydn ou Haendel, les
artistes disparaissaient et alors c'étaient bien des ouvriers,
grands et petits, qui piochaient à la sueur de leur front.

La Reine, les Princes et les Princesses qui y assistaient
ont été accueillis à leur arrivée et à leur départ avec des
acclamations que dominaient les voix criardes des enfants.

« Remarquez, me dit en sortant le comte Stroganoff,
avec quel enthousiasme on accueille la famille du Souverain dans un pays de révolution comme la France ;
figurez-vous ce que cela doit être dans les républiques
de l'Amérique, et quel tapage l'on doit y faire pour un
président quelconque ! »

Nous avons eu deux séances de réception à l'Académie.
Mérimée et Sainte-Beuve succédaient à Charles Nodier
et à Casimir Delavigne, et ont prononcé, selon l'usage, l'é-
loge de leurs devanciers. Il y a une vingtaine d'années,
en pareille circonstance, les bancs de l'Académie étaient
déserts : aujourd'hui, c'est une rage pour y aller et il y
a une difficulté extrême à se procurer des billets. Dans ces
cas-là, j'ai horreur de me remuer et j'attends tout du
Ciel. Or, la veille de la réception de Mérimée, le Ciel m'en-
voya M. Stanislas Julien, orientaliste aussi savant que
distrait, témoin les dix billets d'entrée qu'il laissa sur ma
table ; je lui en restituai neuf, en le remerciant beaucoup
pour le dixième.

Malheureusement, il n'y a que les gens qui ont du
temps à perdre qui peuvent cultiver avec suite les séances
des Chambres, de l'Académie, de la Cour d'assises et les
sermons car, pour réussir à avoir une place, il faut se
résigner à une bonne heure d'attente. Enfin, Mérimée a
été ingénieux, spirituel, caustique, et chroniqueur, comme
toujours, véridique. Décidément, la seule manière de goûter

ces sortes de discours, c'est de les entendre. Quelqu'un a dit que, dans le vaudeville, ce qui ne vaut pas la peine d'être dit se chante ; de même, ce qui ne vaut guère la peine d'être écrit peut encore fort bien se dire : c'est le cas pour les discours académiques.

L'événement, à la réception de Sainte-Beuve, a été l'apparition soudaine et inattendue de Villemain qui est venu tranquillement prendre sa place, la seule dont il n'ait pas été privé. Les applaudissements frénétiques qui l'ont accueilli ont dû pénétrer dans son âme blessée et humiliée. Les journaux ont publié une lettre de lui, adressée à une de ses anciennes amies qui lui avait prêté les Œuvres d'André Chénier : la voici :

« Madame, un académicien malade, qui ne lit plus de vers et ne connaît par cœur que les vôtres, se fait scrupule de garder ce volume que vous lui avez prêté il y a quelques mois. Il a l'honneur de le faire remettre à votre porte, inutilement voisine de la sienne, et il saisit cette occasion de vous offrir l'hommage de son respect et l'assurance qu'il n'est mort ou imbécile qu'officiellement. »

Aujourd'hui, c'est l'heureux Salvandy qui occupe sa place sur les bancs ministériels, Salvandy qui, après avoir, l'année dernière, perdu son poste d'ambassadeur à Turin pour son vote dans l'affaire des flétris, qui, après s'être rangé dans le tiers-parti et avoir été considéré comme un membre futur du Cabinet Molé, qui, toujours de bonne foi, on le dit du moins, et toujours intempestif, c'est sa nature, entre triomphant, c'est son allure, dans le cabinet actuel par amour pour les principes et le parti conservateur, c'est son ramage.

La lutte sur les fonds secrets a été des plus vives. Le Ministère était resté avec huit voix de majorité sur le fameux paragraphe de l'adresse relatif à Tahiti. Depuis, l'on a cherché à restaurer le parti conservateur que menaçait une dislocation, à ranimer et à rassurer les consciences timides, les vertus chancelantes. De même qu'il y a de cela quatre ans, les deux cent vingt et un étaient réunis pour défendre le comte Molé contre lequel M. Guizot marchait à la tête des coalisés, de même aujourd'hui, les ministériels se sont assemblés, se sont comptés, se sont harangués pour faire de leurs corps un rempart contre les dissidents marchant avec l'opposition.

C'est à ce moment que Salvandy est entré dans le Ministère intimement convaincu qu'il allait, par sa présence, régénérer les forces ébranlées. Vain espoir car, quoique en majorité, le Ministère, sorti meurtri de la bagarre, sentait cette majorité prête à glisser dans ses mains, à lui échapper, et se voyait privé de toute initiative; aussi l'espace de temps écoulé entre le vote de l'adresse et la discussion sur les fonds secrets a-t-il vu la Chambre, les affaires, toutes choses enfin livrées au hasard qui seul était resté le maître. Il suffisait d'une voix pour faire adopter ou rejeter ce projet de loi. Un député flânait-il trop longtemps à la buvette, s'oubliait-il à savourer son bouillon ou son sirop de gomme, ou bien sa Lutécienne ne l'amenait-elle pas assez vite au Palais-Bourbon, il n'en fallait pas davantege pour décider du sort d'une question. Il était temps de sortir de cet état de marasme, on comptait le faire au moyen des fonds secrets.

Je me trouvais à la séance de la Chambre des députés le jour du vote. Il faut savoir que si beaucoup d'orateurs prennent part à la discussion, un petit nombre seulement jouit du privilège d'être écouté; ils n'en parlent pas moins, vous n'entendez pas un mot de leurs discours, mais ce discours sera le lendemain imprimé au *Moniteur*, reproduit par toute la presse et lu par les commettants,

il ne leur en faut pas davantage, c'est là leur fiche de
consolation. En attendant, le premier venu a le droit de
vous assommer pendant deux ou trois heures par une
harangue que personne n'écoute, et de faire perdre au
pays, à la Chambre, un temps précieux qu'il emploie à
débiter des lieux communs ou à remanier le monde à sa
guise. Je recommande, entre autres, ce point aux méditations de nos jeunes enthousiastes du Gouvernement parlementaire, et ceci s'applique à tous les partis, aussi bien
à l'opposition qu'aux conservateurs.

Je subis deux heures de profond ennui; enfin M. Lia-
dères, aide de camp du Roi, monte à la tribune et obtient
un certain succès par son tableau de la gauche peinte
par elle-même. Par malheur, le voilà qui accroche cette
malencontreuse *Marseillaise* qui, dit-il, en 1840, était
chantée dans les rues. A ce moment, une voix aiguë,
glapissante, un fausset bien connu du reste, s'écrie :
« La couronne a été donnée et prise au chant de *la
Marseillaise !* »

Un autre aurait dit offerte et acceptée, mais cela n'aurait peut-être pas produit le tumulte qu'ont soulevé ces
quelques mots si simples, si peu apprêtés. Et M. Thiers
de reprendre son air à la fois insouciant et narquois et
de croiser ses petites jambes.

Puis est venu M. Billault, l'inévitable antagoniste de
M. Guizot, qui s'acharne après lui comme un procureur
général après sa proie. M. Billault, qui est avocat, apporte
dans sa manière toutes les allures de sa profession, toutes
les chicanes, toutes les roueries. D'une main, il tient *le
Moniteur* où sont consignés les discours de M. Guizot, de
l'autre la correspondance du ministre avec les comtes de
Sainte-Aulaire et de Jarnac et avec lord Aberdeen : ici les
paroles, là les faits, ici des promesses pompeuses, des

engagements positifs, là rien, le néant ! Donc le pays est trompé, indignement trompé !

M. Billault a cela de bon qu'il fait presque toujours courir M. Guizot à la tribune ; alors paraît le grand orateur, c'est d'ordinaire le moment décisif. Dans cette circonstance, le discours de M. Guizot a eu deux parties parfaitement distinctes. Dans la première, il a cherché à réfuter les accusations de ses ennemis, et à démontrer que les négociations pour l'abolition du droit de visite et pour replacer le pavillon français sous sa propre surveillance, ont été entamées avec l'Angleterre franchement, sérieusement et menées avec vigueur. Je m'abstiendrai de me prononcer sur cette partie du discours. Mais lorsque, dans la seconde, l'orateur a tourné ses armes contre l'opposition, contre ceux qui cherchent à lui arracher le pouvoir, qui en veulent à son portefeuille, lorsqu'il s'est agi de déchirer le manteau trompeur dont se drapent ses ennemis et qui recouvre des guenilles, alors M. Guizot a été sublime, car pour ce genre d'attaque, il n'a pas son pareil. Le vote à donné au ministère vingt-quatre voix de majorité, ce qui est quelque chose. Mais, de son côté, l'opposition depuis le vote de l'adresse ou plutôt du paragraphe Pritchard, n'avait pas perdu une seule voix. C'était alarmant. Et, en effet, le lendemain de la lutte, comme la veille, le Ministère se voit de nouveau privé de force et d'initiative. La lutte n'a rien détruit.

Il a fallu la recommencer à la Chambre des pairs et, cette fois, contrairement aux habitudes de cette Chambre, elle devient toute personnelle. Le comte Molé en donne le signal par un discours où perce une inimitié irréconciliable contre le chef actuel du Cabinet et une impatience longtemps comprimée de ne pouvoir répondre qu'au Luxembourg aux attaques dont il est constamment l'objet au Palais-Bourbon. **M.** Guizot commence par annoncer qu'il s'abstiendra de toute personnalité et finit par reprocher amèrement à son adversaire, qu'il a naguère renversé par une coalition, de vouloir en faire autant aujourd'hui à son égard. Le comte Molé réplique avec une vivacité qui lui est peu commune, enfin les esprits s'échauffent et les choses en viennent au point que l'agressif marquis de Boissy se voyant interrompu par le comte Colbert. membre du bureau, lui crie : « Taisez-vous ! »

L'autre lui réplique : « Vous êtes un malappris. »

Il n'a fallu rien moins que l'intervention du Chancelier pour empêcher un duel entre M. de Boissy et les généraux comtes Colbert et Gourgaud. La lutte est pour le moment terminée, le Ministère demeure, mais c'est comme un intérim auquel il aurait prêté son nom.

Nous avons enterré notre pauvre Tufiakine (1), le plus populaire de nos vieux roués, et que le peuple même connaissait à cause de sa petite tête penchée et de ses jockeys rouges à Longchamp. Sa mort a fait pendant vingt-quatre heures une vive impression dans la société où il était regardé non seulement comme un meuble, mais en quelque sorte comme un immeuble. Il a même été regretté, autant du moins que peut l'être à Paris un individu isolé. Dans le monde, on se pressait autour de nous pour répéter sans cesse : « Ce bon Tufiakine ! Pauvre prince ! Il n'a jamais fait de mal à personne. »

Aussitôt qu'on l'a su mal, mon collègue Kourakine, dont le père avait été jadis un ami du défunt, a appelé le prêtre auprès du mourant, afin de lui faire remplir tous les devoirs que prescrit en pareille occurrence notre mère l'Eglise. Le moribond était couché sans mot dire.

______

(1) Sujet russe, installé à Paris où il menait l'existence d'un viveur.

— Ne voulez-vous pas, prince, prier Dieu avec moi ? lui dit notre aumônier.

— Je veux bien, répond le malade du ton d'un grand seigneur qui accorde une faveur.

— Voulez-vous que je lise les prières ?

— Pourquoi pas ?

Mais quand il s'est agi de confesser ses fautes, le vieux pécheur, qui ne se croyait pas du tout à l'article de la mort, au dernier chapitre d'un roman en d'innombrables volumes, trouva qu'on allait trop vite et signifia que, le moment venu, il aviserait. Il comptait dans huit jours reprendre tranquillement sa place au Grand Opéra, et y assister à un début qui l'intéressait. Toutefois, il fit tout ce qu'il y avait à faire, remplit tous ses devoirs et mourut en laissant sa fortune aux Dolgorouky, son mobilier et ses rentes à Mme Durand et à Mlle George, ses deux amies de cœur, dont la première avait pour le défunt une affection sincère. Malheureusement pour ces deux femmes, le testament, grâce à un vice de forme, sera attaqué par je ne sais quel héritier naturel.

Le dernier courrier m'a apporté une lettre qui m'a vivement intéressé par les données qu'elle contient sur le mouvement religieux qui agite en ce moment l'Allemagne.

« Il ne se passe pas une semaine, y est-il dit, sans qu'une commune catholique-chrétienne (c'est là le nom du schisme) ne se forme dans quelque ville d'Allemagne. La commune de Breslau compte déjà deux mille membres ; cette église se déclare indépendante du Pape, ses prêtres se marient, la messe est célébrée en allemand, la communion a lieu sous les deux espèces ; bientôt trente communes se seront formées et alors elles discuteront leur profession de foi, ce sera curieux.

« Çà et là il y a des communes qui ont à leur tête de vrais chrétiens, par exemple celle d'Elberfeld, mais la grande partie de ces sectaires sont parfaitement ignorants en matière de christianisme, à commencer par le héros du jour, le jeune prêtre Ronge (1), auteur de la fameuse lettre à l'évêque Arnoldi ; il inonde l'Allemagne de brochures qui toutes respirent le rationalisme. Il ne doit pas être rationaliste par système, et se croit de bonne foi dans la voie biblique, mais au fond il ne comprend et ne nourrit qu'une idée : celle de la dignité humaine qu'il voit oppressée par la suprématie du Pape. Eserski, le prêtre nouvellement marié, paraît être bien plus avancé que Ronge, son langage du moins est tout à fait selon l'Evangile.

« Ces sectaires, en vérité, semblent en général poussés bien plus par des motifs mondains que par un esprit chrétien de réforme, mais les suites n'en seront pas moins importantes : ainsi il y a eu déjà des mariages contractés entre protestants et catholiques, sans aucun engagement préalable imposé aux parents relativement à la croyance de leurs enfants. Enfin la politique ne trouve plus de place dans les journaux allemands, occupés tout entiers du nouveau schisme. Mais outre cette lutte, une autre non moins vive occupe et agite fortement les esprits en Allemagne, c'est celle du christianisme contre le rationalisme ».

On peut s'étonner, et avec quelque raison, que le journalisme français reste entièrement en dehors de ce mouvement et semble l'ignorer.

C'est qu'en effet il y est parfaitement étranger, de même

____

(1) Jean Ronge, dit le curé Ronge, prêtre allemand, fondateur du Néo-catholicisme, en Allemagne, secte nouvelle dont la création occasionna en 1845, une crise religieuse qui troubla vivement les pays d'Outre-Rhin.

que tout le public français, et cela parce que la sphère du
journalisme ici est avant tout française et rien moins
qu'européenne. Egalement éloigné de la théorique Ger-
manie et de la pratique Albion, le propre de l'esprit
français n'est pas précisément l'action, mot qui semble
promettre un prompt résultat, ni le mouvement, qui
semble indiquer une marche graduée et ascendante, mais
plutôt l'agitation qui participe de l'un et de l'autre moins
les conséquences. Ceci explique en partie le cercle vicieux
dans lequel les choses se meuvent ici, et peut s'appliquer également aux choses politiques comme aux choses
religieuses.

En effet, à considérer le caractère de la lutte religieuse
en France, n'est-on pas tenté de se reporter au temps de
la lutte de Bossuet contre le Pape? C'est qu'aujourd'hui
comme alors, sauf les modifications apportées par le
temps dans les institutions, le fond de la question est
toujours le même, c'est toujours la lutte des libertés gal-
licanes contre l'ultramontanisme.

A l'époque de Bossuet, la Cour, les Parlements et la
majeure partie du Clergé défendaient ces libertés contre la
Cour de Rome; c'était une guerre « étrangère ». Aujourd'hui
comme alors l'Etat, c'est-à dire la Cour, le Garde des
sceaux, Ministre des cultes, et l'Université défendent ces
mêmes libertés contre le Clergé national dont tous les
hauts dignitaires sont ultramontains. La guerre est donc
« intestine » Sans être alarmante, la question religieuse ne
laisse pas de susciter, sans cesse, de graves embarras au
Gouvernement car elle se complique d'une question de
haute politique et d'administration. Le Clergé partage
avec l'Etat le privilège d'instruire la jeunesse, et lui fait
concurrence pour l'enseignement primaire et secondaire,
mais là s'arrête son action car, soit pour parvenir aux

emplois, soit pour avoir plus tard le droit d'enseigner,
il faut avoir passé par les stages et avoir été gradué, d'où
il résulte que quand bien même la base de l'éducation de
vos enfants serait ecclésiastique, le sommet de l'édifice est
toujours laïque et universitaire, le commencement religieux, la fin philosophique. Or c'est cette barrière que le
Clergé, aidé des partisans de la liberté d'enseignement,
cherchent à franchir.

L'État, de son côté, défendra tant qu'il le pourra une
position qui le rend l'arbitre, pour ainsi dire, de la jeunesse, en la faisant entrer tout entière, pour les fortes
études, sous le giron universitaire. Mais en même temps
qu'il est très rationnel à l'État de chercher à conserver
l'influence prépondérante qu'il a exercée jusqu'ici sur
l'enseignement de la jeunesse, il a ce désavantage, dans
cette question, qu'il combat pour une sorte de monopole,
tandis que le Clergé qui l'attaque, invoquant la liberté et
l'égalité proclamées par la Charte, plaide une cause
éminemment sympathique à l'esprit français.

Aucune loi, aucune solution immédiate ne saurait
trancher cette question d'une manière définitive. Sans
doute, l'on cherchera à tout concilier, mais jamais on ne
parviendra à concilier les deux partis : la guerre est donc
allumée pour longtemps. Chaque année, elle se présente
sous une phase nouvelle. Cette fois, c'est le Cardinal-
archevêque de Lyon qui en fait les frais. Un mandement
a été lancé par lui contre le manuel ecclésiastique du
Président Dupin. Le Cardinal s'étant attaqué aux articles
organiques du Concordat, qu'il regarde comme des articles, non de foi, mais simplement d'opinion, son mandement a été déféré au Conseil d'état, qui a dirigé contre
lui un appel comme d'abus. Aussitôt, l'Archevêque de
Toulouse s'est empressé d'adhérer au mandement de son

confrère de Lyon et a vivement attaqué la juridiction du Conseil d'état en matières ecclésiastiques; le haut clergé se prononcera dans ce sens presque tout entier.

D'ailleurs, la question religieuse est partout à l'ordre du jour. En Suisse, elle se complique d'une question politique fort grave et lui sert de prétexte; la lutte, au fond, est entre les radicaux qui aspirent à un gouvernement unitaire qui, au lieu d'une force négative, donnerait à la Suisse, dans la balance européenne, une force positive, et les conservateurs qui veulent le maintien du parti fédéral et des libertés cantonales. Quant aux puissances étrangères les plus proches, pourvu que la Suisse reste fédérale, elles feront vraisemblablement bon marché des partis qui la déchirent.

On pense généralement que la Cour de Rome, plutôt que de compromettre sa cause, invitera les jésuites à différer pour le moment leur arrivée à Lucerne, de sorte que faute de prétexte et faute de quoi passionner les masses, les révolutionnaires, abandonnés à eux-mêmes, ne tarderont pas à abandonner la partie.

Enfin, en Espagne, c'est encore la question religieuse qui est à l'ordre du jour : les biens nationaux non vendus seront dévolus au Clergé qui rentrera ainsi en possession d'une partie de ses anciens domaines ; mais, sera-ce à titre de réparation ou comme donation tenant lieu de salaire, tel est aujourd'hui le sujet qui passionne les partis.

Mais en voilà plus que suffisamment sur une question qui, je l'espère, n'agitera jamais notre pays, mais qui pour nous a cela de précieux qu'elle nous met entre les mains de formidables arguments, pour répondre aux ennemis de notre constitution religieuse.

A Paris, le carême succède au carnaval sans transition

aucune, si ce n'est que, pendant sa durée, les bonnes
maisons ne font pas danser. Le Juste milieu, à la vérité,
se le permet parfois, mais jamais le faubourg Saint-Germain, ni même Delmar, notabilité fashionable, ou
Rothschild, notabilité de Bourse, mais qui l'un et l'autre
reçoivent la meilleure société de Paris. Toutefois, c'est
toujours le même train ; ainsi, le lundi l'on va au grand
Opéra ou chez le duc de Galliera, chez Rothschild où l'on
est certain de trouver de la bonne musique, puis chez
Mme Alexis de Saint-Priest, chez Mme d'Aramon ; le mardi,
aux Italiens ou chez M. Guizot, chez le comte Molé, la
duchesse de Poix, la marquise de la Grange ; le mercredi,
entre autres, chez Mmes Narischkine, de Chastenay ; le jeudi,
aux Italiens et chez le prince de Ligne ; le vendredi, chez
Mme de Marcellus. Mme de Boigne ; le samedi, chez la
duchesse de Rauzan, aux Italiens ; le dimanche, chez
Delmar et à l'ambassade de Sardaigne, qui alterne avec
la comtesse Rasoumowsky, qui relève en ce moment d'une
grave maladie.

A propos, il me souvient d'avoir parlé d'une vieille
marquise de B..., une vieille folle qui, il y a deux ans,
avait quitté le domicile conjugal, prétendant que son
époux qui a bien son âge, c'est-à-dire de soixante à
soixante-cinq ans, lui faisait des infidélités, et qui, enten-
dant un jour parler de chasse et de « steeple-chase », demandait ce que pouvait être la chasse aux « sept petites chaises ».
Donc, cette chère Marquise se trouvait, comme de raison,
chez la comtesse Rasoumowsky le jour où les Russes y
festoyaient leur nouvelle année. Les Français y étaient
accourus en foule et, à minuit, chacun allait, le verre en
main, souhaiter la bonne année à la maîtresse de la
maison.

— Mais c'est le 13 janvier ! s'écria la marquise.

— Oui, sans doute.

— Ah ! que je n'aimerais pas à habiter un pays où le premier jour de l'année tombe le 13.

Cette naïveté a été fort goûtée.

Mais voici qui est plus grave : M. Hope donne un bal. « Qu'est-ce que M. Hope ? » me direz-vous. C'est un homme d'environ quarante-cinq ans, d'origine hollandaise, naturalisé à Paris, et possesseur d'une immense fortune et d'un magnifique hôtel. Cela ne vous suffit-il pas pour vous faire comprendre comment il se fait qu'à l'approche d'un bal, M. Hope devient un très grand seigneur, à telle enseigne que c'est Mme la duchesse de Poix qui dresse les listes des invités. Ne voilà-t-il pas que trois dames, tout ce que nous avons de mieux à vous offrir : lady Seymour, la « queen of beauty » du tournoi de lord Eglinton, lady Dufferin, sa sœur, et la princesse Radziwill, conçoivent, un beau matin, le projet un peu excentrique, quoique fort naturel d'ailleurs, d'aller au bal de M. Hope, qu'elles ne connaissent pas et dont elles sont curieuses de visiter le domicile. Bref ! elles font part de leur intention à Mme Delmar, qui en parle de suite à Mme de Poix, qui court apprendre cette bonne nouvelle à M. Hope.

Mais je ne sais sur quelle herbe M. Hope avait marché ce jour-là, sur des chardons sans doute, et bref ! tout Paris apprend qu'il a répondu par un refus net, en ajoutant, dit-on, qu'en général les dames devraient toujours lui être présentées par le représentant de leur pays. Voilà la duchesse de Poix honteuse et confuse, mes deux Anglaises furieuses, et la princesse Radziwill riant de tout son cœur de la plaisante idée de Hope qui se figure que l'on peut désirer venir chez lui, pour un motif autre que celui de voir un bal ou un appartement.

Deux volumes de l'*Histoire du Consulat*, par Thiers,

viennent de paraître : le *Journal des Débats* en a publié deux fragments : *la Bataille de Marengo* et *la Mort de l'Empereur Paul*. La publication de cet ouvrage, depuis longtemps attendu, est l'événement du jour. Il promet d'être remarquable sous tous les rapports ; hier, il faisait le sujet de toutes les conversations chez le comte Alexis de Saint-Priest, dont le salon prend décidément une couleur politique.

J'y ai trouvé les généraux Cubières (1) et Changarnier : le premier, désigné d'avance comme Ministre de la Guerre du futur Cabinet Molé, si Molé il y a, et qui est à couteau tiré avec le maréchal Soult, le second, décidément brouillé avec le duc d'Isly et le Cabinet, enfin le maître de la maison lui-même qui a payé son opposition par une destitution qui l'a privé de sa place à Copenhague. A n'en juger que par le récit de la bataille de Marengo que j'ai lu, M. Thiers fait preuve d'une rare impartialité en parlant du général Mélas et de l'armée autrichienne que celui-ci commandait.

Avant-hier, a eu lieu le banquet offert au maréchal Bugeaud par le commerce de Paris. Etrange idée ! quel rapport entre la bataille d'Isly et le commerce de Paris ? Pourquoi précisément le commerce de Paris ? Passe encore si c'était celui de Marseille ; pourquoi un banquet au maréchal Bugeaud, plutôt qu'au prince de Joinville ? Enfin les ministres, sauf celui du Commerce, n'y ont point été conviés, aussi toute cette solennité n'a-t-elle été que médiocrement approuvée en haut lieu.

---

(1) On sait qu'il devint ministre peu après et que cinq ans plus tard, en 1847, alors qu'il ne l'était plus depuis longtemps, on découvrit que, durant son passage au pouvoir, il s'était rendu coupable, avec son collègue Teste, de malversations. Traduits devant la Cour des Pairs et reconnus coupables, ils furent condamnés à l'emprisonnement et à la dégradation civique. En l'année 1847, Victor de Baladine parle longuement de ce procès.

25 avril.

Quel étrange contraste offrent en ce moment la France et l'Angleterre! En France des lois excellentes qui s'exécutent avec assez de régularité et un Gouvernement ou plutôt un Cabinet frappé depuis quelques mois d'une complète impuissance : impuissance pour avancer, impuissance pour reculer, et n'ayant tout juste de force que pour rester faible et impuissant. Le comte Joseph de Maistre n'a-t-il pas raison de dire, quelque part, que les choses marchent indépendamment et souvent en dépit du Gouvernement? En Angleterre, au contraire, les lois souvent défectueuses mais fonctionnant, en revanche, avec la précision d'une machine, et un Gouvernement d'une force et d'une puissance dont l'histoire parlementaire n'offre que peu d'exemples. Ce qui se passe aujourd'hui dans les deux pays en est une preuve évidente.

Depuis la Révolution, depuis le triomphe de l'élément révolutionnaire et des doctrines philosophiques, en vertu de la loi sur les associations, l'existence en France des ordres religieux, les Lazaristes et deux ordres exceptés, est interdite; mais en même temps qu'elle est interdite par la loi, la présence en France des membres de ces ordres avait été jusqu'ici tolérée par le Gouvernement et l'opinion publique. Depuis deux ou trois ans cependant, cette situation a entièrement changé : le Clergé qui, depuis 1830, s'était tenu sur la défensive, se contentant d'agir en silence, a repris l'offensive dès qu'il a pressenti qu'une réaction religieuse allait s'opérer dans les esprits. De là, reveil des haines assoupies de ses nombreux ennemis.

Aujourd'hui, ces haines et leur violence sont au comble. D'un côté, le Clergé et ses partisans demandent qu'en vertu de la charte, la liberté de l'enseignement soit désormais une vérité ; de l'autre, le parti anti-catholique réclame la prompte exécution de la loi sur les associations, et l'expulsion des ordres religieux rentrés clandestinement en France et qui, s'ils n'y ont pas une existence légale, en ont une de fait. Les choses en sont venues au point que toute tentative de conciliation serait aujourd'hui tardive et infructueuse.

Que fait entre ces deux partis le Gouvernement ? Le Gouvernement fait preuve d'une impartialité désolante, à mon avis, car elle se résout dans la plus complète inaction : « Il attend, a dit le Garde des sceaux, dans la discussion provoquée à la Chambre des pairs par la pétition des Marseillais contre les cours de MM. Michelet et Quinet, il attend que l'opinion se prononce », c'est-à-dire que n'ayant pas la force ou le courage de se faire des ennemis pour avoir des amis, et n'ayant aucun plan, aucune opinion arrêtée qui lui soit propre, il décline toute initiative et attend, prudemment selon lui, que l'opinion publique lui force la main.

Le jour de cette discussion, j'ai trouvé, chez Mme de Castellane, le comte Molé plus monté que jamais contre le Cabinet.

« Les choses, me dit-il, ne peuvent continuer à marcher ainsi, ils vont être poussés à quelque parti extrême et déployer un courage posthume, après avoir fait l'aveu de leur impuissance et après avoir laissé pendant des années s'envenimer la question. »

Il nous en a dit assez ce soir-là pour nous faire comprendre

que la seule solution qui fût à désirer selon lui, c'est que
l'on fît passer dans la loi la tolérance qui est dans la
partie saine du public à l'égard des congrégations religieuses.

Toute autre chose se passe en Angleterre en ce moment.
Là, sir Robert Peel, fort de sa conviction et de l'opportunité de la mesure qu'il propose, ne craint pas de soulever contre lui un épouvantable orage, de remuer toutes
les passions religieuses et d'exciter contre lui au plus haut
degré la colère de son propre parti. Clairvoyant et habile,
il veut, dans l'éventualité d'une guerre étrangère, se
débarrasser de sa grande difficulté à l'intérieur en assou-
pissant l'Irlande, et ajourner, pour des années, toute nouvelle agitation par une concession opportune. Nul doute
que cette concession qui, du reste, n'est qu'une conséquence
rationnelle du bill d'émancipation des catholiques ne doive
être suivie par d'autres : nul doute que l'on arrive à avoir
en Irlande un Clergé catholique salarié et une espèce de
Concordat avec Rome. Mais, de même que l'allocation du
collège de Maynooth, ces concessions ne seront amenées
qu'au fur et à mesure, de loin en loin, toujours avec un
merveilleux à-propos et toujours, chose digne de remarque,
par le parti qui est réputé être l'ennemi du catholicisme,
par les Tories, le parti du « Church and State ».

Et ceci n'a pas lieu seulement pour les intérêts spirituels
du pays, car ce sont encore les Tories, ces champions de
l'intérêt agricole, qui ont fait adopter les mesures les plus
odieuses à ce parti, comme par exemple le dégrèvement,
à l'importation, des principaux articles de matière
première ; c'est encore sir Robert Peel qui a pris le parti
de l'industriel contre le producteur et du consommateur
contre l'un et l'autre.

Mais, tandis que les intérêts généraux gouvernent l'An-

gleterre, l'intérêt individuel gouverne la France et cela
est vrai, surtout pour l'industrie et le commerce. Parce
que l'introduction de la graine de sésame profitait aux
manufactures du Midi qui faisaient la concurrence, sur le
marché, aux huiles du Nord, celles-ci se sont insurgées et
ont obtenu une surcharge qui équivaut à une prohibition
sur le sésame. Puis sont arrivés les producteurs du lin
qui ont aussi obtenu une surcharge sur le lin de pro-
venance étrangère, et qui ont ainsi porté un préjudice
énorme à notre commerce qui, dans cette branche seule.
est engagé pour près de 17 millions. Un traité récemment
conclu avec la Sardaigne a failli être déchiré, pour com-
plaire aux éleveurs indigènes qui réclamaient contre l'introduction des bœufs sardes; il n'a fallu rien moins, pour
le maintien du traité, que poser la question ministérielle
sur ces estimables bêtes: les bœufs ont passé en soutenant
le Ministère sur leurs cornes. Enfin la loi des douanes a
passé aussi et le Ministère qui l'a combattue à la Chambre
des députés, la présente aujourd'hui et en appuie l'adop-
tion à la Chambre des pairs.

On a discuté huit jours sur une réforme à opérer dans
les caisses d'épargne, on a mis en émoi toute la population
des petits déposants et, après huit jours de discussion,
on s'est borné à réduire de trois cents à deux cents francs
le maximum des dépôts. On a discuté pendant quinze
jours à la Chambre haute une loi destinée à placer les
colonies sous le régime des ordonnances et à poser une
base pour l'émancipation des esclaves. La loi a été votée,
œuvre défectueuse de l'aveu de ceux-là mêmes qui l'ont
votée et qui comptent sur la Chambre des députés pour
amender leur ouvrage et lui donner une queue et une
tête. On se méprendrait fort toutefois si l'on attribuait
exclusivement au Ministère ce déplorable état de chose :

on lui reproche avec quelque fondement, peut-être, d'avoir laissé échapper le moment opportun de se retirer ; mais ce qui paraît certain, c'est que tout autre combinaison, quelque peu solide, eût été impossible et n'eût pas apporté de remède efficace à la situation.

La cause du mal est donc bien plutôt dans le corps de la Chambre élective que dans les personnes du Cabinet. Il est évident que l'intelligence des grands intérêts de l'État manque à ce corps et que l'intérêt du clocher et de la fabrique le domine. C'est qu'ici les hommes de position et de fortune indépendantes sont rares et que dès lors les consciences plient devant un tronçon de chemin de fer. Le mal est ancien, et malheureusement il n'a pas diminué, car on l'a exploité comme moyen de gouvernement. C'est ainsi que ce qui est ou paraît habile dans un moment donné, porte souvent des fruits détestables.

Tout cela est d'autant plus fâcheux que le moment serait on ne peut plus favorable pour opérer des réformes qui seraient dangereuses, inabordables dans d'autres temps. Jamais encore, depuis 1830, les masses ne s'étaient montrées aussi calmes, aussi indifférentes qu'aujourd'hui pour tout ce qui touche à la politique. Le temps est passé pour le moment où un régiment de plus ou de moins dans la garnison de Paris, un projet de réforme électorale, le moindre événement en un mot, mettait les esprits en émoi et le feu aux poudres. Le peuple ne se passionne plus pour une théorie politique, la bourgeoisie encore moins : il n'y a plus que les intérêts matériels qui émeuvent, remuent et occupent les masses.

C'est en vain que la presse républicaine cherche à provoquer l'opposition et à agiter les esprits à propos de l'armement des fortifications. La garde nationale, sauf un nombre tout à fait insignifiant d'officiers, reste calme spectatrice de ce qui se passe et le peuple verrait voter 40 millions au lieu de 18 pour l'embellissement des murailles qu'il ne bougerait pas. Telle est la situation actuelle : dans le peuple, l'indifférence, l'éloignement même pour tout ce à quoi, naguère encore, il prenait la part la plus vive ; de fort bonnes lois qui s'exécutent tous les jours avec plus de régularité grâce à la nécessité où l'on se trouve de se protéger les uns contre les autres ; un Ministère alternativement soutenu et gouverné par une Chambre que divisent des partis trop faibles, soit pour donner au Cabinet la force qui lui manque, soit pour le renverser et en mettre un autre à sa place : et au-dessus de tout cela, les intérêts matériels, individuels, personnels qui s'agitent, se heurtent, s'entr'aident et s'entre-détruisent tour à tour comme une armée indisciplinée, irrégulière, avide et qui ne reconnaît d'autre chef que ces appétits gloutons. En somme, les éléments d'ordre et de paix l'emportent sans aucun doute et dominent la situation : mais il y a, là aussi, des éléments de faiblesse : autrement avec un budget de 1.400.000.000 de francs comment la France serait-elle où elle est ? De loin, tout cet ensemble fait tableau, de près l'effet général disparaît et ce que vous avez pris pour un tableau est un ouvrage de broderie et de marqueterie.

Puisque tableau il y a, que je dise quelques mots du Salon de cette année : la pièce capitale est *La prise de la Smalah*, par Horace Vernet. Il est difficile de ne pas reprocher à cette toile ses dimensions exagérées, d'où il résulte ou que le tableau est trop grand, car pour en embrasser l'ensemble il faudrait se placer à une distance qui ne permettrait plus de rien distinguer à l'œil nu, ou qu'il devrait être plus grand encore, c'est-à-dire non plus un tableau, mais un panorama.

Tel qu'il est, vous êtes obligé de commencer votre inspection par un bout, puis passant d'un groupe à un autre, vous arrivez à l'extrémité opposée d'où vous n'apercevez plus le commencement de l'histoire que vous avez eu tout le temps d'oublier : premier défaut.

Figurez-vous maintenant cette toile uniformément éclairée d'un bout à l'autre, l'action se passant dans le désert, dès lors pas un arbre, pas d'ombre, pas de clair-obscur, un même soleil pour tous, ce qui ne laisse pas d'être un peu monotone : seconde erreur à mon avis. Figurez-vous enfin, à gauche, un escadron de cavalerie française chargeant un ennemi invisible qui est censé occuper dehors la place qu'occupe dans la salle l'innocent public qui contemple le tableau. Au centre, le duc d'Aumale monté sur un cheval blanc, et qui du geste modère l'ardeur de ses soldats, et à droite des arabes surpris dans leurs tentes, les femmes de l'émir, des vieillards, des enfants, un juif, des bœufs, et tout le pêle-mêle d'un camp surpris par l'ennemi; et bien loin, bien loin dans la plaine, enveloppés d'un nuage de poussière et presque imperceptibles, les cavaliers rouges d'Abd-el-Kader qui fuient et disparaissent.

Alors vous vous demandez, mais en vain, où donc est la bataille. Est-ce le peintre qui l'a escamotée, ou est-ce le bulletin qui, selon l'usage, a menti? La bataille, vous répond-t-on, a précédé la prise de la Smalah, elle est finie, l'ennemi est en déroute, les Français victorieux s'emparent du camp que l'Emir abandonne et livre avec toute la population qu'il contient. C'est là en effet le moment qu'a choisi le peintre; il en résulte malheureusement une impression pénible, car la cavalerie française semble aux prises avec des vieillards, des femmes et des enfants que défend avec intrépidité une poignée d'arabes qui se font sabrer; il faut en un mot avoir lu le libretto pour apprendre qu'il s'agit d'une action d'éclat.

Enfin lorsqu'un tableau est destiné à figurer dans une galerie nationale, où son rôle est de retracer une des pages brillantes de l'histoire de cette nation, il faudrait, il me semble, proportionner la dimension de la toile à l'importance de l'action : or si l'on accorde des dimensions semblables à la Smalah, Austerlitz et Marengo devront, en toute justice, couvrir la façade entière du palais de Versailles.

Mon rôle de critique terminé, permettez-moi maintenant de donner cours à toute mon admiration : les groupes sont admirables de vérité, d'action, de vivacité, les chevaux de la cavalerie française, l'effroyable pêle-mêle du camp arabe, la bagarre pour tout dire, est rendue avec cette fougue, cette prodigieuse facilité et cet entrain qui sont la qualité dominante du talent de Vernet.

Vernet a, en outre, exposé un beau portrait du comte Molé en costume de grand Juge, et un portrait du frère Philippe, supérieur général de l'Institut des Écoles chrétiennes, qui est une de ses reproductions les plus remarquables.

Je n'ai encore parcouru l'Exposition qu'à vol d'oiseau. Je me bornerai à mentionner collectivement une armée de croûtes consacrée aux saintes écritures, qui sont autant de preuves évidentes que si la religion s'est aujourd'hui emparée des imaginations elle est encore loin d'avoir pénétré dans les âmes : des Madeleines qui ont l'air de chipies en déshabillé. Enfin, un paysage de Calame (1) représentant un orage, dont les Galitzine ont fait l'acquisition.

(1) Célèbre paysagiste suisse, né en 1810, mort en 1864.

Nous avons payé cher les premiers beaux jours du printemps, mais depuis le soleil a reparu de nouveau, les arbres se couvrent de feuillage, le ciel est bleu, l'air chaud, l'hiver a fui avec son affreux cortège de boue, de rhumes et de catarrhes; les bals, les soirées continuent comme par le passé, mais déjà cette masse épaisse d'hommes et de femmes qui encombrent les salons, commence à s'éclaircir : les raouts sont moins nombreux, les liens se relâchent, la débâcle va bientôt commencer, nous recueillons les derniers soupirs de la saison.

Je suis assez sociable de ma nature mais, aux premières bouffées du printemps, à son souffle tiède et velouté, je sens cette faculté m'abandonner : les salons toujours si attrayants, l'esprit qui s'y distille, naguère si piquant et si subtil, l'agitation fébrile, le bruit assourdissant de la vie d'hiver ne m'apparaissent plus que comme un rêve que l'on voit s'évanouir sans regret, aux premiers rayons du soleil du matin. C'est que la nature a sur moi une influence occulte, mystérieuse, puissante sur laquelle ne peuvent rien Paris, le séjour par excellence du factice, ni ses hôtes, les moins poétiques du monde. Serais-je d'ailleurs de ma famille s'il en était autrement? Mais je rêve, Dieu me pardonne! Quelle idée! parlons plutôt politique.

Les nouvelles que l'on reçoit ici journellement de la Suisse sont assez favorables, et il est vraisemblable que si, après sa victoire, Lucerne se montre modéré, comme tout semble l'annoncer, le calme sera momentanément rétabli. Toutefois, le germe de discorde et les éléments de désordre que recèle ce pays, ne sauraient être étouffés, à moins d'un remaniement de la Constitution qui donnerait une plus grande part d'action et de force au Gouvernement fédéral insuffisant aujourd'hui, et l'événement l'a suffisamment démontré, pour tenir tête aux cantons.

Je n'ai pas besoin de dire les jubilations du parti catholique à Paris à l'occasion de cette victoire, joie féroce et qui prouve que les descendants des auteurs de la Saint-Barthélemy sont loin d'avoir entièrement dégénéré. Aujourd'hui, l'éclatante victoire de Sir Robert Peel les enivre et, toujours aveugles, toujours présomptueux, ils voient déjà Rome ressaisir son ancienne puissance, et les rois de la terre courber la tête devant la majesté papale.

11 mai.

Nous avons eu des discussions orageuses. Attaqués avec vigueur par Thiers, défendus avec un immense talent oratoire par Berryer, et abandonnés par le Cabinet, les jésuites ont été vaincus. On croit que Rossi (1) a échoué auprès du Saint-Siège qui ne prêtera pas le concours de l'autorité spirituelle au Gouvernement français, pour rappeler de France la Compagnie de Jésus. « Avec ou sans cette autorité, a dit M. Thiers, il faut que les lois sur les congrégations religieuses s'exécutent ». La Chambre a voté dans ce sens. Que fera maintenant le Ministère ? Voilà la question. On est assez porté à croire que, sans aller jusqu'à expulser les jésuites, il sera forcé de fermer les couvents. Il faut lire le discours de Thiers et celui de

(1) Économiste, professeur et homme d'État Italien de naissance, s'était fait naturaliser Français. Nommé membre de la Chambre des pairs, il était ambassadeur de France auprès du Vatican en 1848, lorsqu'à la suite de la Révolution de février, éclata dans Rome le mouvement libéral ; Pie VII fit alors de lui son premier Ministre. Rossi était ainsi à la tête du Gouvernement constitutionnel romain, lorsqu'il fut assassiné par un énergumène ; il avait soixante et un ans.

Berryer : toute la question est là envisagée par le premier sous son côté légal, par le second sous son côté social.

L'armement des fortifications est voté : les canons seront fondus, mais le matériel déposé à Bourges et ne pouvant être transporté à Paris qu'en cas de guerre, ce qui veut dire : « nous voulons bien vous permettre de couler les canons, mais comme nous nous méfions de vous, messieurs du Gouvernement, de vos successeurs qui ne vaudront pas mieux, nous exigeons des garanties, nous vous posons des conditions. » Et le Ministre de dire Amen. En attendant, la discussion a failli amener un duel entre Lamartine et Thiers. Le Président dans une courte allocution à laquelle s'est associé la Chambre, a donné raison au premier. M. Guizot, dont l'intérim est confié au comte Duchatel, va mieux et reprendra vraisemblablement bientôt la direction des affaires. Villemain est de nouveau moins bien, et Salvandy très malade.

Déjà la société se décompose, les salons se ferment, les bals s'en vont. Notre colonie, elle aussi, se désorganise : la princesse Kourakine est partie avec sa famille, son mari va la rejoindre le 15 juin; notre belle et bonne princesse Radziwill nous quitte sans retour ainsi que notre jeune amie la comtesse Léon. En fait d'oiseaux de passage nous avons Babet avec sa fille Skariatine et la princesse Annette Scherbatoff que je n'ai point encore vue. La comtesse Wielhorsky, sa fille et sa nièce Lazareff, que je regrette de ne pas voir plus souvent, partent dans quelques jours. Le temps est froid et pluvieux, les feux de cheminée qui s'étaient éteints se sont rallumés.

15 juin.

Les choses sont ici en train de finir, nous n'en avons plus que les queues. Pressés de se mettre au vert, les députés votent les budgets au pas de course : celui des Affaires étrangères a été voté en une séance dont l'événement a été le discours de rentrée aux affaires de M. Guizot qui a répondu, avec son habileté ordinaire, à l'infatigable et loquace Billault. D'ici à la fin de la session nous n'aurons donc plus rien de bien intéressant, si ce n'est la discussion que soulèvera la demande par le Ministère d'un crédit extraordinaire de dix millions pour un supplément à l'état des forces maritimes du pays, par suite du nouveau traité pour la répression de la traite.

A la Chambre des pairs nous avons eu la contre-partie, par le comte de Montalembert, du discours contre les jésuites de M. Thiers. Nul ne lui conteste son immense talent oratoire, mais ce qui est fort contestable, ce me semble, c'est l'opportunité de son plaidoyer dans un moment où les esprits surexcités, ne demandaient qu'à se calmer, et où le Cabinet lui-même cherchait de son mieux à les assoupir. Ses amis et jusqu'à des écclésiastiques lui avaient demandé de se taire; il n'a tenu aucun compte de leurs avis; c'est bien à lui que siéraient à merveille ces paroles du prince Tayllerand : « Surtout, messieurs, point de zèle. »

On s'est beaucoup entretenu ici du bal costumé de la Reine d'Angleterre. Les costumes appartenaient à l'époque de Louis XV, et la poudre était de rigueur pour tous. Tout

le monde, en effet, en avait mis, sauf lord Aberdeen. Ceci
paraissant peu orthodoxe, voire même peu courtois à la
Reine, elle s'approcha de son Ministre des Affaires étrangères et d'un ton légèrement piqué, dit-on, lui demanda
l'explication d'une fantaisie aussi juvénile.

« Si quelqu'un ici est en règle, répondit lord Aberdeen.
c'est assurément moi, et la preuve c'est que l'habit et la
perruque que je porte appartenaient l'un et l'autre à
mon grand-père, lord Aberdeen, qui seul avait obtenu de
Sa Majesté Georges II le précieux privilège de ne point
porter de poudre, et pour peu que Votre Majesté désire
avoir les preuves de ce que j'avance, demain, en plein
Conseil, j'aurai l'honneur de lui soumettre l'acte original
signé de la main de Son illustre aïeul. »

Le duc de Devonshire, que j'avais vu peu de temps
auparavant à Paris, portait le costume de duc de Devonshire de l'époque, et sir Robert Peel celui d'un riche
bourgeois de ce temps.

30 juin.

J'assiste aux derniers coups que se portent mollement
nos gladiateurs parlementaires qui, impatients d'en finir,
arrêtent déjà leurs places dans les véhicules qui doivent
transporter en province leurs précieuses personnes.

La session touche enfin à son terme, session où les
intérêts du Pays, les besoins réels des populations n'ont
obtenu dans la discussion qu'une place modeste, et où les
intérêts personnels, les luttes stériles des partis ont, comme
cela arrive souvent d'ailleurs, occupé le premier rang.

Rien de saillant ne se passe en ce moment, à l'exception toutefois de la grève des ouvriers charpentiers qui continue depuis trois semaines et à laquelle on n'est pas encore parvenu à appliquer un remède efficace.

Les ouvriers sont ici divisés en trois sections : Les Compagnons du Devoir, les Amis de la Liberté et les Renards. A un certain jour, ils ont tous réclamé une augmentation de salaire et exigé des maîtres charpentiers que ce salaire qui, depuis 1822, si je ne me trompe, était de quatre francs par jour, fût porté à cinq francs. Les maîtres, dont les contrats sont passés avec les entrepreneurs et les architectes, n'ont pas jugé pouvoir consentir à cette demande, dès lors les charpentiers de Paris au nombre de quatre à cinq mille se sont mis en grève, c'est-à-dire qu'ils ont, d'un commun accord, abandonné tous les travaux en voie de construction. Cette situation est d'autant plus grave qu'elle met en souffrance toutes les autres branches de l'industrie, car les menuisiers, les fumistes, les tapissiers ne peuvent entreprendre leurs travaux que lorsque les charpentiers ont fini.

Lesquels, des maîtres ou des ouvriers, ont tort, c'est ce qu'il m'est impossible de résoudre, la question étant toute entière dans la proportion entre le salaire, le taux de la subsistance et la situation plus ou moins prospère de l'industrie. La politique s'en étant mêlée, les radicaux prétendent que, les prix des aliments s'étant élevés, les ouvriers étaient dans leur droit en exigeant une augmentation de salaire. Le parti opposé, affirmant au contraire que ce taux n'a pas varié et que l'industrie des charpentiers est dans un état plus prospère que jamais, encourage les maîtres dans leur légitime persistance.

En attendant, le Gouvernement a appelé à Paris, pour combler autant que faire se peut le vide, tout ce que l'armée offre de charpentiers dans les régiments et ceux, en particulier, qui ont travaillé aux fortifications de Paris. Il est impossible de prévoir comment cela finira.

On parle beaucoup en ce moment, un peu partout, de la triste affaire du prince de B..., de ce jeune homme possesseur d'une fortune considérable, héritier de trois cent mille francs de rente, récemment marié à une jeune et jolie femme, et qui, par une aberration d'esprit tout à fait inexplicable, s'est avisé de faire de faux jetons du Jockey Club, sur lesquels il avait contrefait la signature du caissier Grandhomme, et cela pour une misère de deux mille cinq cents francs, quand dans son secrétaire il en possédait six mille, mais dont il devait, dit-on, rendre compte à ses parents ou à sa femme.

Élevé jusqu'au moment de son mariage sous le toit paternel, par les soins de sa mère aidée d'ecclésiastiques, il paraît avoir contracté une habitude précoce de dissimulation, il a fait son apparition dans le monde n'ayant aucune idée des hommes, ne connaissant en rien la valeur des choses; obligé, quoique marié, de rendre un compte sévère de l'emploi de son argent, il aurait eu recours à un faux pour subvenir à ses dépenses secrètes. On ne sait en vérité si chez lui c'est l'idiotisme. la duplicité ou la folie qui l'emporte : dans tous les cas c'est vraisemblablement ce dernier thème qui servira au plaidoyer de son avocat.

Les princes de B... appartiennent à une ancienne famille de Hollande, et, étant alliés aux meilleures maisons de France, cette histoire a fait une pénible impression dans la société parisienne. Les journaux ayant donné les détails qui d'ailleurs se reproduiront lorsque l'affaire sera portée devant les tribunaux, je m'abstiens d'en dire davantage.

16 juillet.

Les gens honnêtes et sincères de tous les partis se montrent fort satisfaits de la solution que vient de recevoir l'affaire des Jésuites. Quant aux ultra-dévots et aux impies, pour qui la religion et les Jésuites ne sont qu'une arme ou qu'un prétexte, ils sont désappointés car ils avaient mis tout leur espoir dans le scandale. On voulait des martyrs, et il n'y en aura pour personne.

On s'attend à un renouvellement de la guerre civile en Suisse. L'Espagne est dans une situation peu rassurante.

11 septembre.

Les journaux ont annoncé l'arrivée presque inopinée de la Reine d'Angleterre au château d'Eu, où elle s'est rendue sur une invitation du roi Louis-Philippe, qui lui était parvenue à Cobourg et qui avait été tenue soigneusement secrète. Cette visite, trop courte, trop passagère pour produire une vive sensation dans le public, n'en a pas moins chatouillé l'épiderme si délicat et si impressionnable de la vanité nationale. Aussi n'a-t-on pas manqué de dire que la Reine, avant de rentrer en Angleterre, était venue en France pour se reposer des ennuis que lui a fait éprouver son voyage en Allemagne. Quoi qu'il en soit, tout n'a pas été que fêtes et réjouissances dans ce voyage, et plus d'un

nuage est venu troubler la sérénité de l'illustre voyageuse
et assombrir ses traits qu'elle ne prend pas, Dieu le sait,
la peine de composer.

D'abord, rien de plus froid que l'accueil qu'a trouvé le
Roi de Hollande à la Cour d'Angleterre, qu'il est allé chercher à l'île de Wight, et où il n'a été l'objet d'aucune
prévenance particulière, d'aucune de ces gracieusetés auxquelles pouvait s'attendre un des plus anciens alliés de
l'Angleterre, un des plus fermes soutiens du protestan-
tisme sur le continent. Ceci a été si bien senti par l'aristocratie anglaise qu'elle a rivalisé de zèle et d'ardeur pour
racheter, par l'accueil le plus cordial et le plus magnifique,
ce qu'elle considérait, de la part de la Cour, comme une
faute de lèse-hospitalité.

C'est à Aix-la-Chapelle que les souverains d'Angleterre
et de Prusse s'étaient donné rendez-vous. Le jour et l'heure
étaient solennels : le Roi de Prusse, en grand uniforme et
grand cordon, accompagné d'une suite nombreuse, brillante, chamarrée, la Reine de Prusse en grand cordon,
couverte de diamants; d'un côté enfin, une royauté dans
toute sa pompe, qui s'avance au branle des cloches, aux
roulements des tambours, au grondement du canon, et
de l'autre, la reine Victoria, coiffée d'un délicieux bibi, et
le prince Albert en redingote de voyage! Grande a été,
dit-on, la stupéfaction du camp prussien qui était loin
de s'attendre à cette simplicité patriarcale. On dit que la
Reine d'Angleterre affectionne peu canons, tambours et
trompettes : hélas! il paraît qu'on ne l'a pas ménagée.

On arrive à Stozenfels, le prince et la princesse de Metternich s'y rendent de leur côté; c'eût été un vrai congrès
de souverains, mais les rois de Bavière, de Saxe et de
Wurtemberg n'ont pas bougé, se contentant de s'y faire
représenter par des princes de leur maison et de briller par

leur absence, absence qui formait un vide regrettable et regretté. La princesse de Metternich, habituée à toute sorte d'avances, à des honneurs presque souverains, a, dit-on, été peu satisfaite de l'accueil qu'elle a reçu de Sa Majesté britannique, et est partie fort courroucée. Mais un grand personnage, l'archiduc d'Autriche, est arrivé, l'on va pour se mettre à table : le Roi de Prusse a offert son bras à la Reine Victoria, il est suivi, comme de raison, par la Reine de Prusse, donnant le bras à l'archiduc qui, tout naturellement, prend le pas sur le prince Albert. Il n'en a pas fallu davantage pour faire prendre en aversion à la jeune Reine le séjour de Stozenfels, et précipiter son départ pour Cobourg où, au sein de la famille de son mari, libre de toute contrainte, elle a pu jouir de quelques jours de repos.

Mais si elle s'y trouvait à l'abri du canon et des tambours, les yeux d'argus de la presse anglaise veillaient sur elle. Une battue fut organisée, pour faire goûter à son royal époux les plaisirs de la chasse: le chevreuil traqué venait se faire tuer à bout portant et en masse compacte sous les yeux de la Reine. Ce passe-temps peu noble, à la vérité, mais, en même temps, guère répréhensible et tout à fait dans les coutumes du pays, n'a pas touvé grâce devant le *Times*, et a valu, de sa part, une violente mercuriale à ceux qui ne craignaient pas de souiller, par une sanglante boucherie, le regard chaste et pudibond d'une jeune femme.

Ici, nous n'avons rien de saillant, la condamnation des ouvriers charpentiers coupables de coalition, et l'adjudication du chemin de fer du Nord, de Paris à la frontière belge, sont les seuls événements qui ont captivé, pendant quelques instants, l'attention du public. Cinq compagnies se faisaient concurrence pour ce chemin, mais au lieu de lutter les unes contre les autres, elles se sont réunies en une seule, sous la présidence de M. de Rothschild, et se sont partagé les actions.

Cette association, parfaitement légale à mon avis et qui a cela de bon qu'elle place une grande entreprise sous les auspices des plus grands capitalistes du pays et présente les garanties les plus solides, a été vivement attaquée et traitée de coalition par certains organes de la presse. C'est qu'aujourd'hui qu'il n'y a plus de nobles à attaquer, plus de privilèges à détruire, que le peuple ne se laisse plus émouvoir par des questions de politique abstraite et de pure théorie, et que l'on est pour le moment fatigué des Jésuites, c'est contre les rois de la Bourse, ces enfants de la Révolution de 1830, que l'on cherche à passionner le peuple. En attendant, la tranquillité est parfaite et l'industrie en progrès, dans ce sens surtout qu'elle pénètre tous les jours plus avant dans les masses populaires.

Nous jouissons depuis une quinzaine de jours d'un temps magnifique, mes fenêtres sont grandes ouvertes nuit et jour, chaque matin, je me baigne dans la rivière, et si ce n'était la nuit qui descend entre six et sept heures et les ombres du couchant qui s'allongent alors qu'on ne pense pas encore à son dîner, on se croirait au beau milieu de l'été. Les compatriotes recommencent à affluer.

16 octobre.

Paris commence à se repeupler et à se ranimer de nouveau au souffle ardent de la politique. Les derniers événements d'Alger ont produit ici quelque sensation, sensation

plus vive, ce me semble, que ne le comportent les circonstances qui ne me paraissent pas de nature à compromettre sérieusement l'établissement français en Algérie,
et à remettre les choses en question. Quatre cent cinquante hommes massacrés et deux cents prisonniers, c'est
sans doute un bien fâcheux accident, mais un de ces
accidents aussi, auxquels on doit toujours s'attendre en
temps de guerre.

Matériellement l'affaire de Djemme-Gazaouat ne mérite
donc pas que l'on s'y arrête longtemps ; moralement elle
peut avoir quelque portée, car elle prolongera l'état d'effervescence de la province d'Oran et pourra susciter à la
France de nouvelles difficultés du côté du Maroc. Néanmoins l'on convient généralement que les quatre-vingt-
sept mille hommes que la France entretient en Afrique,
sont une force au moins suffisante pour les opérations
militaires que va nécessiter le hardi coup de main de
l'habile Abd-el-Kader, et que l'envoi d'un supplément de
onze mille hommes n'est qu'un argument à l'usage de la
tribune, et une concession au maréchal Bugeaud dont
les événements récents ont grandi l'importance, en pré-
cipitant son retour en Algérie, et poussé l'outrecuidance à
l'excès : témoins sa fameuse et excentrique épitre au
préfet Marcillac dans laquelle, à propos d'une demande
de chevaux, il enfourche Pégase et tape de toutes ses
forces sur le Gouvernement, et cela au moment où il est
revêtu par ce dernier des pouvoirs les plus étendus.

Le Ministère me semble avoir agi sagement, en affectant
de traiter cette épitre de boutade sans portée. Il eût été
d'ailleurs impolitique d'en agir autrement dans ce moment,
car sévir contre le maréchal Bugeaud c'eût été mécontenter l'armée qui prise assez ses allures dictatoriales, et lui
sait gré de sa haine contre le journalisme, car c'eût été,

d'un autre côté, faire passer le dictateur de son camp afri-
cain dans le camp d'un autre dictateur qui depuis longtemps lui tend ses petits bras. On a donc sagement agi
en évitant de mettre une épée dans les mains de M. Thiers
qui a, depuis longtemps, disposé du portefeuille de la
Guerre en faveur du duc d'Isly.

Les Italiens ont ouvert la saison par *i Puritani*. Rien de
changé dans notre troupe, si ce n'est que la Grisi, parvenue
à l'apogée de son talent, commence à descendre, quoique
bien lentement encore, la carrière pénible du déclin, tandis
que son fidèle Mario gagne en force, en verve, en art en un
mot, ce que sa voix si fraîche, si jeune et si douce jusqu'ici menace de perdre en jeunesse et en fraîcheur.

Un épisode est cependant venu rompre ces jours-ci
l'invariable monotomie des représentations : Moriani a
fait une apparition soudaine mais, hélàs! à mon avis, tardive sur la scène lyrique de Paris. Il s'est fait entendre
quatre fois dans la *Lucia*. Moriani, c'est une voix usée,
fatiguée, une voix qui « sait » mais qui « ne peut plus », une
voix qui a vécu mais que recouvre encore le fard d'une
méthode simple, grande et large : c'est un manteau de
pourpre recouvrant le néant. Aussi, le public parisien a-t-il
apprécié, avec beaucoup de justesse, la valeur de cet artiste.
Pendant les deux premières représentations, n'écoutant
que sa voix, il a été poli, ce qui est bien peu dire ; pendant les deux dernières, rendant hommage à la méthode,
il a vivement applaudi.

Ce que je suis le plus porté à critiquer chez Moriani,
c'est qu'il ne dévie jamais de la route qu'il s'est tracée et
qu'ainsi, il ne vous ménage jamais de surprise dans ses
effets toujours invariablement les mêmes, ce qui prouve
que chez lui l'étude a toujours pesé avec trop de poids
sur l'inspiration. Quant à moi, pour mon usage particulier

et quotidien, je préfère de beaucoup m'en tenir à Mario.
Celui-ci du moins avance, tandis que l'autre recule; or,
en fait de chant je préfère vivre avec l'avenir plutôt qu'avec
le passé, c'est pourquoi Duprez, qui a d'incontestables qualités m'est odieux, tandis que le ténor Gardoni, qui a d'incontestables défauts, me fait plaisir.

21 octobre.

Le *Rotterdam* ayant été jugé trop petit pour pouvoir
prendre à bord les passagers et les caisses nombreuses que
devait enlever le *Tage* (1), le *Paris*, qui fait le trajet du
Havre à Hambourg, va lui être substitué et sera vraisemblablement expédié demain ou après-demain.

Nous venons d'apprendre, par des lettres particulières
et par les journaux, le voyage de l'Empereur qui, le 12
du courant, a traversé la Moravie, a passé par Inspruck
le 15, pour rejoindre l'Impératrice (2) qui le 16 était à Milan
qu'elle se proposait de quitter le 18 ou le 19 pour se rendre à Gênes et de là à Palerme.

Les nouvelles sur la santé de l'Impératrice sont assez
favorables. Elle enchante tous ceux qui l'approchent, par
ses manières si nobles et si gracieuses, et par son abord si
bienveillant, ce qui donne lieu ici à bien des comparai-
sons à l'avantage de notre souveraine.

(1) Ce navire, qui faisait le service du Havre à Hambourg, ayant subi des
avaries dans la Baltique, était en réparation à Stockholm.

(2) La princesse Charlotte, fille de Frédéric Guillaume III, roi de Prusse.
En épousant l'Empereur Nicolas en 1817 elle avait reçu le nom d'Alexandra
Feodorovna. Par ordre des médecins, elle allait passer l'hiver en Sicile.

Le voyage de l'Empereur faisait, dimanche dernier, le
seul sujet de conversation dans le salon de la princesse de Lieven et avait mis tellement en émoi tous ceux
qui le peuplaient, que ce salon d'ordinaire si calme res-
semblait à une Bourse agitée.

20 novembre.

Le temps m'échappe comme d'habitude : je le cherche,
il me fuit. Je travaille aujourd'hui pour avoir du loisir
demain : vain espoir ; demain, c'est à recommencer et
ainsi s'écoulent mes jours. Déjà, cette saison morte que
j'appelle de tous mes vœux et qui, à mon goût, ne l'est
jamais assez, s'évanouit comme un rêve pendant une nuit
d'été, pour faire place à l'hiver qui s'avance avec son
bruyant cortège et son fatigant attirail de tout ce qui
compose à Paris la vie dans cette saison. Déjà les portes
s'ouvrent, les hôtels s'illuminent et déjà, moi qui songeais
à enrayer, à négliger un peu d'anciennes pratiques, j'ai
mis le pied dans deux nouveaux salons : celui de Mme de
la Redorte et celui de Mme de Courbonne.

Le comte Mathieu de la Redorte, autrefois député,
aujourd'hui pair de France, est voué au parti Thiers ou,
si vous l'aimez mieux, au centre gauche, c'est dire qu'il
ne joue, pour le moment, aucun rôle politique ou plutôt
qu'il pratique la politique expectante, le 29 octobre paraissant décidément vouloir s'éterniser au pouvoir : du reste,
homme d'esprit et distrait à l'excès. Sa femme, fille de la
duchesse douairière d'Albuféra (Mme Suchet), a la conversation animée, spirituelle, suffisamment nourrie et frisant

très légèrement, ou simplement effleurant le bas bleu. C'est un des salons élégants de Paris et qui réunit la fine fleur de la fashion. On m'a fait l'honneur de vouloir de moi, Mme Narichkine m'a fait celui de m'y introduire : pouvais-je faire mieux que de me laisser faire ?

Du splendide hôtel de la maréchale d'Albuféra, dont Mme de la Redorte occupe le somptueux et élégant rez-de-chaussée, j'entre dans les deux chambres, petites, basses et uniques de leur espèce, qui forment l'appartement de Mme de Courbonne. Là, ni velours, ni soie, ni dorure, mais des murs tapissés d'un simple papier vert-de-gris, et ornés d'une infinité de lithographies et de petits portraits d'amis soigneusement encadrés, des meubles recouverts de simple damas de laine, mais où l'on se sent fort à l'aise : telle est la physionomie du salon ou plutôt du cabinet au fond duquel, dans un vague clair-obscur, assise dans le coin d'un canapé, vous apercevez une petite vieille qui vous reçoit avec bienveillance et qui a l'air de vous dire : « Allons, mettez-vous à votre aise, causez si le cœur vous en dit, taisez-vous, si vous le préférez, en un mot, mettez-vous à votre aise : vous êtes en sûreté chez moi ».

A onze heures, elle passe dans la chambre voisine où elle se met, avec un soin infini, à vous préparer votre thé, ce dont elle s'acquitte à merveille. Suivez-la dans ce second asile, ne l'y suivez pas, dormez si vous le préférez comme l'ami Tehan, le chargé d'affaires suisse, qui donne parfois, mais toujours en vain, cet excellent exemple à ses turbulents compatriotes, nul ne vous moleste, nul ne vous en veut.

Dans sa jeunesse, mariée, ou à peu près, à je ne sais quel obscur artiste, Mme de Courbonne, qui a conservé son nom de demoiselle, s'est trouvée, par la suite, liée de la plus étroite intimité avec feu la princesse de Vaudémont. A la mort de celle-ci, une partie du noyau de son salon s'est transporté chez Mme de Courbonne. De nouveaux venus n'ont pas tardé à se grouper autour de ce noyau et aujourd'hui ce salon, devenu un des salons politiques de Paris, a acquis une sorte de vogue, grâce à l'esprit aimable et bienveillant de la maîtresse de la maison. Notre excellent ministre de Hollande y est de fondation, et notre chargé d'affaires, l'enfant chéri de la maison. Puis viennent les diplomates français et étrangers qui forment le fond du tableau. Tel est le salon de Mme de Courbonne.

La conversation à l'ordre du jour est le voyage de nos souverains russes qui tient en émoi le monde politique, aussi bien que les badauds des salons. Les bruits répandus sur le prochain mariage de la grande-duchesse Olga (1) avec l'archiduc Étienne, sa conversion à la religion catholique, le passage de l'Empereur par Rome pour se rendre à Vienne, donnent lieu aux commentaires les plus extraordinaires, souvent les plus invraisemblables.

Nous avons reçu hier des nouvelles de Palerme, qui nous parlent d'une amélioration sensible dans la santé de l'Impératrice. On ne saurait croire combien, même parmi les étrangers, toutes les sympathies lui sont acquises et combien sont unanimes et sincères les vœux que l'on forme pour son rétablissement, combien enfin est réel l'intérêt qu'elle inspire généralement par sa bienveillance, sa douceur, sa bonté. Quant à l'Empereur, si tous les vœux et toutes les sympathies ne le suivent pas dans ses courses aussi rapides qu'imprévues, il faut avouer qu'il

----

(1) L'une des filles de l'Empereur Nicolas qui devait épouser un prince autrichien.

agit puissamment sur l'imagination des peuples. Il est étrange, par exemple, de voir combien en France, dans un pays d'égalité, vous trouvez de gens amoureux de ce pouvoir sans bornes, arbitre tout puissant des destinées de tout un monde. Ceci est fort simple, l'homme est ainsi fait; ainsi un chef d'État se dira : « En Russie, à la bonne heure, il n'y a pas de Chambres ! »

Un ministre s'écriera : « En Russie, à la bonne heure, il n'y a pas d'opposition ! »

« Parlez-moi de la Russie », dira à son tour un membre de l'opposition, il y a un Souverain pour chasser ses Ministres ».

« Et pour mettre le clergé à l'ordre, ajoutera un ennemi des Jésuites. »

« Et pour récompenser le talent » dira le génie méconnu, « car, vous disent tous les Français (il y a toutefois des exceptions), nous sommes faits pour nous entendre ! »

Quant aux Italiens, Siciliens, Palermitains et autres, éblouis par un luxe écrasant et voyant se reproduire sous leurs yeux, eux qui vivent de soleil et d'oranges, les rêves merveilleux des mille et une nuits, ils sont pénétrés pour l'Empereur de sentiments où la curiosité, l'admiration et l'ébahissement se font concurrence. Faut-il s'étonner, après cela, de la stupéfaction causée à Palerme par la razzia opérée sur les marchés de la ville, à l'effet d'avoir les provisions de bouche pour le premier dîner de la Cour? Deux bœufs, trois veaux, deux cents volailles, etc., enfin de quoi subvenir à la subsistance de tout un peuple de Palermitains pendant vingt-quatre heures !

Toutefois, toute médaille a son revers, et tout n'est pas jubilation, dit-on, dans le for intérieur des grands que leur hôte puissant écrase, ou du moins éclipse à son

passage : ainsi une reine orgueilleuse et volontaire a été,
toujours « dit-on », jusqu'à en verser des larmes de rage
l'année dernière. Mais pour ceux-là, la peine porte avec
elle sa récompense, car c'en est une que les bons rapports
que peut établir le contact personnel avec un souverain
bien posé comme le nôtre et qui, comme eux, ne connaît
pas encore les douceurs du régime constitutionnel.

Et voilà ce qui a fait que l'Empereur et le Roi de Sardaigne, le Roi catholique par excellence, se sont, spontanément et par un entraînement bien naturel, précipités
dans les bras l'un de l'autre en se rencontrant. Les plus
minutieux détails de ce voyage sont ici soigneusement
recueillis en haut lieu.

La saison des Italiens a commencé, sans toutefois nous
rien apporter de bien nouveau si ce n'est le *Nabucodono-
sor* de Verdi, compositeur fort à la mode en Italie et jusqu'ici inconnu à Paris, et un nouveau soprano, une sœur
de la Brambilla qui y chante le principal rôle. Beaucoup
de morceaux d'ensemble, de chœurs, grand fracas, assez
bonne instrumentation, peu de richesse et d'originalité
dans les idées mais quelques effets nouveaux et originaux,
enfin, c'est toujours la même musique mais habillée de
neuf : telle est l'impression qu'a produit sur moi la musique de Verdi.

Une voix d'une étendue peu commune, d'une grande
justesse, vibrante aux extrémités mais sans corps pour les
rattacher, enfin un physique expressif pour n'être pas
beau : voilà en deux mots la Brambilla. Quant au reste la
Grisi baisse, Mario monte et la Persiani se maintient. Je
ne parle pas de l'Opéra français qui est descendu au-
dessous du médiocre, et où je ne vais que « for society's
sake » avec Mmes Naryschkine, Gaurieff, Marie Galitzine et
MM. Kisseleff et Galitzine, et pour le ballet que je prise

fort, goût de vieux garçon, signe évident de vieillesse prématurée.

Mais voici l'événement le plus incroyable qui met toute la société en émoi et fait jeter les hauts cris à tout Paris! Notre compatriote Julie S.... se marie! Et quel mariage! Elle se trouve un jour au théâtre dans je ne sais quel misérable bourg italien, et y entend je ne sais quel misérable chanteur qui y fait un fiasco complet. La voilà qui s'éprend pour lui d'une de ces flammes dont elle a si souvent brûlé. Mais ne voilà-t-il pas que le chanteur, un Bordelais, un Français, s'avise de résister, ses principes religieux, dit-il, lui défendent... Cela devient piquant, dans tous les cas nouveau : bref! on s'épouse, et hier on était aux Italiens. Perles, diamants, dentelles, tout avait disparu pour faire place à une simple fleur des champs qui répandait sur toute la personne un parfum d'innocence, d'ignorance même tout à fait amusant. Les chiens favoris sont bannis, il n'en reste plus que trois ; le luxe, les brillants atours bannis aussi, pour prouver au futur le néant de toutes ces choses et se mettre à son niveau.

— Mais pourquoi diable! ne pas prendre alors un duc quelconque de... Serra, de... quoi que soit ?

— Ach! chèèèr ami, me répondit-elle, ils sont si dégoûtants, et s'ils s'avisaient de prendre les choses au sérieux,... mettez-vous à ma place... quelle horreur!

Il est vrai que le futur est un beau brun.

— Vous ne me comprenez pas, cher ami, j'ai toujours rêvé une famille, je n'ai jamais trouvé que le vide de l'isolement. Je comptais sur Joanina et Amasilia que j'ai élevées, eh bien ! une fois dotées et mariées, elles m'ont abandonnée et cela a été pour moi la perte d'une de mes plus chères illusions, maintenant vous comprendrez peut-être.

Cette femme m'a fait de la peine, je l'ai quittée soucieux et faisant des vœux bien sincères pour que les principes religieux du mari ne lui servent pas, uniquement, à se faire donner de belles et bonnes rentes pour ensuite, selon l'usage, abandonner cette bonne Julie qui semble vouée à la canaille qui la floue, et qui vaut cent fois mieux que bien des rigoristes qui la condamnent.

Un autre événement! notre ami le duc de Saulx-Tavannes, dernier du nom, quarante ans, six pieds six pouces de long, et large en proportion, massif comme un omnibus au complet, excellent homme, ne manquant ni d'esprit, ni d'instruction, pair de France plutôt blanc que tricolore, s'est pendu ces jours-ci dans sa chambre: il était encore tout chaud quand on l'a décroché. On se perd en conjectures: les uns disent un mariage manqué, les autres, pertes à la Bourse ou peut-être accès de folie. On se sait rien de positif.

ANNÉE 1846

Janvier et février.

La discussion sur les affaires de l'Algérie ne commencera que lors de la présentation des crédits extraordinaires. En attendant, ce qui est positif c'est que les affaires n'y sont pas dans une situation brillante, et qu'au lieu de poursuivre l'ennemi jusque sur le territoire marocain, comme l'annonçait naguère pompeusement le *Journal des Débats*, on est réduit à le chercher quelque part en ce moment dans la province de Constantine, ce qui est bien différent. L'insurrection qui s'est étendue sur tout le territoire algérien, quelque grave qu'elle soit, ne saurait compromettre l'occupation française en Algérie, mais elle ajournera, et pour longtemps, la colonisation et l'occupation pacifique, la seule qui puisse être productive.

L'épisode de la campagne de Russie, qui s'est reproduit dernièrement en Afrique, a causé ici une assez forte sensation. Après tout, pour avoir rôti des arabes on a été frappé à la glace, ce n'est que justice.

A propos de l'Algérie, il faut que je vous dise quelques mots sur l'Ambassadeur du Maroc que, Dieu merci! on a fait assez mousser ici. Je l'ai vu pour la première fois, le 1ᵉʳ de l'an, au cercle du Roi, où il a pris place immédiatement après le prince de Ligne : figurez-vous un turc déguisé en capucin et vous aurez une idée assez exacte du costume et de l'apparence de ce personnage. Sidi-Ben-Mohamet-Hadje-Abd-el-Kader-Ben-Achache, issu des Rois Maures de Grenade et d'une fille du prophète, est de taille moyenne et élancée, son teint est légèrement basané, ses yeux moyens, son nez régulier, sa bouche petite; l'esprit, la douceur, la finesse et la bienveillance se peignent sur cette intéressante figure dont la distinction et la noblesse ne messièraient pas à plus d'un de nos collègues européens ou américains.

Son turban est recouvert d'un capuchon : figurez-vous un vêtement en camelot vert foncé, moitié froc, moitié burnous, qui déguise sa taille, cache ses armes et que ne rehausse pas le moindre ornement, figurez-vous un costume simple comme celui d'un pèlerin et, sous ce capuchon, une figure calme, austère qui, seulement de temps à autre, daigne jeter un regard indifférent et furtif sur la pompe qui l'entoure et dont il ne semble guère se soucier; vous aurez ainsi une idée assez nette de ce Ben-Achache dont la présence à Paris a pour but d'impressionner les badauds de la capitale, l'armée et l'Algérie: avis à Abd-el-Kader !

Au grand bal des Tuileries, en sortant de la salle du trône
à la suite du Roi, je me suis trouvé, porté par la foule, au
milieu des marocains, alors qu'entre deux haies de femmes
nous traversions la galerie qui conduit à la salle des maréchaux. Curieux d'observer ce qui se passait sur la figure de
l'Ambassadeur, je le fixai : il promenait son regard dans
l'espace sans l'arrêter nulle part, toujours sérieux et impassible, il semblait regarder sans voir tandis qu'il voyait
sans regarder : seulement ses lèvres étaient en mouvement
et il marmottait de mystérieuses paroles dont il ne m'a
pas été possible de connaître le sens.

Je ne saurais dire combien je le trouvais séduisant
ainsi ; involontairement j'ai jeté un regard sur sa modeste
personne : « Pourquoi ce collet brodé, me suis-je demandé,
pourquoi ce galon qui court le long de ma jambe,
pourquoi cet habit étriqué et ces basques, sorte de feuille
de vigne incomplète et qui prend à rebours les idées du
statuaire antique sur la décence ? » et je me suis dit que
tout cela était profondément triste.

En attendant, la foule était devenue intense ; je déteste
la foule, c'est une chose brutale qui établit un niveau qui
est peu de mon goût, aussi après avoir, pendant une bonne
demi-heure, fait de mon corps un rempart à une jeune
anglaise, contre toute une génération de fils, de petits-fils,
et d'arrières-petits-fils de Mehemet-Ali, qui se ruaient sur
nous et nous soufflaient le simoun, j'ai vite pris le chemin
de la maison et suis allé ensuite chercher un refuge dans
le clair-obscur d'un des coins du salon de Mme de Courbonne, laissant à mon ami Kourakine le soin dont du
reste il s'acquitte à merveille, de représenter l'Ambassade
impériale dans les quadrilles et les polkas.

Le 28 janvier, nous avons eu spectacle à la Cour ;
comme de coutume, nous nous sommes réunis dans la

salle du trône, d'où nous avons accompagné le Roi et la famille royale à travers la salle des Maréchaux et la Galerie de Diane, jusqu'à la salle de spectacle, où nous avons pris place dans le balcon réservé au corps diplomatique et qui court derrière la loge royale. Les dames ont pris place dans les loges latérales et le reste des humains au parterre.

On nous a donné deux actes d'*Horace* : le premier a été assez froid, mais dans le second le talent de Rachel, s'échauffant aux beaux vers de Corneille, s'est montré dans toute sa splendeur. Depuis longtemps, elle ne m'avait parue si attrayante par la beauté, un peu monotone, de sa diction et par la pureté si classique, quoique un peu trop étudiée, de ses poses dont il n'est pas une qui ne vous rappelle la statuaire et qui ne vous transporte dans la sphère de l'art antique. Enfin, elle m'a vivement impressionné dans l'imprécation, car là, plus d'amour ni de tendresse, plus de ces cordes qui chez elle ne vibrent que de loin en loin et comme par hasard, mais la haine déchaînée dans toute sa fureur, la haine implacable et féroce d'une nature primitive et altière.

Après *Horace, la Famille Poisson*, de Samson, acteur du Théâtre français : bien versifiée, quelques longueurs par-ci par-là, çà et là de la verve et de l'entrain et quelques scènes dignes du bon temps de la comédie. A 11 h. 1/4 le spectacle était fini et la société, peu nombreuse cette fois, s'est aussitôt séparée. Voici au surplus l'affiche du spectacle, Je ne terminerai pas sans ajouter qu'un goût sévère préside toujours au choix des pièces, et que les convenances sont observées à cet égard avec une rigidité qui ôte tout prétexte à l'opinion publique et à la presse d'y rien trouver à redire. Le Roi et la Reine n'ont d'ailleurs pour cela qu'à consulter leurs prédilections qui sont toutes pour la littérature classique.

PALAIS DES TUILERIES

Spectacle du Mercredi 28 Janvier 1846

THÉATRE FRANÇAIS

HORACE

Tragédie en 5 actes, de P. CORNEILLE.
(Les quatre premiers actes)

LE VIEIL HORACE, chevalier romain . . . . MM. GUYON.
HORACE, son fils . . . . LIGIER.
CURIACE, gentilhomme d'Albe, amant de Camille.   BEAUVALLET.
VALÈRE, chevalier romain. . . . . -   MAUBANT.
SABINE, femme d'Horace et sœur de Curiace . . Mlles RIMBLOT.
CAMILLE, amante de Curiace et sœur d'Horace .   RACHEL.
JULIE, dame romaine, confidente de Sabine et
    de Camille . . . . Mme MIRECOURT.
FLAVIAN, soldat de l'armée d'Albe . . . . M. FONTA.

LA FAMILLE POISSON

ou

LES TROIS CRISPINS

Comédie en 1 acte, et en vers, de M. SAMSON.

RAYMOND POISSON. . . . . MM. PROVOST.
PAUL, son fils. . . . . SAMSON.
ARNOULD, fils de Paul Poisson . . . . RÉGNIER.
BEAUSÉJOUR, acteur de province. . . . . MICHAUD.
MARIANNE, nièce de Paul Poisson . . . . Mlle BROHAN.

Tout le monde a remarqué ce soir-là la présence du duc de Guiche à la Cour. Le duc de Guiche, fils aîné du duc de Grammont, avait été le compagnon d'enfance du duc de Bordeaux. Tout récemment encore, resté fidèle aux opinions de ses parents, il avait fait le pèlerinage de Belgrave-Square pour répondre à l'appel du prince proscrit, appel dont, entre tous les légitimistes, il avait seul été honoré. Mais les jours se suivent et ne se ressemblent pas, et l'automne dernier, à Tarbes ou à Bagnères, il sollicita l'honneur d'être présenté à M. le duc de Nemours qui lui fit répondre qu'il ne demandait pas mieux, mais que cette présentation devait nécessairement en entraîner une autre. Elle a eu lieu. Arrivé à Paris, soit hésitation, soit manque de tact, soit, ce qui est vraisemblable, ces deux motifs réunis, le duc de Guiche différa outre mesure sa présentation au Roi ce qui lui valut un accueil froid et sévère. Aujourd'hui le pas est fait, et les journaux légitimistes le déchirent, ses anciens amis lui tournent le dos, tandis que ceux d'hier ne lui témoignent que de l'indifférence, car ils se sentent trop maîtres du terrain pour qu'un beau nom et un bel air, seules vertus reconnues jusqu'ici au duc de Guiche, ajoutent beaucoup de poids dans la balance qui toute entière penche de leur côté. On ne saurait, ce me semble, blâmer un jeune homme de vouloir servir son pays, mais au moins aurait-il dû distancer un peu plus ses dévouements.

Cette défection avait été précédée de celle du marquis de Bethisy, le même qui l'année dernière a perdu sa femme, créature ravissante, frappée d'une mort subite peu de temps après ses couches. Voici comment les choses se sont passées : sa grand'mère la duchesse de Gontaut, l'amie la plus dévouée de la famille déchue, ayant avisé une demoiselle de Lespinasse, fille d'un pair de France de création récente, cousue d'écus, avait jeté sur elle son dévolu pour je ne sais lequel de ses neveux qui avait grand besoin de rafraîchir et de dorer à neuf son blason terni faute de moyens de le tenir en état. Or donc elle eût l'heureuse idée de charger M. le marquis de Bethisy de tâter le bourgeois à l'endroit de sa fille unique. Le marquis se met en campagne et bientôt trouvant que ce qui est bon à prendre est bon à garder, il se propose lui-même : on lui pose des conditions, il y souscrit de grand cœur et, aujourd'hui, il est Pair de France et va au Château.

— Mais, monsieur de Lespinasse, dit un jour le Roi à ce dernier, ce marquis de Bethisy dont vous me parlez, n'a-t-il pas fait dans une occasion récente un voyage à Londres ?

— Oui, Sire, mais c'était pour prendre congé !

Le mot a couru tout Paris.

J'ai revu ce jour là à la Cour, pour la première fois depuis bien des années, le prince Alexandre de Wurtemberg qui a considérablement engraissé et qui, pour avoir conservé un faux air ou plutôt un reflet de l'Empereur, me semble n'avoir pas gagné en noblesse et en distinction.

Je cultive, comme de coutume, le salon de la princesse de Lieven où, comme de coutume, lord Brougham (1) a fait son apparition lors de son passage à Paris. Un soir il entre et, sans saluer personne, s'assied en face de la princesse et s'écrie :

— Il y a en ce moment à Paris un intrigant, une

____

(1) Homme politique anglais (1778-1868), membre du Parlement; avocat célèbre; il défendit la reine Caroline dans le procès en divorce que lui avait intenté son mari le roi Georges IV en 1820.

vipère, l'espion d'une autre vipère, un vil et plat coquin, dont un méchant hasard a pu seul faire un anglais; eh bien! cette vipère est reçue chez Mme la princesse de Lieven, et M. le Ministre des Affaires étrangères que voici, lui donne demain à dîner ce qui me procurera le désavantage de l'envisager face à face!

— Mylord, lui répond M. Guizot, je ne conçois rien à votre colère contre M. Reaves, car c'est évidemment de lui qu'il s'agit (M. Reaves est un homme d'esprit mais dont les opinions politiques cadrent peu avec celles de Brougham). Savez-vous que, loin de vous rendre le mal pour le mal, il est pénétré pour votre mérite, votre savoir et vos ouvrages de la plus haute admiration; pas plus tard qu'hier il m'a parlé de vous avec un véritable enthousiasme!

— Ah, vraiment, s'écria Brougham, au fait c'est un garçon d'esprit, il en a même beaucoup, il a même quelques bonnes qualités, c'est justice à lui rendre, il en a même d'éminentes; au demeurant c'est décidément un sujet distingué, nous sommes, je crois, un peu parents, ma foi je serai charmé de le rencontrer demain!

Le tout était débité avec le plus grand sérieux, on riait à se tordre, M. Guizot surtout, car il avait mystifié lord Brougham et préparé ainsi, pour son dîner du lendemain, une entrevue amicale au lieu d'une rencontre hostile.

Je n'en ai pas fini avec ce salon : il y a à Paris de par le monde un baron de Münchausen, ancien ministre de Hanovre à Londres, tout ce que le genre tudesque offre de plus lourd et de moins plaisant, un de ces hommes qui suent l'ennui par tous les pores ni plus ni moins que l'ami Koss, ex-représentant du Danemark à Paris. Voilà qu'un dimanche, où plus de monde que de coutume s'était réuni chez la princesse de Lieven, on le voit entrer d'un air vainqueur, et portant à la main un bouquet gigantesque, il s'avance vers la maîtresse du logis et lui débite le speech suivant : « Matame la brinzèze, ché droufé tans ma voidure le pouguet ci-joint que m'a tonné mon goger qui édrène sa noufelle voidure : ché n'ai bas gru bouvoir mieux faire que de fous l'ovrir ! »

Stupéfaite, interdite, elle prend le bouquet, balbutie, promène sur l'assemblée un morne regard et, se tournant vers un de ses voisins, lui dit à mi-voix : « Cet homme-là me fait peur. Faut-il que je garde le bouquet toute la soirée ? Je sens que je perds la tête, ne ferais-je pas bien de consulter M. Guizot » ?

En attendant, la jeunesse était tombée sus au vieux diplomate pour lui assurer que ce bouquet, qu'il croyait venir de son cocher, cachait un roman dont il devait être le cruel et insensible héros.

Le temps m'a manqué jusqu'ici pour lire *Coningsby* et *Sybil*, de Disraëli, mais en revanche j'en ai vu l'auteur à l'ambassade d'Angleterre. Figurez-vous de grands yeux, un nez épaté, de grosses lèvres, une figure spirituelle, laide et triste, ombragée par des cheveux d'un noir d'é-bène tombant en boucles : un juif anglisé, pendu au bras d'une grande perche, suffisamment raide, qui représente une femme, et, à la manière des anglais de province, entrant dans un salon après avoir déposé son chapeau dans l'antichambre. De retour à Londres pour l'ouverture du Parlement, il a été le premier orateur tory qui ait attaqué sir Robert Peel, dans un discours mordant, spiri-tuel et satirique mais courtoisement personnel, genre dans lequel il excelle.

Je n'ai encore rencontré personne qui ait été à même d'apprécier au juste la valeur réelle des ouvrages de cet écrivain, et d'émettre à leur égard une opinion claire, pré-

cise et bien fondée sur leur portée. Ce que je puis dire,
c'est que Disraeli est, à l'heure qu'il est, le favori du public
anglais qui lit avec avidité tout ce qui sort de sa plume.
Ses ouvrages sont traduits en français, et donnent une idée
de la situation actuelle des partis en Angleterre et des
idées nouvelles qui s'y font jour dans la société anglaise.
Quand je dis la situation actuelle des partis, j'en dis
trop peut-être, car dans ce moment une révolution s'opère
en Angleterre, et dans quelques jours elle sera consommée
et sanctionnée, on en est presque certain, par une des
plus fortes majorités qu'ait jamais commandée sir Robert
Peel. Aussi est-ce vers l'Angleterre que se tournent en ce
moment les regards du monde entier, car elle lui offre
sans contredit le plus grand spectacle que puisse offrir
une grande nation en temps de paix.

Il faut que je parle aussi d'un débat moins grave, de
nulle importance, mais qui n'en a pas moins singulièrement préoccupé les salons et défrayé les causeries de Paris :
c'est la réception de M. de Vigny par le comte Molé à
l'Académie française. M. de Vigny, dans ses écrits, goûte
peu l'Empereur Napoléon et trahit un penchant assez
décidé pour la Restauration. Le comte Molé a été Président de la Cour de Cassation sous l'Empire, et dans les
rangs de l'opposition sous la Restauration. M. de Vigny
appartient par *Chalerton* et par tous ses ouvrages à l'école
romantique, M. Molé, d'un autre temps et d'un autre âge, est
resté fidèle à sa jeunesse : un double abîme sépare donc l'un
et l'autre et, comme il était à présumer que ces deux écoles
politiques et littéraires se trouveraient représentées par le
nouveau-né et le parrain, grande était l'attente et la curiosité
du public ; seulement, l'on s'attendait à voir ces deux écoles
se rencontrer pour se livrer un assaut mutuel de politesse
et de courtoisie, et le résultat a été tout autre.

M. de Vigny, son discours rédigé, le communique, selon l'usage, au comte Molé qui, de son côté, rédige sa réplique. L'un et l'autre furent alors mandés devant la commission de l'Académie, pour une lecture préalable, une sorte de répétition à huis clos, de la séance publique. Là déjà, M. de Vigny se posa, se drapa et fit avec une lenteur étudiée et monotone, et au grand ennui de l'auditoire, la lecture de son discours. M. Molé, au contraire, sans apprêt, sans pompe, sans faste, pour ne pas abuser sans doute de son auditoire, lut son discours comme on ferait d'un article de journal, n'appuyant sur rien et glissant nonchalemment sur tout. Chacun se déclara parfaitement satisfait.

Le jour de la séance, la foule s'y porta en masse : les deux camps s'y étaient donné rendez-vous. Pimpant, frisé, bichonné, M. de Vigny, qui semblait ce jour-là résumer et concentrer en sa personne et dans sa mise toute l'affectation que vous trouvez çà et là répandue dans ses écrits, prononça son discours avec cette même lenteur, cette même monotonie dont il avait gratifié la commission. Le public demeura froid et impassible, malgré tous les efforts des amis pour le réchauffer ; le discours, qui offre quelques bons passages, était au demeurant assez peu réjouissant.

Mais à peine M. Molé avait-il ouvert la bouche pour répondre qu'un tonnerre d'applaudissements se fit entendre, pour se renouveler presque à chaque période de son discours, à la grande mortification de son adversaire et de ses amis qui ne comprenaient pas comment M. de Vigny, qui avait entendu ce discours, avait pu se déclarer satisfait de la manière dont il y était traité Et cependant M. Molé n'avait rien changé à ce discours, sinon une seule chose : il ne glissait plus, plus de nonchalance, mais une belle et large diction, le ton hautain, mordant et un peu dur de l'orateur politique répondant à un adversaire au Luxembourg ou au Palais-Bourbon. Les voûtes académiques en ont tressailli, et les vieux académiciens, vraies momies mal embaumées, se seraient signés, si ce geste n'avait été hors de mise pendant leur jeunesse, ce qui fait qu'ils ne peuvent en avoir contracté l'habitude.

Le soir de ce même jour, je me trouvais chez Mme de Courbonne, en compagnie de M. et Mme Victor Hugo, Mme Emile de Girardin, etc. L'école romantique y était en force, quelques amis de M. Molé s'y trouvaient aussi, et vive a été la discussion.

« Je n'aime pas le pugilat et je m'y attendais, a dit Victor Hugo, c'est pourquoi je me suis abstenu de paraître à l'Académie. »

Mme Hugo, femme forte, aux grands yeux flamboyants, aux sourcils noirs et arqués, au nez audacieusement aquilin, aux lèvres d'une éloquente épaisseur, à la gorge et aux hanches sphériques et proéminentes, aux cheveux d'ébène, crépus et s'en allant un peu au gré de tout ce que vous voudrez, le tout constituant une sorte de beauté qui, si je la rencontrais le soir dans un bois, produirait, je crois, sur moi, l'effet de me faire détaler, Mme Hugo, dis-je, malmenait à merveille M. Molé; Mme de Girardin a distribué ses coups de droite et de gauche; bref, les journaux s'en sont mêlés : on a dit qu'il y avait eu des Molés et des Immolés, enfin les Moléistes et les Vignystes nous ont transporté au temps des Puccinistes et des Glückistes.

Mais voici qu'aujourd'hui la question se complique : l'usage établi veut que le récipiendaire soit, après la réception, présenté au Roi par celui qui, à cette séance, occupe le fauteuil de la présidence, formalité indispensable à remplir pour avoir le droit de siéger. Or le Président se trouvant être M. Molé, M. de Vigny, piqué au vif, refuse de passer par ces nouvelles fourches caudines; en vain Villemain, par une lettre toute de conciliation, a-t-il essayé de vaincre cette obstination : vains efforts auxquels M. de Vigny a, dit-on, répondu par une lettre des plus vertes. Chagrinée, effrayée, par cette situation nouvelle, anormale, l'Académie en délibère depuis deux jours sans pouvoir y trouver une solution satisfaisante.

Paris a été cet hiver plus animé encore que de coutume : les bals, les soirées, se sont succédés avec une effrayante rapidité; c'est à vous en donner le dégoût. Les Italiens nous ont donné du nouveau : après *Nabucco* de Verdi, *Hernani* du même auteur, que l'on a baptisé du nom de *Proscritto*, M. Victor Hugo ne permettant pas que l'on fasse usage de sa propriété : « c'est pour sauver le principe », dit-il; cela me semble bien mesquin pour un pair de France. Cet opéra plus faible que *Nabucco*, n'en offre pas moins quelques morceaux d'une grande beauté. Je goûte assez Verdi qui a parfois de la verve et du nerf. Je veux bien que l'on me fasse pleurer et le plus possible encore, mais je veux que les larmes alternent avec la colère, qu'elles soient le précurseur ou la suite de quelque bon orage, cela seul répond au besoin de mon âme, autrement je m'endors; Verdi a quelque chose de cela.

Je viens d'entendre pour la première fois de ma vie le *Matrimonio Secreto*. Que j'estime cette musique et que je conçois les jubilations de tous ceux dont elle a bercé l'enfance! Quant à moi, hélas! je suis venu au monde trop tard pour l'apprécier, et j'appartiens à une génération qui apparemment a perdu l'entente du naïf. Un ou deux morceaux dans ce style me vont assez, mais au troisième je pense à autre chose, au quatrième je prends la réso-

lution de lorgner à droite et à gauche, enfin au cinquième
le sommeil me tue et cela en dépit de Lablache dont la
voix tonne et dont le jeu pétille d'esprit et de gaité.

Le Grand Opéra nous a donné l'*Étoile de Séville*, grand
et ennuyeux opéra de Balfe (1), mauvaise étoile, ma foi, et
une étoile fixe encore car elle semble s'être perpétuée.
Enfin on nous l'a fait filer mais pour la remplacer, par
quoi croyez-vous ? Par la *Lucia* que nous avons entendue
à satiété aux Italiens, par la *Lucia* qui nous rappelle
Mario, Moriani, Tamburini, Ronconi, la Persiani, et qu'aujourd'hui l'acteur Duprez a l'audace de nous vociférer et
les chevaliers du lustre d'applaudir et le bon public
parisien d'en faire autant !

« Comme il dit bien ! » s'écrie-t-on !

Oui, mais sacrebleu, comme il chante mal !

Mais il est un jour de réparation, un jour d'oubli pour
tous ces mécomptes : c'est lorsque retentit au Conservatoire
une symphonie de Beethoven et que j'entends cet orchestre
qui n'a qu'un corps, qu'une âme, qu'une volonté. Dernièrement j'y ai entendu, pour la première fois, un morceau
des plus remarquables : c'est le chœur des *Derviches* de
Beethoven, morceau fantastique où domine l'harmonie
imitative, car l'orchestre exécute un certain mouvement
de rotation qui va crescendo, qui monte, monte et s'en va
en tourbillonnant comme les danses frénétiques de ces
fanatiques de l'Orient. Ce morceau, d'une grande originalité,
n'a cependant rien de confus, de trop vague on d'inin-
telligible : ce qui le prouve c'est qu'il a été de suite saisi,
applaudi et redemandé par le public français qui rejette
impitoyablement tout ce qui n'est pas suffisamment clair

(1) Chanteur et compositeur anglais. A écrit de nombreuses partitions
parmi lesquelles il faut citer une *Manon Lescaut* créée par la Malibran en
1836.

et précis, et qui goûte peu les excursions dans la sphère de la métaphysique et des brouillards mis en musique.

On commence à connaître et à apprécier Mendelsohn, et sa 3ᵉ symphonie a récemment lutté avec succès contre la 4ᵉ de Beethoven, une des plus faibles, à la vérité, du grand maître. Je ne vous parle pas des solistes qui se font entendre au Conservatoire, honneur difficile à obtenir et chèrement acheté, ma foi, car ces malheureux se font littéralement écraser entre deux symphonies et sont engloutis dans le flux et le reflux des grandes masses musicales qui ouvrent et terminent le concert.

26 février.

Je reviens à l'instant de chez M. et Mᵐᵉ Emile de Girardin. Mario, Batta et Mᵐᵉ Damoreau s'y sont fait entendre. Le monde élégant s'y mêlait aux notabilités littéraires, et l'on y voyait côte à côte la princesse de Ligne, Mᵐᵉ Sophie Gay, la duchesse de Galliera, Mˡˡᵉ Rachel, lady Dufferin, le comte de Saint-Priest chez lequel j'ai dîné la semaine dernière et qui est un des hommes les plus spirituels que l'on puisse voir, Alfred de Musset, enfin une masse de feuilletonistes et tous les premiers Paris de la Presse.

Emile de Girardin a tout à fait bonne façon, parlant bien et mêlant toujours des idées et de l'esprit à tout ce qu'il dit, il est actuellement un des publicistes les plus distingués de la France. Il est craint, peu aimé en général, et travaille aujourd'hui à se réhabiliter dans l'opinion publique toujours rigoureuse, un peu par jalousie pour les favoris de la fortune ; or les moyens qu'il a mis en œuvre pour y arriver n'ont pas toujours été exempts de reproches, ni parfaitement scrupuleux. Sa femme étant connue par ses œuvres, je me bornerai à dire qu'elle rachète, par une conversation qui pétille d'esprit et abonde en saillies, ce que son ton peut offrir de trop masculin.

Mme Sophie Gay, l'auteur élégant du *Lorgnon* (1) est vieille, sèche, maigre, peu avenante et a quelque chose de vulgaire, qui vous choque, dans sa manière de s'énoncer.

Mlle Rachel se distingue par son excellente tenue qui accuse de la réserve, de la simplicité, point de désir indiscret de briller et point de gêne ; causant bien, avec simplicité, on dirait une personne façonnée dès sa naissance aux bonnes manières et au ton des salons. Elle était vêtue de noir et, n'était un malencontreux diadème en diamants, de forme antique, rien ne trahissait en elle une reine de comédie.

Lady Dufferin est une rose plus qu'épanouie mais pas encore fanée et qui, plus que la fameuse lady Seymour sa sœur, a de l'esprit ; à ses pieds sont prosternés deux vieux sphinx représentant à eux deux pour le moins un siècle et quart : l'un est l'amiral de Lassus, l'autre M. Destourmel, auteur estimé d'un voyage en Orient.

« Vous faites l'effet, disait-on ces jours-ci, à lady Dufferin de la chaste Suzanne entre les deux vieillards. »

« Ne serait-ce pas plutôt, répondit-elle, de Suzanne entre deux chastes vieillards ? »

---

(1) Victor de Balabine commet ici une erreur. *Le Lorgnon* est de Delphine Gay, Mme Emile de Girardin.

28 février.

Si ma cheminée pétille, c'est que l'habitude est une seconde nature car, du reste, c'est pour le moment un luxe inutile : mes fenêtres sont grandes ouvertes, et ma chambre inondée de soleil, quatorze degrés Réaumur à l'ombre, jamais de mémoire d'homme rien de semblable ne s'était vu ; les lilas et les seringas poussent des feuilles, les gazons sont verts et touffus comme au mois de juin, les arbres bourgeonnent, mon cœur se dilate ; j'ai rencontré un anglais en pantalon d'été, j'ai été tenté d'échanger un shakehand cordial avec lui. On me dit que nous paierons cher ce phénomène, je réponds qu'il vaut mieux payer cher de la bonne que de la mauvaise marchandise, ce qui arrive le plus souvent.

Dans la journée, lord Cowley nous a annoncé que le télégraphe venait d'apporter la nouvelle que le fameux bill de sir Robert Peel avait passé la veille à une majorité de quatre-vingt-dix-sept voix. C'est un peu moins que l'on ne s'y attendait, mais on considère cette majorité comme suffisante pour paralyser l'opposition des lords.

Ce soir, aux Italiens, la première représentation de *Scaramouche*, opéra de Ricci (1). De la verve, de l'entrain, de la gaieté dans le premier acte, des longueurs dans le

(1) Louis Ricci (1805-1859), compositeur italien de grand talent qui a laissé un bagage musical important. Le titre exact de la pièce dont il est question ici est *Un avantura di Scarramucia*.

Son frère Frédéric (1809-1877), également compositeur, a laissé un nom très honoré parmi les musiciens.

second, point d'originalité mais en somme un agréable gaspillage. La Persiani et Lablache, surtout, excellents ; deux ou trois jolies femmes au théâtre, tout juste de quoi utiliser votre jumelle.

A onze heures un quart, chez notre bonne petite vieille Mme de Courbonne : « Mon Dieu, me dit-elle, que je souffre d'entendre s'écrier de tous côtés : « quelle chance, est-elle heureuse ! » en parlant de cette pauvre Julie S..., tandis que je suis convaincue qu'elle est en ce moment la femme la plus malheureuse du monde. »

Et, en effet, le jour même où se célébrait à Trieste, dans l'église grecque, le mariage de Julie S..., le mari tombait malade et, après vingt-quatre jours de fièvre cérébrale, pendant lesquels sa femme n'a pas quitté le chevet de son lit, il a succombé. Pauvre Julie, pour moi je la plains bien sincèrement.

A minuit un quart, chez la duchesse de Rauzan où j'ai trouvé Salvandy, toujours vainqueur, toujours chevalier aimable et galant ; le bout de la queue du chien d'Alcibiade, comme l'appelle un méchant journal. A une heure, je suis rentré chez moi après avoir fait à pied un tour sur les boulevards, portant au bras mon manteau.

1er mars.

Ce matin à dix heures je suis allé voir une exposition de tableaux au bazar Bonne-Nouvelle, organisée au profit de je ne sais quelle œuvre pie ; la plupart de ces tableaux sont connus : ce sont des Vernet, des Paul Delaroche, des

Ingres. Mais il en est un qui excite particulièrement l'attention : Marat est assis dans son bain dont l'eau est rougie par le sang qui s'échappe de sa blessure, sa tête entourée d'un linge penche sur ses épaules, un bras tombe en dehors du bain, d'une main il tient encore la lettre par laquelle Charlotte Corday lui demandait une entrevue, son œil est mort et à demi fermé, et un sourire hideux erre sur ses lèvres livides. Certes, si le peintre (1) s'est figuré exciter par son œuvre les sympathies de la postérité en faveur de son ami, il s'est étrangement mépris, car le tableau fait horreur et vous donne des nausées.

Dimanche dernier, de chez la princesse Lieven à l'ambassade de Sardaigne, de là chez le Ministre de l'Intérieur, encore une nouvelle maison et de nouvelles obligations; mais comment ne pas répondre à une politesse, en me rendant à une invitation que je n'avais pas sollicitée; de là, chez Delmar où j'ai dû subir de nouveau les Tyroliens que j'avais déjà entendus la veille chez la princesse de la Tremoïlle.

Lundi, mon jour de Grand Opéra, puis de la musique chez la duchesse de Galliera où Blaes, la clarinette que j'avais connu à Saint-Pétersbourg s'est fait entendre avec sa femme qui chante joliment, et dont la voix douce se mêlait agréablement, dans un fort joli morceau, aux sons si moelleux de la clarinette de son mari; enfin, à minuit chez la princesse de Ligne qui reçoit les lundis.

Encore une soirée chez Mme Emile de Girardin : Rachel y a déclamé une scène de *Phèdre*, la maîtresse du logis lui donnait la réplique. Là point de prestige de décor et de costume, point d'illusion possible : resserrée dans un espace étroit par un public nombreux et avide qui se

____

(1) Le peintre David, l'ancien terroriste.

pressait autour d'elle, Rachel est cependant parvenue à
nous émouvoir par la seule supériorité de son incontestable talent ; la couleur absente, le tableau n'en a pas
moins charmé nos regards, la couleur n'est qu'un détail,
jamais le fond.

J'y ai rencontré Frédéric Soulié : sa physionomie est
expressive, sa moustache lui donne l'air d'un ancien
militaire, son teint empourpré ajoute encore à la ressemblance ; peu ou point de noblesse dans les allures ; M. le
marquis de Custine, trop connu pour que j'en parle, enfin
le Père Enfantin dans les regards duquel j'ai eu beau
chercher ce charme inexprimable, cette puissance irrésis-
tible, cette fascination qu'il exerçait sur les adeptes : je
n'y ai rien trouvé, rien, absolument rien ! Enfin, ce
regard fabuleux qu'il s'amusait, pendant ses interrogatoires, à promener sur ses juges et ses jurés, ce qui a
tant scandalisé M. le Président, où est-il?, et cette beauté
sans pareille qui faisait tomber en pâmoison toutes les
femmes, où est-elle? Le ridicule en a fait justice, le
ridicule qui est pour le français ce qu'est pour le scorpion
son dard qu'il enfonce dans son cœur après l'avoir dirigé
contre son ennemi. Aujourd'hui, l'Enfantin est un Monsieur comme un autre, qui s'occupe de chemin de fer et
qui en a toute l'apparence.

17 novembre.

Nous voici à l'entrée de l'hiver. Comme d'habitude l'été
s'est passé sans que j'aie quitté Paris, et ce n'est que tout
récemment que je me suis permis une petite absence d'un

jour et demi. Vivement pressé par l'aimable invitation du comte Molé et de sa société je suis allé le voir à Champlâtreux. Parti de Paris à trois heures, à cinq heures et demie j'étais déjà à la grille du château. On entre dans le parc, une allée bordée de vieux chênes et décrivant un circuit autour de la pelouse qui s'étend devant le château vous conduit au perron. Le comte Molé, Mme de la Ferté sa fille et Mme d'Arbouville sa nièce sont aussitôt descendus au salon et m'ont fait le plus aimable et le plus cordial accueil.

Après une demi-heure de conversation ces dames s'étant retirées, le maître de la maison m'a conduit dans le petit appartement, situé au premier, qu'il m'avait réservé et où je me suis étendu sur un moelleux sofa, en attendant la cloche de sept heures qui devait m'annoncer le dîner. Je vais profiter de ce moment de loisir, pour tâcher de donner en peu de mots une idée à vol d'oiseau du château patrimonial de la famille Molé.

Chose aujourd'hui bien rare en France, Champlâtreux n'a pas changé de maître depuis quatre cent cinquante ans. Les vieux arbres du parc témoignent de son antiquité. Moins ancien, le château, construit dans de belles proportions et dans le style Louis XIV, n'a que cent cinquante ans de date. De l'antichambre vous entrez dans un vestibule de forme ovale au fond duquel, se détachant sur les draperies rouges des croisées, est placée la statue colossale de Mathieu Molé, copiée sur celle du musée de Versailles : cette pièce est d'une proportion des plus remarquables. A droite, vous entrez dans la salle de billard ou, si vous l'aimez mieux, dans la galerie de tableaux qui vous retrace la généalogie et l'histoire de la famille, jusqu'au comte Molé actuel peint en pied par Vernet dans son costume de Grand Juge, ministre de la

Justice sous l'Empire. Au fond, est un grand tableau qui représente Mathieu Molé calme et impassible, arrêté et insulté par le peuple qui le force, lui et la députation qui le suit, à retourner au Château pour en obtenir à tout prix l'élargissement des magistrats prisonniers. On est ainsi transporté en pleine Fronde, aussi n'ai-je pu m'empêcher de citer à l'hôte aimable qui me faisait les honneurs de son salon, ces paroles du Coadjuteur : « Si ce n'était un blasphème de dire qu'il y a quelqu'un de plus brave que M. le Prince et le roi Gustave, on nommerait Mathieu Molé ! »

Cette salle vous conduit au salon de réception, pièce à peu près carrée, d'une belle dimension, tapissée de damas rouge dans des encadrements en or et réunissant, comme celle qui la précède, la beauté des proportions à la richesse du bon goût et à l'élégance de l'ameublement.

Puis enfin, la Chambre dite « du Conseil », depuis que le Roi actuel y a convoqué un jour le Conseil des Ministres qu'il est venu présider en personne, afin de pouvoir, en honneur du comte Molé, dater quelques ordonnances de Champlâtreux. Cette pièce est toute en bois sculpté d'un travail admirable et dans le style Louis XV le plus pur.

A gauche du vestibule ovale, vous entrez dans la salle à manger dont les portraits de Louis XIV, d'Anne d'Autriche, du Grand Condé, du cardinal de Retz, de Mazarin sont l'unique ornement. Une porte latérale conduit dans le cabinet et la chambre à coucher du comte qui par un sentiment de parfait bon goût, s'abstenant de tout luxe, à mis ces deux chambres, pour leur ameublement, au niveau de celles qu'occupent au premier les membres de sa famille et les visiteurs qui viennent le voir.

Mais déjà un premier coup de cloche m'a averti qu'il était temps de faire ma toilette, et bientôt après, un second m'a appelé dans le salon où j'ai trouvé Mmes de Castellane, de la Ferté, d'Arbouville, de Neuwerkerque et Mlle de Champlâtreux et MM. Molé, de la Ferté et Neuwerkerque. Le dîner a été fort gai, la soirée s'est passée en conversation ; Mme d'Arbouville nous a fait la lecture d'un proverbe fort original d'Alfred de Musset (qui, par parenthèse, se grise tous les jours), et à minuit l'on s'est séparé pour se retrouver au déjeuner dînatoire auquel vous convie la cloche de onze heures. Puis, arrivent les journaux de Paris, on cause politique, puis à deux heures la promenade dans le jardin et les bois d'alentour ; bien entendu je me suis fait tout montrer depuis la basse-cour jusqu'au moindre camélia, depuis le plus gros chêne du parc jusqu'au dernier de ses rejetons, et, en vrai propriétaire, le comte Molé s'y prêtait avec infiniment de bonne grâce. De vastes pelouses de gazon se déroulent devant les façades du château, et, entre les massifs, apparaissent çà et là les côteaux environnants et le versant de ceux de Montmorency qui sépare Champlâtreux de Paris.

A dîner nous avons repris nos places de la veille. Les dames en manches courtes et décolletées, les hommes en cravate blanche et souliers, enfin les valets en grande livrée, telle est la tenue de cette maison où le service se fait avec un ordre, une régularité et un silence qui ne laissent rien à désirer. A onze heures, quoique vivement pressé de rester deux jours de plus, j'ai pris congé de mon hôte hospitalier et de son aimable société que je quittai avec le sentiment de l'écolier qui retourne à l'école, et à une heure j'étais à Paris ayant fait sept lieues en deux heures.

On est bien dans ce château de Champlàtreux, arraché
des mains révolutionnaires et reconquis sur la bande
noire par le propriétaire actuel, grâce aux privations
qu'il n'a cessé de s'imposer, depuis son enfance, pour rendre cet antique manoir à son illustre famille. Là, rien
qui vous rappelle le bourgeois parvenu ou le salon doré
du banquier millionnaire, sur les murailles duquel vous
cherchez involontairement et vous croyez retrouver la
trace de votre lettre de change de la veille. Là, au
contraire, tout vous repose des Rothschild et autres
Fould ; mais là aussi sachez, et ne l'oubliez pas, que, soit
que vous soyez au jardin, soit que vous vous retiriez dans
votre cabinet ou dans votre chambre à coucher, vous êtes
toujours dans un salon : c'est là une impression qui
s'attache à vous et ne vous quitte plus tant que la grille
du parc ne s'est pas refermée sur vous. Tel est le château
et telle est l'existence à la campagne du plus grand seigneur de la France actuelle, de celui, du moins, qui sait
le mieux harmoniser son nom, sa position dans le monde
et sa fortune.

Paris est encore mort, ou plutôt fait le mort, car sauf
les Normanby qui ont reçu quatre vendredis de suite, et
les Galliera qui commencent, rien ne bouge ; encore le
cercle à l'ambassade d'Angleterre est-il essentiellement
« private et select » et presqu'exclusivement composé
d'étrangers.

Un violent mal de tête m'a empêché de me rendre au
Cercle du duc de Montpensier, où le marquis de Normanby
brillait par son absence : depuis que, ainsi que l'ont
raconté les journaux, il s'est présenté au prince et à la
princesse en même temps qu'au prince de Joinville,
marquant par là qu'il ne voulait pas faire partie du corps
diplomatique invité tout exprès pour être présenté à la

duchesse de **Montpensier**, qu'il ne se souciait pas de confondre la famille royale de France, à laquelle il était prêt à présenter ses respectueux hommages dans la personne des princes absents à l'époque de son arrivée, son absence a suffi pour faire baisser les fonds, sa présence pour les relever.

Cet incident est donc clos. Il est fort possible que, d'ici à l'ouverture des Parlements des deux pays, le tout se passe en notes et contre-notes auxquelles le public restera étranger. Toutefois, on est loin d'être sur des roses, on ne sait d'où viendra l'orage, mais on sait qu'il viendra : on a assez de confiance dans lord Palmerston pour cela. Si on a bien vite ici oublié 1840, on sait que le noble Lord se ressouviendra longtemps de 1846. Aussi, tourne-t-on les yeux aujourd'hui avec infiniment de complaisance vers ceux dont on les détournait hier, et le public des salons, comme les badauds des clubs, d'Anglais qu'ils étaient, sont-ils tout Russes de pied en cap ; ajoutez à cela la circonstance fortuite du traité de commerce que nous venons de conclure, et les décorations accordées à MM. de Barante et à Kisseleff, et en voilà plus que suffisamment pour faire croire à une foule de gens que l'alliance russe existe en chair et en os, qu'elle a renversé et remplacé la trop fameuse, et pour le moment défunte, entente cordiale.

5 décembre.

Hier soir, nous avons eu un concert monstre chez le Ministre des Affaires étrangères : une cohue épouvantable, plus de douze cents personnes, une chaleur suffocante et le bey de Tunis. Ce dernier étant traité ici comme un prince indépendant, tandis que les autres puissances ne voient en lui qu'un vassal de la Porte, les ambassadeurs, celui d'Espagne excepté, se sont abstenus de paraître à cette fête pour éviter les difficultés de préséance qui auraient pu résulter de leur présence chez M. Guizot dans cette occasion.

N'ayant rien à redouter de ce côté là, et les invitations du Ministre ne disant mot du Bey qui était invité à l'égal du commun des mortels, nous n'avons pas, pour notre part, cru devoir nous occuper de tout cela : aussi, avons-nous été reçus avec une satisfaction marquée.

Le Bey est bel homme, chausse la botte vernie, porte l'ignoble costume des Turcs modernes et ne débite pas, je l'espère pour lui, du moins, la moitié des madrigaux que lui attribuent les journaux. Faire mousser un Bey est une spécialité comme une autre.

Année 1847.

20 janvier.

1847 ! Est-ce bien possible ! Est-il possible qu'au mois de juin prochain, cinq ans auront passé, ou plutôt glissé, sur mon existence depuis le jour où je me suis séparé de ma famille ? Cinq ans qui se sont évanouis comme un rêve, comme doit s'évanouir l'existence elle-même qui n'est, elle aussi, qu'un rêve brillant pour quelques-uns, et creux pour la plupart, creux comme tant de rêves que rêvent mon cerveau ou mon cœur, comme celui, par exemple, que je choyais tout particulièrement, celui de voir mes parents cet hiver. Hélas ! il a été si peu goûté, que force m'a été d'en ajourner l'accomplissement à des temps plus propices, mais comme il est dans ma nature de rêver, j'ai recommencé de plus belle : je rêve donc maintenant que je viendrai voir les miens l'automne prochain, que je pousserai une pointe vers **Pultawa**, chemin faisant **Moscou** et **Kieff** — tout bon **Musulman** n'a-t-il pas fait son pélérinage et visité la **Mecque** et **Médine?** — puis, en décembre, je verrai un peu les hommes et les choses de mon pays, puis enfin, en janvier, je reprendrai le chemin de mon brillant exil et recommencerai à rêver au bonheur de revoir ma patrie. Serait-ce là encore un rêve creux? Cela se pourrait bien. hélas! car, si je propose, d'autres que moi disposent, aussi, n'en reparlerai-je plus qu'au moment de partir... si jamais partir il y a...

Paris est, cette année, en retard de plaisirs : la petite session du mois d'août, les inondations, la disette, tout cela a reculé la renaissance du bruit et des fêtes. Toutefois, depuis le premier de l'an, c'est à qui regagnera le temps perdu. Nous avons eu le bal monstre du Château : cinq mille invitations, un étouffoir, une cohue, une masse incommensurable de militaires dont les épaulettes et les éperons font le malheur des dames, et quelques habits habillés de fantaisie qui, à la manière dont ils étaient portés, indiquaient bien que deux Révolutions avaient accompli leur cours depuis l'époque où ils étaient autre chose qu'un déguisement.

Nous étions comme de coutume nombreux au Cercle diplomatique, moins nombreux toutefois qu'au jour de l'an, car il y a, à ce qu'il paraît, parmi nous des gens que l'on n'invite pas même à ces grandes choses. Réduits pour la plupart au nombre mystique et invariable de trois, nous n'étions en tout et pour tout cette fois que

deux pour représenter le colosse du Nord, Kourakine
étant grippé ; mais dans les petites boîtes, les bons
onguents, dit-on.

Le Roi, toujours causeur facile et gracieux dans ces
occasions, était suivi de près par la Reine Marie-Christine,
au bras de laquelle était l'innocente cause de la rupture
de la fameuse entente cordiale. La taille de l'Infante (1)
est moyenne, ses cheveux noirs et touffus, ses yeux
grands, noirs et intelligents, son nez un peu fort, sa
bouche un peu longue, sa gorge très replette, sa taille
mince, le reste comme la gorge. Son teint est blanc mat
et uni et ses dents bien rangées. Elle réunit tous les
éléments qui constituent une jolie femme, sans l'être précisément ; mais pour n'être pas une jolie femme dans
l'acception la plus large de ce mot, elle n'en est pas moins
une charmante petite créature, appétissante et bonne à
croquer, comme on dirait s'il s'agissait d'une bourgeoise,
et qui, avec un charmant petit accent national, vous
demande en français, s'il fait froid en Russie et vous dit
fort judicieusement : « Comme il fait chaud ce soir ! »

Le Cercle terminé, nous nous sommes donné rendez-
vous, mon chargé d'Affaires et moi, au haut du grand
escalier. J'ai gagné non sans peine la salle des Maréchaux,
où j'ai été balloté çà et là par les torrents de la foule qui
se pressait pour voir la Cour que nous venions de quitter ;
puis j'ai raccroché, je ne sais trop comment, Mme de
Contades qui ne savait plus où elle en était, et qui me
demandait quel nom donner à ce qu'elle voyait ou plutôt
à ce qu'elle ne voyait pas, puis, toujours entraîné par le

____

(1) L'Infante Isabelle, Reine mineure d'Espagne qui devait régner sous
le nom d'Isabelle II avait alors quatorze ans. Déjà plusieurs prétendants
aspiraient à sa main et leurs rivalités commençaient à diviser les puissances.
On sait que deux ans plus tard, elle épousa son cousin Don François d'Assise.

courant, je me suis trouvé dans la galerie de Diane, où j'ai fait naufrage devant une véritable muraille chinoise qui figurait une contredanse ; alors j'ai dit à Mᵐᵉ de Contades de prendre le bras du Préfet de la Seine parce que je voulais m'en aller, enfin audacieux et fluet, et longeant les bancs en allant à la découverte de ces quelques frais visages inconnus que, de loin en loin, on ne rencontre que là, quelque fille de professeur ou quelque femme de colonel, je donnai contre Kisseleff qui, selon son habitude, se livrait aussi à ce doux passe-temps, tout en cherchant la porte ; enfin nous atteignons le vestibule et nous voyons passer devant nous, appuyé sur les bras de deux des siens et suivi des aides de camp du Roi, l'Ambassadeur de Sa Hautesse qui a daigné se trouver mal.

Partis à huit heures, nous étions de retour à neuf heures trois quarts, et à dix heures chez Mᵐᵉ Naryshkine où, à l'occasion de notre nouvelle année, toutes les Russies s'étaient données rendez-vous, parées de blanc et très sensibles à ce que nous les eussions préférées aux ineffables délices que nous venions de quitter. Là, force questions sur la toilette de la duchesse de Montpensier.

« Robe de crêpe blanc uni, ai-je expliqué, volants pareils, bouquet de camélias ponceaux à la ceinture entouré et parsemé d'une masse de diamants ; autre bouquet de camélias de la même couleur rattachant la robe par le côté, également parsemé de diamants, mêmes fleurs sur la tête et force diamants dans les cheveux comme autant d'étoiles sur le sombre azur du firmament et au cou une rivière ruisselante et scintillante de lumière : en somme une toilette pleine de goût, à la fois simple et splendide. »

Les autres princesses en rose et volants en dentelles. La duchesse de Nemours a conservé son éclat, ses joues

roses et son accent allemand. Mais la princesse de Joinville hélas ! — qu'est devenu ce je ne sais quoi d'exotique,
cette grâce d'outremer qui l'avaient accompagnée en
France ? — évaporée, desséchée ! la bise, la civilisation,
l'Europe ont soufflé sur tout cela : la pauvre enfant n'est
plus que maigre, bien tournée et telle que si elle était
née en France.

La veille de l'An, et en son honneur, après un dîner je
ne sais où, un acte et demi de *Don Pasquale* et un bout
de bal chez la princesse de Ligne, je suis allé vers minuit
rencontrer la nouvelle année chez la comtesse Tolstoï
née Perowky, où j'ai avalé à sa santé un verre de
champagne tiède et deux tasses de thé de même tem-
pérature mais qui, en revanche, m'ont fait passer une
nuit blanche.

J'avais, je m'en souviens, ce jour-là dîné chez Fould,
député-banquier, qui avait réuni à sa table Salvandy, le
Président de la Banque de France, le directeur général
des douanes et bon nombre de ses collègues en députation. J'avais pris la précaution, pour me trouver en pays
de connaissance, d'enrôler à mes côtés Morny et Émile de
Girardin. Or, dans mon voisinage se trouvait un petit
homme court et gros qui n'était autre que M. Clapier,
député de Marseille. A peine étions-nous attablés qu'il
entonna, à trop haute et trop intelligible voix, une minutieuse dissertation sur la fabrication du savon : il est
négociant et comme tel, pense que c'est là un précieux
ingrédient d'exportation. Le fait est qu'il en exporte tant,
qu'il ne lui en reste rien pour un autre usage rudimen-
taire mais qu'il semble ignorer, témoin le velours de ses
ongles.

Voici un échantillon de la conversation qui s'engagea
entre lui et Girardin.

— Venez-vous souvent à la Chambre? demanda-t-il à ce dernier.

— Presque jamais.

— Et pourquoi?

— Parce que je pense que c'est inutile.

— N'y trouve-t-on pas cependant réunie l'élite de la France?

— Ah, vous pensez que nous sommes l'élite de la France?

— Ma foi oui, et vous?

— Pauvre France!

— Toujours est-il que nous représentons le pays!

— Ah, vous croyez cela, mais d'où venez-vous donc?

— De Marseille!

— Et l'on croit cela à Marseille?

— Et à Paris?

— A Paris l'on fait semblant ou si l'on y croit, ce n'est point comme à une réalité, mais comme à une fiction peut-être nécessaire.

Ce colloque entre un député tout neuf, bouffi d'orgueil, représentatif et un député vieilli dans le métier et dans ce qu'il y a de plus décevant au monde, le journalisme, ce colloque rapproché de ce que me disait l'automne dernier le plus loyal de nos hommes d'État sur le développement progressif de la corruption au sein du régime constitutionnel, je le recommande aux méditations approfondies de nos enthousiastes qui se figurent, bonnement, que de la liberté de la Presse et du choc des Opinions jaillit la vérité, et autres banalités semblables.

Mais j'en reviens à mon député tout neuf.

« J'ai, dit-il avec le plus grand sérieux, sur la marine, des idées qui me sont propres, qui peuvent paraître originales mais qui prennent leur source dans une conviction profonde. Le commerce rapporte à l'État environ quatre-vingt-cinq millions, la marine qui est là pour protéger le commerce, coûte à l'État cent quatre-vingts millions ; supprimez les douanes et leur revenu et supprimez la marine et vous serez en gain net de cent millions. »

Voilà un échantillon de ce dont est capable un honorable. Enfin, au poisson, il en est venu à nous parler de Marius et de Metellus, et alors à force de me tordre de rire, j'ai avalé de travers ce qui heureusement a fait diversion.

Mais les bals et les soirées se succèdent. Mme Delmar qui, les années précédentes, n'ouvrait jamais sa porte avant dix heures, de sorte que, si le hasard vous y amenait à dix heures moins cinq minutes, vous trouviez porte close et vous étiez forcés de vous faire, en attendant, voiturer aux Champs-Élysées pour tuer le temps, vous invite cette année à huit heures et demie, de façon qu'en y arrivant à cette heure à peu près impossible, vous servez en quelque sorte de pousse-café aux convives qui y ont dîné et qui sont enchantés de voir apparaître quelque nouvelle figure, pour raviver la conversation qui s'endort, repue qu'elle est d'ailleurs par une table fort bonne.

Toutefois, la meilleure table de Paris est toujours, à mon avis, celle de l'Ambassadeur de Sardaigne dont l'ordinaire surtout est des plus remarquables. Le hasard m'y a rapproché dernièrement de la marquise de Villafranca et de sa jolie belle-fille que je connaissais depuis longtemps sans les connaître.

Dimanche dernier, de chez la princesse Lieven, dont le cercle toujours restreint, est invariablement le même car il y a peu d'élus, je suis allé chez madame de Castellane où j'ai trouvé peu mais bien : les ducs d'Aumale et de

Montpensier, le comte Molé, la duchesse de Praslin et notre ami et collègue de Suisse.

C'était la première fois que je voyais les Princes en si petit comité, car on ne voit le duc de Montpensier qu'aux grands bals et le duc d'Aumale au Château ; c'était en effet la première fois qu'ils dérogeaient à leurs habitudes. Pendant plus d'une heure ils ont tenu le dé de la conversation, admirablement secondés, d'ailleurs, par la maîtresse de la maison. Le duc de Montpensier a été vif, spirituel, très moqueur, riant beaucoup et débordant de gaîté ; le duc d'Aumale plus grave, mais donnant aussi souvent un tour plaisant aux choses sérieuses qu'il racontait.

Ils avaient été au concert du Conservatoire le matin et en parlaient fort sérieusement le soir. Ils ont conté, fort plaisamment, leurs mésaventures nombreuses sur le chemin de fer du Nord qu'ils parcourent sans cesse dans tous les sens, et dont la réputation est proverbiale. Je leur ai conté comment Pahlen en allant à Mouchy, à dix lieues de Paris, avait perdu sa valise, son valet de chambre et un temps précieux dans la plaine de Saint-Denis, aux portes de Paris, faute de charbon. Enfin, ils ont été charmants et d'une politesse qui ne laisse rien à désirer. Les princes partis, nous sommes tombés d'accord pour reconnaître qu'abstraction faite de leur rang, il est rare de trouver dans le monde des jeunes gens dont on aimerait autant à cultiver la société.

Je ne dirai que peu de mots sur ce que l'on nomme le nouvel opéra de Rossini, qui n'est autre qu'un composé d'anciens morceaux tirés de ses anciens opéras, adaptés à une sorte de drame intitulé *Robert Bruce*, et détestablement chanté en français par des gosiers français, assez aptes, et encore ! à l'exécution dramatique de la musique française, mais parfaitement impropres à reproduire les modulations si légères, si ornées, si délicates de la musique italienne en général et de Rossini en particulier. Il faut lire, pour les détails, l'excellent feuilleton de Berlioz sur ce sujet dans les *Débats*. Quant aux Italiens ils ne nous ont rien donné de nouveau depuis les *Foscari*. Pour les autres spectacles ce n'est point la saison, car les devoirs du monde, devoirs quotidiens et nombreux, ne vous laissent guère le loisir de les hanter.

Les Normanby (1) se sont mis en frais et ont bien vite fait oublier, par leurs qualités aimables et les habitudes de sociabilité que leur a données un séjour prolongé en Italie, les Cowley, leurs prédécesseurs de taciturne mémoire et de peu réjouissante apparence. Ajoutez-y une nièce aux beaux yeux bleus, aux beaux cheveux blonds, qui fait l'ornement de la maison, et la préférence s'expliquera d'elle-même.

Enfin, avant-hier, nous avons eu la parodie du bal de Schwarzenberg. (2) Le duc de Galliera avait ajouté à ses salons trop petits pour recevoir la foule, une salle de bal construite dans le jardin, dans laquelle on pénétrait par les fenêtres du salon transformées en portes d'entrée. Toute la société élégante de Paris s'y était donné rendez-vous, le bal était des plus animés, lorsque vers minuit et demi, à deux pas d'un pâté devant lequel je causais avec quelques dames, une légère colonne de fumée s'échappe en tourbillonnant de derrière une portière.

(1) Lord Normanby avait remplacé lord Cowley comme Ambassadeur d'Angleterre.

(2) Le duc de Galliera avait eu la fantaisie de rappeler le fameux bal donné en 1810 à l'Ambassade d'Autriche, en l'honneur de Napoléon et de Marie-Louise, et durant lequel éclata le terrible incendie qui fit de nombreuses victimes.

Ces dames me demandent l'explication de ce phénomène, je leur réponds que ce sont des parfums que l'amphytrion fait brûler en leur honneur : en attendant la fumée se répand en sortant de plusieurs endroits à la fois, avec la fumée se répand aussi l'alarme, les dames s'agitent, les maris cherchent leurs femmes, on arrache les portières, on se précipite vers la porte de sortie, les fleurs de l'escalier sont renversées, on se presse, on se bouscule, les voitures que l'on avait renvoyées ne sont pas revenues, on ne retrouve pas ses gens. Quelques dames traversent la cour sans manteaux et se précipitent dans le premier fiacre venu, pour regagner le logis, d'autres vont demander l'hospitalité à la duchesse de Poix qui demeure à côté ; puis les sapeurs-pompiers arrivent, on arrose, on déchire les tentures, bref on se rend maître du feu, et la danse, interrompue pendant environ trois-quarts d'heure, recommence pour le quart environ de la société qui avait tenu bon et pour M. le duc de Montpensier auquel la maîtresse de la maison avait fait les honneurs de son petit incendie comme elle lui faisait ceux de son bal, c'est-à-dire avec un calme et un sang-froid imperturbables.

Les caractères se dessinent toujours dans les moments de crise : la comtesse Roger qui était à mon bras gauche était devenue mélancolique, la princesse Lubow Galitzine qui s'était emparée de mon bras droit était dans tous les états, une autre compatriote, la princesse Julie Gagarine détalait en riant et en disant que cela l'amusait beaucoup, et la princesse de Montbard et sa fille déclaraient qu'elles ne bougeraient que quand le feu prendrait après leurs robes, et encore ! En attendant, bal et incendie s'en étaient allés en fumée, car le tout s'est borné à un tuyau de calorifère qui avait crevé. Quelques jeunes gens, venus sans domestiques, s'étaient préoccupés du soin de sauver leurs

paletots et étant rentrés dans les salons s'y promenaient
dans cet affreux attirail ; ils s'en sont dédommagés en faisant une épouvantable razzia sur les truffes qui étaient
restées intactes sur le buffet. Le duc en sera quitte pour
réparer les dégâts et recommencer son bal, ce qui n'est
pas bien malheureux quand on est millionnaire. Pour
moi, j'ai dû subir le bal jusqu'au bout, car n'ayant ni
femme ni fille à emmener, il eût été indécent de quitter
la maison dans un moment d'embarras.

                                        2 février.

Il faut lire le plaidoyer d'Alexandre Dumas (1), publié
par le *Journal des Débats* du 30 ou 31 janvier. Cela fait, en
ce moment, le sujet des conversations dans tout Paris. Le
fait est que c'est la chose la plus exorbitante du monde :
on en rit beaucoup mais on s'en indigne encore plus.

Dimanche dernier j'ai trouvé Madame de Castellane, le
duc et la duchesse Decazes, le comte Molé, littéralement
consternés, et tous honteux.

« Quand je pense, me dit Mme Castellane, que les
étrangers lisent cela, j'ai la chair de poule ; j'ai eu l'idée
de détaler quand je vous ai aperçu. »

M. Molé se frottait les mains, à cause de Salvandy auquel il est loin d'avoir pardonné. Enfin, chez Mme

(1) Il s'agit de la plaidoirie prononcée par Alexandre Dumas lui-même
dans le procès que lui intentaient Emile de Girardin, directeur de *La Presse*
et le docteur Véron, directeur du *Constitutionnel*, qui se plaignaient du
retard apporté par le romancier, à leur livrer les feuilletons qu'il s'était
engagé par traité à leur fournir à date fixe. Dumas, malgré la violence et
l'ironie de sa plaidoirie, perdit son procès.

de Courbonne mêmes exclamations. Mme de Caraman nous menaçait d'une syncope, tant ses nerfs étaient agacés, et la vieille Mme de Nansouty nous a régalés d'une diatribe contre le progrès, qu'elle a terminée par une chanson de sa façon sur ce même progrès qu'elle déteste cordialement, et qu'elle a entonnée d'une voix chevrotante sur l'air : *Un jour le bon Dieu s'éveillant...*

Si un jour le bon Dieu s'éveillant, entendait chanter Mme de Nansouty ! !

Mais ce même jour on parlait encore d'autre chose, d'une chose qui prouve qu'il y a progrès et progrès. On venait de faire le matin au comte Nicolas Gourieff une opération qui avait merveilleusement réussi. Voici comment les choses se sont passées : on lui a appliqué l'appareil destiné à lui faire perdre connaissance par le moyen de l'aspiration de l'éther sulfurique. Son médecin le lui tenait accolé à la bouche, l'effet en a été très prompt et le patient, plongé dans une sorte d'ivresse, n'a pas tardé à perdre toute trace de sensibilité.

Aussitôt qu'on se fut assuré de cet état, le docteur Velpeau, secondé par deux de ses aides qui soulevaient les paupières de l'œil qui devait être opéré, et par un troisième qui lui passait les instruments, se mit à l'œuvre pour détacher cet œil des trois muscles et du nerf optique auxquels il était attaché. Préparatifs, opération, pansement, le tout n'a duré que trois minutes, à la quatrième l'appareil contenant l'éther a été enlevé et le patient s'est réveillé. Il n'avait ressenti aucune douleur, avait parfaitement entendu tout ce qui se disait autour de lui et n'avait fait que se douter que l'on touchait à son œil.

Après l'opération il n'a ressenti qu'une forte pression, provenant de la charpie dont on avait rempli le creux, puis il a dormi la nuit près de six heures. Hier matin, surlendemain de l'opération, son état était satisfaisant et tout fait espérer que les choses iront bien si l'affection cancéreuse, cause de l'opération, qui avait la grosseur d'une noisette adhérente à l'œil intérieurement et qui a été enlevée avec lui, ne se reproduit pas ailleurs. Malheureusement on a affaire à un corps usé et un sang vicié par des maux anciens, et dont on n'a jamais pu maîtriser entièrement l'influence pernicieuse. Toutefois, les médecins espèrent.

La comtesse Gourieff est ici depuis quelques jours. Gourieff a fait preuve d'un courage vraiment stoïque, son humeur enjouée ne l'a pas quitté. J'oubliai de vous dire que, pendant son sommeil, il a été en proie à un rêve pénible, ce qui paraît avoir été le cas chez bon nombre de ceux auxquels le nouvel appareil a été appliqué. Cet appareil se compose d'un vase de cristal renfermant une éponge, et auquel s'adaptent deux tubes dont l'un en verre se terminant en entonnoir et par lequel vous versez l'éther dans le vase, et l'autre en cuir et dont l'extrémité s'adapte à la bouche. Le premier tube demeurant ouvert l'air athmosphérique pénètre dans le vase, s'imbibe de vapeurs éthérées et vous arrive par le second tube; l'air que vous rendez s'échappe par une soupape latérale. Rien de simple comme ce mécanisme, et déjà Brewster, le dentiste, en fait usage pour son métier.

Avec le goût qui distingue les chirurgiens pour nous découper et nous démolir, grâce au nouvel expédient ils auront beau jeu avec la pauvre humanité, et d'ici à dix ans nous serons tous éclopés. Pour moi je suis bien décidé à chasser ignominieusement tout dentiste qui se présenterait sans l'appareil en question : c'est tout au plus si j'en ferai grâce à mon pédicure.

Un brigadier de l'armée d'Afrique vient d'être amputé

avec le plus grand succès, grâce toujours à l'appareil qui,
il y a tout lieu de l'espérer, ne tardera pas à être essayé
sur un champ de bataille. Le fait est que si ce moyen
n'exerce aucune influence pernicieuse sur l'état du patient
après l'opération, ce qui, vu le petit nombre d'expériences
qui en ont été faites, n'a pu encore être constaté d'une
manière positive, ce sera là sans contredit une des plus
belles découvertes du siècle.

21 février.

Comment ne pas parler de ce dont tout le monde parle ?
Depuis quelques jours, salons et journaux n'ont qu'un
seul et même sujet de conversation et ne jouent que d'un
seul et même instrument, lequel, pour n'avoir que deux
notes, ne fait que plus de bruit. C'est à la fois grave et
plaisant, c'est le comique dans la tragédie, le pathétique
dans le vaudeville, c'est en même temps solennel et frivole,
c'est enfin un nuage qui menace de crever en même temps
que de se dissiper.

Dans un discours des plus remarquables prononcé en
réponse à une attaque de M. Thiers, M. Guizot, en parlant d'une dépêche de lord Normamby, a dit qu'il se
serait en pareille circonstance exprimé : « autrement et
peut être mieux. » Ces paroles ont paru renfermer un
démenti à l'Ambassadeur d'Angleterre. Dès ce moment il
y a eu cessation soudaine de tous rapports entre l'Ambassadeur et le Ministre, autrement que par écrit : on ne s'est
plus rencontré, on ne s'est plus parlé, on s'est évité et
abstenu. Alors sont survenues les deux dépêches de lord

Normanby et de lord Palmerston qu'ont publiée les journaux. Il paraissait que là pouvait et devait se terminer
ce débat collatéral de la grande affaire. En attendant de
nombreuses invitations partaient de l'ambassade britannique dans toutes les directions pour un raout monstre.

— Vous avez donc invité M. Guizot, dit un individu en
s'adressant à l'Ambassadeur qui se trouvait dans ce moment au bal de Pozzo di Borgo.

— Mais non.

— Cependant l'invitation a été vue chez le ministre.

— C'est qu'alors il y a eu erreur !

Le mot « erreur » a trouvé une trainée de poudre toute
prête et est arrivé comme l'éclair à son adresse.

Alors, grand émoi dans tous les camps, mille versions
diverses ont circulé : on ne savait, et bien des gens ne
savent encore, à qui croire et à quel saint se vouer, et
comme, entr'autre, on parlait d'une invitation envoyée et
« retirée », quelques mots du *Galignani's* sont venus faire
justice de cet on-dit, mais accréditer en même temps la
version de « l'erreur ». Le remède, si c'en était un,
valait-il mieux que le mal ?

Enfin jeudi dernier, veille du fameux raout, on savait
à n'en plus douter que tous les Ministres, tous les fonctionnaires, beaucoup de députés et de pairs de France,
que le Gouvernement en un mot, y compris Messieurs les
aides-de-camp du Roi, s'abstiendraient d'y paraître. Ceci
devenait sérieux. En effet, vendredi entre neuf et dix
heures, m'étant rendu chez M. Guizot, j'y ai trouvé foule,
quoique ce ne fut que son petit jour. Presque tout le
Corps diplomatique, toute la Diplomatie française qui, par
parenthèse, me fait l'effet d'être bien plus accréditée à
Paris qu'ailleurs, une foule de pairs, de députés, de fonctionnaires.

De là je me suis transporté à l'Ambassade britannique grande ouverte et éclairée d'un bout à l'autre. C'était fort curieux, on se cherchait, on se demandait :

— Avez-vous aperçu un tel ?

— Il y est.

— Il n'y est pas.

Les camps s'étaient divisés : à l'hôtel des Capucines, le Gouvernement, à l'ambassade les légitimistes en masse, la gauche en abondance, çà et là quelques indépendants non casés et des anglais et anglaises en veux-tu en voilà.

— Comment cela finira-t-il ? se demandait-on il y a trois semaines.

— Comment cela finira-t-il? se demande-t-on aujourd'hui.

22 Février.

Hier j'ai fait l'inverse de ce que j'avais fait vendredi : je suis allé dîner chez les Normanby que j'ai trouvés presqu'en famille, et de là chez la princesse de Lieven où il n'y avait que peu de monde; j'ai fait en outre une visite à Mme de Boigne qui a eu le bon goût de s'abstenir de la moindre allusion à ce qui fait l'unique sujet de la conversation de tout Paris.

Le carnaval a été brillant. Chez l'Ambassadeur de Naples un bal monstre, véritable contre partie de celui de Galliera : alors c'était le feu, cette fois c'est la glace qui a troublé la fête. Il avait plu et neigé toute la journée, vers le soir une forte gelée s'est déclarée, les chevaux faisaient des jetés battus, des pas de rigodons, on n'avançait pas.

Des dames, que leurs voitures n'avaient pu rejoindre aux Italiens, s'en retournaient pédestrement à la maison; les rues étaient jonchées de chevaux tombés qu'on avait toutes les peines du monde à relever. Mais c'était bien autre chose aux approches du pont de la Concorde qu'il fallait traverser pour arriver à l'ambassade de Naples. Là, une trentaine de voitures stationnaient sans pouvoir avancer : des chevaux tombés, d'autres dételés, des fiacres démantibulés, gens et cochers poussant à la roue, des dames descendant de voiture pour aller à pied, qui au bal et qui à la maison, et les pieds dans la neige; un monsieur en cravate blanche, seul dans un fiacre dételé N° 1720, attendant que je ne sais quelle circonstance imprévue vienne le tirer d'embarras et le mener à bon port; enfin un épisode de 1812, quelque chose comme le passage de la Bérésina. Un domestique a été tué en relevant un cheval qui, en retombant, l'a écrasé, et mon domestique, qui me suivait avec ma voiture car, pour couper la file, je m'étais mis de partie avec Kisseleff, a relevé un roulier qui, étant tombé sous sa propre voiture, en a été quitte pour avoir les doigts du pied écrasés. Tout cela n'a pas empêché le bal d'être nombreux et des plus brillants.

Enfin, il n'y a pas jusqu'à l'Ambassadeur de Turquie qui ne se soit mis en frais. Il nous a donné une fort jolie soirée musicale et en a fait de son mieux les honneurs.

— M. l'Ambassadeur lui dis-je, vous avez de bien jolies femmes à votre soirée !

— Jolies, me répondit-il, jolies.

— Et vous nous donnez là une bien jolie soirée.

— Oh pas jolie, me répondit-il avec modestie, pas jolie.

Sa connaissance de la langue française s'arrêtant là, notre conversation en a fait autant.

Mme de Gervillers a donné un bal costumé : le costume étant obligatoire je m'en suis abstenu, me trouvant trop bien comme je suis pour me déguiser. Rien d'ailleurs ne m'y attirait. Les La Rochefoucauld y sont arrivés escortés de piqueurs à cheval portant des flambeaux, cocher et piqueurs avaient la tenue Louis XIV.

Ces jours-ci nous avons été occupés à converser pour le rejet de deux propositions qui tendaient, l'une, à augmenter démesurément le nombre des membres de notre club et l'autre, à donner une trop grande prépondérance à l'élément national sur les étrangers. Nous avons triomphé avec gloire.

23 février.

Hier, la duchesse de Galliera a de nouveau ouvert sa maison restée fermée depuis l'incendie. Ce matin le journal l'*Époque* est mort et a été enterré par la *Presse*, son ennemie, qui s'est instituée exécutrice testamentaire et légataire universelle.

Ce soir le comte Molé a ouvert sa maison, la réunion a été nombreuse : ses mardis promettent.

2 mars.

Voici aujourd'hui même l'incident Normanby réduit à néant, grâce à l'entremise officieuse et conciliatrice du comte Apponyi. D'un côté on a déclaré que jamais on n'avait eu la moindre intention blessante, en prononçant à la tribune un discours désormais illustré par une phrase devenue proverbiale, de l'autre qu'il n'y a eu bien réellement qu'une erreur dans l'imbroglio de l'invitation pour le raout. Enfin une entrevue a eu lieu chez l'Ambassadeur d'Autriche où l'on a parlé de tout autre chose que de ce qui l'avait motivée, et l'on s'est retiré en bons termes. Or, comme les bons comptes font les bons amis, on serait fondé à croire que l'on ne tardera pas à remplacer par de l'encens la poudre que, pendant quelques semaines, on a brûlée des deux côtés. Toutefois il ne faudrait pas trop y compter.

Je n'ai point encore été au fameux Théâtre historique et ne puis rien en dire, si ce n'est qu'on y représente un roman de Dumas mis en action et surchargé d'horreurs de toutes sortes et de tortures diverses, telles que supplice de la roue et autres, le tout avec une vérité qui ne laisse rien à désirer. Rois et reines y jouent un rôle peu édifiant : tel est le spectacle que l'on offre au public d'un théâtre situé dans le quartier des blouses.

Avant hier, dimanche, on était curieux de voir si l'Ambassadeur d'Angleterre après la réconciliation de la veille, paraîtrait le soir chez la princesse de Lieven ; il s'en est abstenu, je l'ai trouvé plus tard en Sardaigne.

Le matin nous avions eu concert au Conservatoire : *la marche des Turcs* a été redemandée ainsi que le chœur de Leisring (1) qui l'est chaque fois.

---

(1) L'auteur fait allusion au concert du 28 février dont le programme comprenait la *Symphonie en sol mineur* de Mozart, *O Filii*, chœur sans accompagnement de Leisring, et les *Ruines d'Athènes*, l'œuvre admirable de Beethoven, composée en 1820 et qui contient la célèbre *Marche turque*.

Leisring (Volkmar), ecclésiastique et compositeur allemand, né en Thuringe dans la seconde moitié du xvi° siècle, mort en 1637. S'est adonné tout spécialement à la musique sacrée.

Nous avons eu, il y a dix jours, une délicieuse journée de printemps; depuis, le ciel n'a cessé d'être pur et le soleil resplendissant, mais l'air a cessé d'être tiède : le vent est glacial et le thermomètre constamment un peu au-dessous de zéro.

Le comte Gourieff est parfaitement rétabli. Les Stackelberg viennent de perdre leur fils Gustave. C'est le cinquième enfant qui leur est enlevé, dont le plus jeune avait 18 ans.

27 mars.

Peu de temps après l'incendie du bal Galliera, s'est éteint à jamais le bonheur d'une malheureuse mère qui avait placé toute son existence, son présent comme son avenir, sur son fils unique, charmant enfant de quinze ans qui était son portrait vivant, et que la mort vient de lui enlever presque subitement. D'une apparence froide, d'une nature entière, d'un esprit peu expansif mais très cultivé, la duchesse de Galliera avait concentré toutes ses affections sur son fils, unique rejeton d'une noble famille et héritier d'une fortune colossale. Un jour on le ramène malade, du collège où il faisait ses études, bientôt après la fièvre scarlatine s'est déclarée mais sans présenter, néanmoins, de symptôme alarmant : le soir, le père et le grand-père étaient aux Italiens, parfaitement rassurés sur la marche de la maladie, la nuit le jeune homme se plaint d'avoir les pieds glacés, on le transporte dans le lit de sa mère, une inflammation se déclare au cerveau et, pendant qu'on lui pose des sangsues, il expire.

De toute la famille, l'Ambassadeur de Sardaigne s'était seul senti la force de se rendre à l'enterrement, et tant de douleur et de résignation se peignaient sur sa noble figure, qu'en lui serrant la main je n'ai pu proférer une seule parole, tellement je me sentais bouleversé. Il faut rendre justice à la société parisienne : pendant quelques jours, et c'est beaucoup, elle a témoigné le plus vif intérêt et les plus chaleureuses sympathies à cette famille si cruellement éprouvée, et il n'en pouvait être autrement car, dans le monde, l'intérêt se mesure à la position sociale des individus ; de plus, c'étaient deux maisons ouvertes qui se fermaient, peut-être pour toujours, c'était un vide qui se faisait pour un instant ; la nature a horreur du vide, et nulle part cette vérité n'est plus palpable qu'à Paris. Aujourd'hui tout est oublié, on n'en entend plus parler depuis quinze jours et moi-même, distrait par mes occupations et le train de mon existence, j'ai pour le moment entièrement perdu de vue le triste événement.

Les journaux ont constaté que nous n'avions pas perdu notre temps, et que nous avions été prompts à exécuter une combinaison des plus hardies et des plus habiles à la fois, une conception qui mérite d'être citée comme un chef-d'œuvre de science gouvernementale, et dont la tête qui l'a enfantée mérite assurément toute l'admiration qu'on lui accorde ici. De ma vie je n'ai été témoin d'un effet pareil ! Comme la foudre, la nouvelle a traversé de part en part toute la masse parisienne depuis le haut bout de l'échelle sociale jusqu'à la lie, depuis les salons dorés jusqu'aux bouges les plus noirs. La surprise a été universelle et cela se conçoit ! (1)

____

(1) Allusion à une convention relative à une importation en France de blés de Crimée, consentie par la Russie.

« Comment ! entendait-on de toute part, la Russie qu'on nous représente comme ruinée, frisant la banqueroute, et ne rêvant que conquêtes pour pêcher en eau trouble afin de chercher à se rattraper, la Russie, qui, dit-on, nous abhore, aujourd'hui d'une main nous donne du pain et de l'autre de l'or pour le payer, mais c'est incroyable, c'est merveilleux ! Il faut qu'il y ait quelque chose là-dessous. »

Enfin, c'étaient les commentaires, les versions les plus diverses, les plus contradictoires. Quelques feuilles ont essayé de faire de la malveillance mais elles en ont été quittes pour leurs imprévoyantes velléités. Quand la Banque s'est sentie relevée soudain d'une crise des plus pénibles, qu'elle a pu donner de nouveau de l'étendue à ses opérations, et prêter, comme par le passé, son concours au commerce et à l'industrie, quand du haut commerce la confiance et la sécurité ont passé au petit commerce, des marchands aux fournisseurs, des fournisseurs aux ouvriers, etc., la malveillance n'a plus eu qu'a se taire et, en attendant, nous avons montré au monde ce que nous sommes et ce que nous pouvons, « si et quand nous le voulons ». Enfin, on aura beau dire et raisonner sur cette affaire à perte de vue, il n'en restera pas moins ceci : que tandis que nous nourrissons la France d'une main, nous lui donnons de l'autre les moyens de se relever d'une crise métallique qui paralysait le commerce et l'industrie du pays, et que, tout en sauvegardant nos intérêts les plus précieux, nous donnons au monde un gage de paix destiné à confondre nos ennemis.

La manière dont le comte Molé m'a parlé de cette opération, les paroles qu'il m'a citées de M. Thiers, tout, en un mot, me prouve que même en dehors du Gouvernement, il n'y a qu'une opinion parmi les gens sensés sur le mérite de cette mesure. Je me bornerai à ajouter que ce qui a encore frappé tout le monde, c'est que rien n'a transpiré de tout ce qui se passait, jusqu'au jour de la publication du *Moniteur*, et que, tandis qu'une hausse considérable dans les fonds devait être le résultat infaillible de cette affaire, aucun de ceux qui étaient dans le secret n'en a profité pour en acheter. Enfin Rothschild, le roi de la Bourse, a tout ignoré, ce qui l'a vivement piqué, et ce qui réjouit singulièrement le public parisien qui est enchanté de le voir dépisté.

L'ouvrage de Lamartine *Les Girondins* donne lieu à une polémique de salon des plus vives. Écrit dans un sens décidément démocratique, il est vivement attaqué par les royalistes qui ne pardonnent pas à l'auteur son chapitre sur la mort du Roi. Toutefois, les couleurs en sont vives et il se lit avec un vif intérêt: par moments il frise le roman, et par le genre biographique de l'ensemble, et par l'extrême minutie des détails.

En attendant, le monde va son train. J'ai été dîner ces jours-ci chez Gudin, à son château Beaujon, j'espérais y trouver quelques artistes, mais point: Monsieur est marié à une écossaise de bonne maison, qui a le bonheur d'être apparentée avec tout ce qu'il y a de mieux dans le pays, et ces insulaires sont possédées d'une manie aristocratique aussi féroce qu'inintelligente; bref, au lieu de me trouver avec des artistes, j'y ai trouvé les amis de l'Union : Guiche, Noailles Rivière, enfin de la fashion et rien de plus ou de mieux. Le comte de Beaujon était un riche et joyeux seigneur du temps de Louis XV, les appartements portent encore le cachet de l'époque : les plafonds sont de Boucher, chose précieuse, aujourd'hui que le Rococo nous a envahi.

Mercredi dernier, chez Mme Emile de Girardin, j'ai

trouvé Alexandre Dumas qui pérorait et cherchait à prouver à Morny que la loi électorale, qui ne lui permettait pas d'être député, était stupide.

— Comment, disait-il, moi qui, grâce aux droits d'auteur prélevés sur mes pièces, ai donné au Gouvernement des centaines de mille francs je ne suis pas député; tandis que le premier coquin venu, qui bâtira une bicoque avec de la boue et du crachat et payera des contributions, le sera !

— Mais, lui répondit l'autre, si, parce que vos pièces rapportent plus que celles des autres, vous deviez être député, le fumeur qui consomme le plus de cigares devrait l'être aussi, car la fumée se résoud en un gain tout clair pour le Gouvernement.

Puis passant à M. de Castellane qui, en pleine Chambre, l'a appelé « Ce Monsieur » Alexandre Dumas a ajouté :

« On m'en veut ! et pourquoi ? parce qu'on me reçoit à l'étranger comme on recevrait un Souverain, que ma présence efface celle des Princes, parce que « ma » frégate a salué un Souverain de vingt et un coups de canon et que le Souverain m'a rendu le salut coup pour coup, parce que à l'étranger on voit en moi le vrai représentant de la France, parce que je suis marquis et que vos députés ne le sont pas ou que ceux qui le sont ne devraient pas l'être ! »

J'avais près de moi le docteur Cabarus, homéopathe et homme d'esprit.

— A quand Charenton, docteur ? lui demandai-je.

— Deux ans au plus, me répondit-il.

Dumas a surpassé ce soir-là en verve, en esprit, mais surtout en absurdité et en démence tout ce dont je le croyais capable : rien de plus ébouriffant et de plus bouffon que cet ouragan; mais si je devais vivre avec lui je le rosserais tous les jours, s'il n'était bâti en athlète.

7 avril.

Depuis le jour de mon arrivée ici, nous étions restés sans nouvelles de chez nous, en proie à la plus vive anxiété sur l'effet qu'avaient dû produire les événements de Vienne et de Berlin (1). Les choses de la France ne nous apparaissaient plus que comme d'insignifiants accessoires : tout avait disparu, tout se taisait devant l'attente solennelle d'une voix puissante qui allait enfin se faire entendre, d'un bras puissant qui allait arrêter le torrent, et se lever pour frapper au besoin.

Plus directement intéressés que les autres, nous n'étions cependant pas les seuls à souffrir dans l'attente, car tout ce qui souffre en France, depuis l'écroulement des grandes monarchies, avait les yeux fixés sur nous, sur nous seuls, car, nous exceptés, il n'existe pas un point, pas une idée, pas un drapeau auxquels on puisse, pour le moment, rattacher la moindre espérance. Que l'histoire des conversions humaines est une chose étrange et pitoyable! Voilà-t-il pas que, du jour au lendemain, nous sommes devenus l'idole de ceux-là mêmes qui, naguère encore, nous parlaient avec suffisance et fatuité du progrès des lumières, du rayonnement de la société française, de la douceur et de l'élégance de ses mœurs. L'Empereur, la Russie, ces mots étaient tout ces temps-ci dans toutes les bouches.

(1) Des agitations avaient suivi, dans ces capitales, la défaite de l'insurrection de la Pologne russe et le soulèvement des cantons catholiques de la Confédération helvétique, qui avaient formé une ligue connue sous le nom de « Sonderbund ».

« Nos destinées, celles de l'Europe, me disait-on, sont entre vos mains ; nous sommes sûrs de votre Empereur, sûrs de votre peuple, mais votre noblesse nous fait peur ainsi que vos rêveurs, car vous devez en avoir. »

« Notre noblesse, leur répondais-je, je n'ai qu'un mot à vous en dire, souvenez-vous de 1812! Quant à nos rêveurs, car nous en avons, avant toute chose ils ont horreur de l'étranger ; vous voyez donc bien que pour le moment ils n'ont pas tout à fait tort, plus tard nous verrons. Ce que fera la Russie? Voici, en attendant, ce qu'elle ne fera pas : elle ne se fera pas la garde municipale de l'Europe révolutionnaire, qu'elle laissera tranquillement se torturer dans le douloureux enfantement de ses théories communistes ; elle se gardera bien surtout de toucher à vos affaires, car ce soin appartient à vos frères d'Allemagne, d'Angleterre, d'Italie et de Pologne, auxquels leurs compatriotes, évincés de la terre hospitalière de France, conteront les merveilles dont ils ont été témoins. Quant à ce que fera la Russie, et à ce qu'elle dira, je n'en sais pas plus que vous, attendons. »

Hier soir les boulevards étaient encombrés de monde, les vendeurs de journaux criaient à tue-tête : « *Le Moniteur du soir :* le manifeste de l'empereur de Russie (1) ». On leur arrachait littéralement les feuilles des mains. Dans les cafés, dans les rues, dans les clubs, on les lisait partout. L'effet en a été admirable et en même temps le bruit circulait que la noblesse de Saint-Pétersbourg réunie pour les élections avait répondu à l'appel du souverain par les acclamations du plus vif enthousiasme, qu'elle ne reculerait devant aucun sacrifice pour le salut

---

(1) Manifeste relatif à la victoire des Russes sur l'insurrection Polonaise, adressé par l'Empereur à son peuple.

de la patrie, que les marchands et le peuple partageaient cet élan et que la jeunesse brûlait de se porter à la frontière.

Il fallait voir la joie des honnêtes gens se communiquant la bonne nouvelle; et, reprenant le manifeste phrase par phrase : « A la bonne heure, s'écriaient-ils, voilà un langage ferme et digne, chaque ligne respire la sainte Alliance de la Nationalité avec la Religion dont le Czar est chez vous l'expression mystique; il faut qu'il l'ait écrit lui-même, car ce n'est pas là l'œuvre d'une chancellerie. Vous êtes bien heureux vous, vous avez là un homme qui, si malheur lui arrivait, se ferait écharper lui et tous les siens avant que de céder, vous avez de grands seigneurs, une noblesse pour entraîner le peuple, un peuple qui entendra la voix de ses maîtres, et des soldats qui se battront et ne passeront pas, comme ici, honteusement, leurs armes à la populace ».

Voilà où ils en sont ici et ce langage, langage de gens ruinés, découragés — et la ruine et le découragement sont universels — prouvera, mieux que toute autre chose, l'horrible situation où l'on se trouve.

« Surtout, ajoutent-ils, frappez fort et sans miséricorde : vos ennemis sont les nôtres. »

« Oui, leur dis-je, sans miséricorde ! Mais si nous frappons, cela sera pour nous, pour nous seuls, nous ne serons les champions que de notre propre cause; comme vous avez ici les républicains du lendemain, nous avons aussi les monarchistes du lendemain. Hier, nous n'étions, pour beaucoup d'entre vous, que les cruels oppresseurs de la malheureuse Pologne : aujourd'hui, vous nous proclamez les arbitres de l'Europe et nous cédez, de grand cœur, tout ce à quoi vous nous supposez prétendre. Venez à nous, vous serez les bienvenus, mais ne vous attendez

pas à nous voir aller à vous, car nous sommes en mesure
de ne redouter ni votre force, ni votre faiblesse. »

Ces conversations sont souvent interrompues et se con-
fondent avec les discussions qu'amènent les élections
générales de la garde nationale. Si je me suis longuement
étendu sur l'effet produit ici par notre manifeste, c'est
que, depuis le grand écroulement, cela a été le premier
signal de la résistance, le premier indice que tout n'était
pas encore irrévocablement perdu.

3 mai.

Il y a bien peu de temps, je parlais de Mme de Castellane, de son cercle, de son salon, eh bien ! tout a disparu
depuis, jusqu'au vide momentané causé par cette mort si
inattendue. C'est là pourtant, il faut le dire, une perte
irréparable. Nul plus que Mme de Castellane n'avait le
désir de plaire, joint à la certitude d'y réussir : un esprit
prompt, vif, brillant et gracieux, joint à une facilité extraordinaire, à un véritable talent de conversation et à un
intarissable entrain, telles sont les qualités qui ont fait
d'elle un centre, autour duquel se pressaient les gens
d'esprit et de goût qui composaient son cercle habituel.
Elle ne manquait ni de sentiment, ni surtout d'imagination, mais l'un et l'autre se confondaient si bien avec
l'esprit, qu'il eût été impossible de tracer une ligne de
démarcation quelconque ; sentir tout bêtement lui était
impossible et l'on aurait dit que c'est à force d'esprit
qu'elle comprenait le cœur.

Sa maladie, qui n'a duré que huit jours, ne semblait

présenter aucun danger. Le soir, Mme de Contades, sa fille, était près d'elle, elle demande à manger; tout à coup elle s'écrie : « Ma fille, mon enfant, je sens que je vais mourir, je me meurs ! »

L'instant d'après, elle avait cessé de vivre. La mort, au dire des médecins, a été causée par un anévrisme dont elle souffrait, dit-on, depuis longtemps, sans jamais trahir sa souffrance.

Cette mort si subite a été un coup de foudre pour le comte Molé, dont elle était depuis longtemps toute l'âme, toute l'existence. Depuis nombre d'années, il s'était éloigné de sa femme qu'il a perdue il y a deux ans, et n'avait conservé envers elle que les apparences d'une intimité qui n'avait, d'ailleurs, jamais été très étroite. De jour en jour il s'éloignait davantage de la vie politique, à mesure qu'elle s'éloignait de lui. Blessé, dans ses affections les plus chères, par la conduite du comte de Champlâtreux qui expie aujourd'hui, dans un petit consulat d'Orient, les orages de sa jeunesse; resté vis-à-vis de sa fille, Mme de la Ferté, qui, légitimiste dans l'âme et ultra-catholique, n'a que peu de points de contact avec son père, est-il étonnant qu'avec Mme de Castellane disparaisse pour lui tout ce qui constitue l'existence dans ce monde.

Elle lui faisait des lectures, lui marquait dans les livres les passages qui pouvaient l'intéresser, lui rendant la vie douce et facile. Lui l'initiait à toutes ses pensées et la consultait sur toutes ses affaires. Cependant, dans ses rapports politiques ce n'était pas toujours un modérateur qu'il trouvait en elle, et, excité par la vivacité du ressentiment dont elle poursuivait tous ceux qui ne lui étaient pas dévoués, il achevait parfois de se les aliéner par la raideur de son caractère, un peu entier pour ce pays et par le temps qui court. Mme de Castellane morte, tout

Paris, mettant cette fois de côté la contrainte que nous impose toujours une position irrégulière, est allé s'inscrire chez le comte Molé, et personne, assurément, n'a pensé au comte de Castellane.

La mort a fait cette année une riche moisson dans les rangs de la bonne compagnie : M. de Barante, après avoir perdu sa fille cadette qui, depuis des années, n'était plus qu'un cadavre, vient de perdre sa belle-fille qu'une fièvre typhoïde a enlevée à l'âge de 23 ans, après cinquante huit jours de souffrances ; enfin lord Cowley est mort presque subitement, alors que tout danger paraissait passé ; quant à la pauvre duchesse de Galliera, son état ne s'est que fort peu amélioré : elle est toujours morne et silencieuse, et rien ne semble pouvoir la tirer de l'espèce d'hébètement qui l'accable.

A tout prendre, la mort à Paris n'est tout au plus qu'un sujet de conversation, rien n'est moins lugubre, moins solennel, et l'on s'en va comme on vient, sans trop de façon. Demandez à la foule qui se presse sur le parvis de l'église, au croque-mort, au sacristain : « Qui est le défunt ? » Personne n'en sait rien. Seulement si l'appareil est panaché et blasonné l'on vous dit : « c'est un ministre, un duc italien, un lord anglais ou un prince russe, et puis bonsoir ».

A propos de lord Cowley, je vous dirai que jamais on n'a mieux apprécié son tact et celui de sa femme, que depuis… comment dirai-je ?… les difficultés de son successeur, bien autrement aimable cependant que le vieux tory. En voici une de fraîche date.

Il y avait, il y a trois semaines, grand bal à l'ambassade, un buffet était dressé tout le long d'une des grandes salles de l'appartement, et vers l'extrémité de cette salle un rideau rouge en cachait le fond. Tout à coup, on apprend dans la foule que l'Ambassadeur, l'Ambassadrice et une vingtaine de personnes qu'ils avaient désignées, tranquillement assis, soupaient, tout à leur aise, derrière le rideau rouge. En même temps, le bruit se répand, parmi la compagnie attablée, que quelques dames, trouvant peu à leur goût le procédé et l'exclusion qui les frappait, demandaient leurs voitures, et que l'antichambre se remplissait aux dépens des salons. On s'agite, on s'en prend naturellement au rideau rouge, on donne l'ordre de tirer le malheureux, et qu'aperçoit-on? d'un côté le maître et la maîtresse de la maison attablés avec une petite société choisie et de l'autre, la princesse de la Trémoïlle, lady Holland, des ministres, des ambassadeurs, des ducs et pairs, des pairesses et autres grands d'Espagne, savourant un petit bouillon debout, et comme qui dirait à l'office. Cela a fini par une débâcle et défrayé, pendant quelques jours, les conversations de tout Paris : beaucoup gardent encore rancune, et les vendredis suivants s'en sont considérablement ressentis.

L'Angleterre a été représentée ici sous toutes ses phases : son silence, par lady Essex, encore belle d'ailleurs, sa bourse, par lady Eglesbury qui connaît, aussi bien que Rothschild, et « à fond », ce que « font » les « fonds »; c'est elle qui m'a la première parlé de l'Ukase relatif à l'achat de rentes, et que les correspondances de commerce ne nous ont apporté que deux jours après. Si vous regardez cette femme de face, vous voyez une surface à grand effet, de profil au contraire il ne reste plus qu'une robe bouffante et un nuage blanc formé par de belles boucles crêpues, d'intermédiaire, point; aussi son illustre époux, vraie figure de vieux cheval de chasse fourbu, a-t-il soin de prévenir ceux qu'il voit dans l'admiration des robes bouffantes de sa moitié, qu'il ne faut pas s'y fier.

Enfin, l'esprit et la beauté d'Albion sont représentés par lady Dufferin, mais surtout par sa sœur, mistress Norton, l'héroïne d'un célèbre procès à propos de Melbourne, caractérisé par la déposition, à jamais mémorable, d'une femme de chambre par trop naïve ou par trop perfide. Toujours est-il que Mme Norton est parfaitement belle, que rien n'est plus régulier que ses traits, plus noir que ses cheveux, mieux arqué que ses sourcils, rien de plus antique que son front, son nez, sa bouche : c'est, en un mot, un camée d'une rare beauté, et cependant, il y a dans l'ensemble quelque chose d'incomplet, de peu harmonieux, ce qui fait que vous la regardez et que vous l'admirez sans chaleur, sans émotion ; c'est que, si ses traits si régulièrement beaux appartiennent au midi, leur expression, leur âme appartiennent à l'Angleterre, et cela jure tout comme si vous mettiez une jaquette de Jockey anglais à l'Apollon du Belvédère, ou un tablier de cuisine à la Vénus de Médicis. Tout cela ne l'empêche pas d'avoir beaucoup d'esprit, d'originalité et d'être tout à fait bonne enfant.

Que je n'oublie pas lady Holland, spirituelle et, chose rare, parlant bien le français, et lady Wilton, peu jolie mais tout à fait sympatique, et on aura ainsi une idée du bouquet que nous a offert cette année l'Angleterre.

La saison musicale est terminée ; les Italiens ont été satisfaisants, et, pour les dernières représentations, la Grisi a retrouvé toute la force et l'énergie qui semblaient depuis quelque temps l'avoir quittée. Dans le trio de la *Norma* elle s'est même élevée à un degré de perfection dramatique auquel elle n'avait encore jamais atteint : elle était resplendissante de passion et de fureur, aussi est-elle parvenue à remuer notre public, le plus blasé du monde, qui s'est laissé aller jusqu'à lui faire de chaleureux adieux.

Le Conservatoire a été ce qu'il est toujours : merveilleux

d'exécution mais tournant sans cesse dans un cercle vicieux pour son programme, où ne se trouve de nouveau qu'une symphonie d'Onslow (1) et les *Ruines d'Athènes*, drame lyrique de Beethoven, dont on ne nous avait donné jusqu'ici que des fragments. La symphonie a quelques belles parties, un coup de vent, entre autres, ou plutôt un grain, d'un effet fort original. Quand aux *Ruines*, outre le chœur des Derviches, morceau admirable et d'une harmonie imitative des plus extraordinaires, il y a un duo tendre et plaintif que je trouve plein de poésie, et une marche turque brillante, pimpante, sauvage, pleine de feu et de cliquetis d'armes. Le public en raffolait; le duc de Montpensier, qui ne manque jamais ces concerts, se remuait sur son fauteuil et criait « bis » de toutes ses forces.

Félicien David nous a donné une espèce d'ode lyrique, dans le genre de son *Désert*, intitulée *Christophe Colomb*. Je le croyais jusqu'ici l'inventeur de ce genre, mais depuis les *Ruines d'Athènes* je me suis convaincu qu'il n'a fait qu'imiter. L'imitation dans *Christophe Colomb* d'ailleurs ne se borne pas seulement à la forme, elle y devient une réminiscence. Néanmoins, on y trouve, sinon de la profondeur ou un développement progressif et scientifique des idées, du moins de la poésie, du charme, de la couleur, beaucoup d'imagination et une instrumentation qui est loin de manquer de mérite.

La première partie, « le Départ », me semble terne et souvent insignifiante, sauf un chœur d'adieu de l'équipage du navire qui s'éloigne, et de la population qui lui répond du rivage; viennent ensuite un « Calme de la mer » et un « Orage » qui n'est hélas qu'un zéphir à côté de l'Orage de

(1) Compositeur français mort en 1852, laissant de nombreuses œuvres dont quelques pièces de théâtre.

la *Pastorale*, l'orage des orages ! Heureusement pour l'auteur qu'il avait la ressource du canon de détresse : ce canon l'a sauvé.

Mais lorsque nous arrivons en Amérique, chez les sauvages, leurs chants, leurs danses sont rendus avec autant de grâce que d'originalité, c'est vraiment charmant : il y a là une petite flûte qui s'amuse à faire de légères broderies fort piquantes. Enfin l'intérêt de l'œuvre, çà et là médiocre, et qui languit au commencement, va en croissant jusqu'au bout, ce qui est quelque chose. Quant à moi j'ai cru parfois sentir la mer, les herbes marines, la plage, entrevoir le nénuphar sortant des eaux, puis le navire se balançant mollement sur la mer des tropiques : cela m'a fait un peu rêver, chose rare ici, pas le temps ! et voilà pourquoi le laisser aller de ma critique.

Je ne parlerai pas des soirées de musique de Rothschild et autres; la musique dans les salons n'est, d'ordinaire, autre chose que l'accompagnement obligé des conversations de la société qu'on y réunit, qui ne s'en soucie guère et qui n'a pas toujours tort, à mon avis, car quel plaisir voulez-vous que j'éprouve à entendre *Nabuco*, *Norma* ou *Guillaume Tell*, exécutés par ceux-là mêmes qui, un quart d'heure avant, figuraient dans ces mêmes œuvres, sur la scène, avec tout l'appareil et l'illusion dramatiques ? Cela ne fait-il pas l'effet d'une répétition en paletot après une représentation en costume ? Et néanmoins j'y trouve encore du plaisir, tellement l'exécution est souvent parfaite.

Cet hiver, cependant, un nommé Godefroid est venu avec sa harpe rompre la monotonie de ces concerts et, pour la première fois, j'ai appris que cet instrument pouvait être autre chose qu'un prétexte pour arrondir avec grâce de beaux bras bien blancs, et pour étaler aux yeux vitrés

d'un auditeur ennuyé, les perfections dont la nature a doué
le Sexe par excellence. J'ai compris que la harpe pouvait
être en effet, sous certaines conditions, parente de la lune,
pourvu qu'on ne me parle pas de certains chatouillements,
de certains picotements dans l'extrème haut de l'instrument. Le fait est que Godefroid est un grand artiste.

Mais qu'est-ce que cela? qu'est ce que toutes ces émotions obtenues, et encore! à grand renfort d'art et de
science? parlez-moi de Mlle Santa Coloma ou Colomba,
sainte colombe descendue du ciel, ou plutôt arrivée par la
diligence de Bordeaux, où son père est consul du Chili,
pays qui doit être, comme disait dernièrement une dame,
situé quelque part au delà ou en deçà des mers.
Vingt-deux ans, une figure intéressante, des yeux qui, ne
voyant pas grand'chose, nagent, quand elle chante, dans
l'espace. Un contralto resplendissant de lumière et de
soleil, et qui vibre, vibre et déborde et éclate en flots harmonieux et passionnés. On peut avoir plus d'art, infiniment plus, plus de savoir faire, mais aller plus droit à
l'âme me semble impossible : elle possède le don divin d'en
ouvrir les écluses, comme certains manants ont, dit-on,
celui de découvrir les sources souterraines. J'ai pleuré, et
Mme de Car... dont j'aime assez les beaux yeux, en faisait
autant et ma bonne vieille princesse Grassalkowicz aussi,
ainsi que Mme de Gabriac qui chante et qui aurait pu être
jalouse.

La colombe s'est envolée : quel sera son sort? je ne sais,
jusqu'ici c'est une amphibie. Le père étant consul, elle
ne saurait, dit-on, être artiste; sa position, d'un autre côté,
est trop humble pour lui permettre de refuser toute rémunération : on ne sait sur quel pied chanter avec elle. Pour
moi j'ai dit au père que, sauf mon respect pour le Chili
qui est sans doute un fort beau pays, je trouvais sa qua-

lité de consul parfaitement compatible avec celle d'artiste pour sa fille.

De la musique à la peinture : le tableau de Couture dont ont parlé tous les journaux, et qui est la pièce capitale de l'exposition, est à plus d'un titre une œuvre remarquable. Rome a gravi le faîte de sa grandeur et descend le versant qui la conduit à sa chute. Énervés, efféminés par le luxe et la civilisation, les Romains cherchent à réchauffer dans l'orgie et la débauche leurs passions éteintes. Mais l'ennui et la satiété les y poursuivent : c'est le commencement de la fin du colosse romain. Tel est le sujet, tel est, je pense, le problème que s'est posé l'artiste et il a réussi à le résoudre, le tout est bien dessiné, bien combiné et bien médité.

Mais, ce que je serais tenté de lui reprocher, c'est la nature bien plus lutécienne que romaine des femmes qu'il a mises en scène dans son œuvre; c'est, en conservant l'expression qu'il leur a donnée, de n'avoir pas un peu sacrifié à la forme; c'est enfin, (mea culpa) de s'être montré par trop spiritualiste et moraliste, au dépend des formes et des chairs qui n'auraient rien perdu à être, sur le premier plan surtout, un peu moins flasques et moins grises.

Je ne ferais pas ce même reproche à Clesinger, sculpteur aussi habile que peu spiritualiste. Chez sa femme nue, couchée et se tordant, point d'âme, mais le règne de la forme et des sens dans toute sa vigueur : la mère n'en permettra pas la vue à sa fille, ni le père à son fils, aussi voyez-vous papillonner autour de cette œuvre, un peu crue au point de vue de l'art, un essaim de vieux paillards et autres scélérats.

Mais il s'agit bien de tout cela vraiment! Il s'agit bien de niaiseries semblables, tandis qu'une nouvelle ébouriffante, incroyable, je dirai même fabuleuse, circule comme l'éclair dans tout Paris, et le remue de fond en comble : « l'Empereur arrive, c'est certain, c'est un habitué du Château qui me l'a dit; à moi, c'est le cousin d'un Ministre; à moi, ma femme de chambre, qui le tient d'un domestique du Château qui lui a dit qu'on préparait une nouvelle livrée; à moi enfin, c'est un employé des Affaires étrangères qui ne m'a dit ni oui, ni non, ce qui évidemment veut dire oui, car ces Messieurs ne disent jamais ce qu'ils pensent; c'est certain, c'est la *Presse* qui l'a annoncé, la *Presse* qui est le journal de l'Ambassade » ! Bref, ducs et pairs, députés, duchesses et marquises, marchands, polonais, je n'en ai eu pendant quelques jours ni paix, ni trêve ! celui-là voulait faire des frais dans son magasin, celui-ci rédiger une supplique. On ne nous abordait plus qu'en s'écriant :

— Eh bien !

— Eh bien quoi?

— L'Empereur?

— Quoi l'Empereur?

— Arrive-t-il enfin?

— Madame, je le désire si vivement que je ne le croirai que quand je le verrai.

— Croyez-vous la chose possible?

— Oui, possible.

— Probable?

— Je dis possible.

— Est-ce vrai qu'il est si beau?

— Oui.

— Où pourra-t-on le voir ?

— Partout!

— Que pensez-vous de tout cela?, M. de Balabine.

— Mais... je pense comme vous sur ce sujet.

— Vous savez que nous faisons depuis longtemps des vœux dans ce sens.

— Vous savez, mon cher comte, que nous en formons également !

— Enfin, il faut espérer que nous en arriverons là.

— Oui, espérons !!

— C'est que je dois partir !

— Eh bien partez !

— Je crois que je ferais mieux de rester !

— Restez, Madame, restez !

Enfin, jusqu'à des gardes nationaux qui s'enquéraient, afin d'être en mesure de figurer au besoin avec un uniforme neuf et ajusté de manière à contenter Sa Majesté qui, dit-on, est si difficile à satisfaire en fait de tenue. Depuis quelques jours, toutefois, le vent tombe, le calme se rétablit, il paraît que le voyage est ajourné pour le moment. En attendant, de tout ce tintamare, il est pour moi résulté une chose : des doutes se sont éclaircis, et cela d'une manière plus satisfaisante que je n'osais le penser.

10 Juillet.

Les chaleurs sont revenues depuis quelques jours, la société est dissoute, les salons fermés. Les Wittgenstein, la princesse de Lieven, Mme de Courbonne et la princesse Butera, voilà à peu près les seules personnes que je vois le soir, puis enfin le club entre onze heures et minuit ; mais là, en revanche, ça ne languit pas car le Parlement est encore debout, et les esprits sont mis en émoi par le curieux spectacle qu'il nous offre. J'ai assisté hier à la

séance de la Cour des pairs, la chaleur y était suffoquante.

— Et cependant, disait le duc Decazes à un pair qui
s'en plaignait, nous avons des ventilateurs en bas et en
haut.

— Eh bien ouvrez-les pour Dieu, vous établirez de la
sorte un courant d'air qui rafraîchira le local!

— Cela serait à merveille, en effet, répondit le Duc,
malheureusement, le même mécanisme qui les ouvre d'un
côté les ferme de l'autre, ce qui rend tout courant d'air
impossible; que voulez-vous, nous avons crû faire merveille et il en est résulté tout autrement.

Ce procès marquera à coup sûr, comme cause célèbre,
dans les annales judiciaires et politiques, aussi, m'abstenant de tous détails dont les journaux abondent, me
bornerai-je à esquisser en quelques lignes la physionomie
générale de l'enceinte où se joue et se dénoue ce triste
drame.

L'estrade, occupée d'ordinaire par la tribune des orateurs,
le siège du Président et ceux des secrétaires, est trans-
formée en une plate-forme où se tiennent les témoins, les
amis des accusés et quelques curieux. Au-dessous de cette
plate-forme, est une rangée de sièges occupés par une
vingtaine d'avocats en robes. Un peu en avant sont placées
trois tribunes ou plutôt trois bureaux : celui de gauche
est occupé par le lieutenant général Cubières, ayant à ses
côtés ses deux avocats dont le principal, Baroche, une
des illustrations du Barreau de Paris, se trouve en même
temps être l'ami intime de M. Teste, ce qui rend sa position délicate, car chaque mot qu'il prononce en faveur
de son client doit nécessairement être un coup de poignard
porté à son ami; le fond, quoique habilement voilé, de la
défense de chacun de ces accusés étant: pour M. Teste,

de faire retomber l'accusation d'escroquerie sur le
Général, et pour celui-ci, de prouver la corruption de
l'ex-Ministre.

Le bureau du milieu est occupé par M. Teste, assisté de
son cousin et de son avocat, et ayant derrière lui son fils,
député et conseiller à la Cour des comptes. Enfin le
troisième bureau est occupé par Parmentier, ayant à sa
gauche son avocat et a sa droite son fils, jeune homme de
dix-huit à vingt ans.

A gauche dans l'hémicycle, sur un siège élevé, est le
Chancelier de France, en grand costume, qui conduit et
dirige le procès et l'interrogatoire avec une fermeté, une
lucidité, une impartialité et une activité merveilleuses pour
un vieillard de quatre-vingt deux ans. Magistrat dans toute
la force du terme, pénétré de l'idée qu'à lui seul appartient l'honneur de justifier ou de venger les deux plus
grands Corps de l'Etat, la Pairie et la Magistrature, souillés
par un crime dont il cherche à pénétrer le mystère, le
duc Pasquier est l'âme de tout ce drame, et la Cour, habituée à subir son influence, le suit en silence dans cette
pénible épreuve. A sa gauche est M. Renouard, rapporteur
de la Commission, qui le seconde dans ses nombreux
interrogatoires. En face de lui, est ce qu'on nomme ici le
Ministère public : le Procureur général de Langle, l'Avocat
général Glandaz, en robes rouges garnies d'hermine.

Le général Cubières est un homme de cinquante à soixante
ans ; par moment sa parole coule de source, simple et
sans aucun apprêt, et le ton pénétré de sa voix produit
sur la Chambre une impression visible en sa faveur, mais,
le plus souvent, timide, embarrassé et comme sous le
poids de quelque engagement secret, il hésite, achève
à peine sa phrase et, crainte de proférer un mot de
trop et en dehors du cercle étroit qu'il semble s'être

tracé, il se rassied et se tait, alors qu'on s'attend à le voir parler.

Parmentier a environ soixante ans, son front est chauve, ses cheveux blancs ; un calme imperturbable, un aplomb que rien ne vient ébranler, règnent sur toute sa personne ; il écoute, il regarde comme le ferait un spectateur bénévole, il parle avec précision, clarté et simplicité, quoique, avec la manière un peu vulgaire d'un avocat de province, enfin l'on dirait à le voir qu'il n'a été cité que comme témoin, et que les choses qui s'agitent autour de lui ne l'intéressent que médiocrement. Cependant, il sourit agréablement quand par hasard le Chancelier ou le Procureur général, en l'interpellant, lui disent M. Parmentier au lieu de Parmentier tout court, ce qui le met pour ainsi dire au niveau de ses coaccusés qui, sous ce rapport, sont mieux traités que lui. Il a l'air en extase lorsque parle son voisin, et il a, ma foi, raison.

M. Teste a de soixante à soixante-dix ans, avocat célèbre, ministre habile, mais d'une réputation douteuse qui a été la cause réelle, quoique cachée, de son éloignement du Ministère qu'il a échangé contre une Présidence à la Cour de Cassation. A l'entendre on dirait d'un avocat éloquent, habile et d'une souplesse merveilleuse, chargé de la défense d'un client dont il aurait épousé les intérêts avec chaleur et conviction. Sa voix est retentissante, son geste impérieux, son ton assuré, en un mot, d'accusé qu'il est il se transforme en accusateur, sans toutefois nommer personne et, inébranlable comme un roc, il semble avoir changé de rôle avec le Procureur général.

Et cependant, est-ce instinct, est-ce une faible lumière qui commence à pénétrer chez ses juges, la Cour reste froide, et la chaleur de cette éloquence, prodiguée avec effusion, loin de les convaincre, les laisse dans un doute de pénible augure pour l'accusé.

Tel a été l'aspect général de la séance d'hier, 10 du courant.

Pellaprat est en fuite : si aucun incident nouveau ne se produit d'ici à lundi, jour marqué pour l'audition des témoins, il est clair que, tout corps de délit manquant contre M. Teste, il ne sera point condamné, quoique, dans son for intérieur, l'opinion de la Cour, si je ne me trompe, lui soit contraire, et que les autres ne seront condamnés que comme corrupteurs.

Au club, vers minuit, avant que le jeu ait parlé, on fait cercle : nos jeunes pairs, Richelieu, La Redorte, d'Albufera, d'Alton, Grefulhe, continuent leurs débats. L'embarras les domine : ils ont tous un vague instinct de la culpabilité du principal accusé, ils doutent des autres, mais tout cela est encore une âme sans corps, or cela est-il suffisant pour condamner ?

13 juillet.

De vingt-cinq à vingt-six degrés à l'ombre, Paris étouffe. Les événements ont marché promptement, des coups accablants ont été portés à M. Teste : le notaire Roguebert, intimement lié par les liens de la reconnaissance à M. Pellaprat, par ceux d'une amitié qui date de l'enfance, à M. Teste fils, s'est vu forcé par son serment de déclarer qu'à trois reprises son bienfaiteur lui a avoué, sous le sceau du plus profond secret, qu'il avait donné cent mille francs au Ministre ; celui-ci cependant est inébranlable et, si ce n'est la bouche qui se contracte, rien, à l'apparence, ne vient témoigner des tortures auxquelles il est en proie. Après sa déposition, le notaire a eu une terrible attaque de nerfs, et on a été obligé de l'emporter sans connaissance. Les lettres et les comptes de M. Pellaprat, communiqués par sa femme, et dont la lecture produit une sensation électrique sur la Cour, sont relevés avec le même sang froid, le même aplomb, par l'accusé ; enfin arrive le coup de grâce : la découverte de la conversion en bons du Trésor de quatre-vingt quinze mille francs, au nom de son fils.

« Un instant, s'écrie le coupable sans changer de visage, ceci me fait l'effet d'une affaire personnelle à mon fils. »

L'audience est levée, et le soir nous apprenons que le malheureux, ayant dirigé un pistolet dans sa bouche et en ayant tourné un autre vers son cœur, le premier a raté et le second a éclaté : fortement contusionné, M. Teste n'a pas paru à l'audience d'aujourd'hui. Le procès est au fond fini : le Ministre corrompu a avoué sa faute ; les corrupteurs seront punis selon la loi, et le chef d'escroquerie sera abandonné par le Procureur général qui, on le sait aujourd'hui, l'avait introduit dans l'acte d'accusation afin de pousser les accusés à s'avouer corrupteurs, en cherchant à se laver de l'opprobre de l'escroquerie.

Cette cause célèbre qui a commencé par une opération de chantage, opération si commune par le temps qui court, c'est-à-dire que Parmentier, ce coquin émérite, une fois en possession de lettres dont la publicité suffisait pour compromettre à jamais le général Cubières qui s'est montré d'une imprévoyance et d'une légèreté extraordinaire dans cette affaire, a voulu, en le menaçant, lui extorquer la bagatelle de deux millions et demi. Le général

qui a une fortune de quatre-vingt mille francs de rente,
mais qui est d'une avarice sordide et d'une extrême avidité, a perdu la tête ; et le vieux Pellaprat, ce beau du
Directoire et de l'Empire, pour ne pas accuser un ami,
s'est dérobé par la fuite à une terrible épreuve. On dit
qu'effrayé par le séquestre dont sont menacés ses biens
s'il ne reparaît pas (la confiscation n'existe pas en France),
il reparaîtra sur l'horizon où l'appellent de tous leurs
vœux son petit-fils, le comte de Brigode, et sa fille, la
princesse de Chimay.

Le fait est qu'il a été dès l'origine dans cette affaire,
longtemps avant de comprendre ce qu'on lui voulait :
« Que me veulent-ils donc en définitive, demandait-il,
car enfin, voilà cinquante ans que je fais mes affaires
ainsi. »

— Que dites-vous de ce qui m'arrive, me demanda-t-il
un jour que je le rencontrai sur le boulevard ?

— Ma foi, lui répondis-je fort embarrassé, j'en suis
stupéfait !

On dit que c'est le fils qui a apporté à son père, dans
la prison, les pistolets dont il a fait usage.

Deux mots sur la fête très belle et très brillante qu'a
donnée M. le duc de Montpensier dans le parc des
Minimes. Il faut rabattre de l'article des *Débats* sur cette
fête, le fantastique et le merveilleux pour s'en faire une
idée assez exacte ; en fait d'illuminations, d'ailleurs, il est
aussi difficile de nous contenter nous autres russes, qu'aisé
d'éblouir nos indigènes d'ici. Le duc et la duchesse ont
fait les honneurs avec une grâce parfaite. Le temps était
magnifique, la chaleur étouffante, la poussière suffoquante
sur toute la route ; les boulevards étaient encombrés de
curieux pour voir passer les invités, le faubourg Saint-
Antoine regorgeait de blouses réunies dans le même but.

« Le peuple, dit l'article des *Débats*, commence à comprendre que de donner des fêtes est la manière la plus
ingénieuse de faire la bienfaisance. » Lisez : « Ce bon
peuple respectueusement rangé sur la route, grâce à une
armée de municipaux agonisait d'injures et d'épithètes
énergiques les voyageurs qui passaient. »

J'ai passé trop vite pour rien entendre, mais d'autres
ont été plus heureux que moi.

17 août.

Le sort en est jeté ! Il n'y a plus que des circonstances
imprévues qui puissent faire avorter mon grand projet
car, déjà, mon honorable Chargé d'affaires en a écrit au
comte de Borch, et il ne me manque plus que le consentement
du comte de Nesselrode, qui ne saurait être douteux,
pour être tout à fait en règle. Ma demande d'arriver en
courrier a, d'ailleurs, été fortement appuyée par une phrase
d'éloge la plus cordiale possible : « C'est, y est-il dit, le
meilleur garçon et le meilleur employé que je connaisse...
renvoyez-le-moi bientôt, il est nécessaire ici... qu'on ne
songe pas, surtout, à l'enlever de Paris ». Vraisemblablement je prendrai la voie des chemins de fer et du bateau
Stettin.

Samedi, Monseigneur le duc d'Aumale chassait à courre,
par un soleil ardent, dans la forêt de Saint-Germain, et,
comme à ces chasses s'y joint qui veut, j'ai chassé, quatre
heures durant, et vivement encore, sur une bête d'allures
tout autres que douces. Le duc accueille on ne peut plus
gracieusement les amateurs : « A gauche, me cria-t-il,

piquons à gauche, j'entends Trimm qui chante vers la
Mare-aux-Cannes. »

Nous rencontrons un paysan en blouse :

— A-t-on vu la bête, lui crie le duc?

— Oui, monseigneur!

— Est-elle foncée ou claire?

— Elle m'a semblé foncée!

— Bon ! elle est hors d'haleine, dans une demi-heure
nous l'aurons !

Le prince avait deviné juste, une demi-heure après,
plus heureux que sage, j'arrivais en même temps que lui
à fond de train, mais par un autre chemin, tout juste au
moment où le cerf aux abois était forcé par la meute qui
n'en pouvait plus. A cinq heures, j'étais rafraîchi et je
faisais une pleine eau délicieuse dans la Seine ; à sept,
je dînais chez de braves gens, à Nanterre; à onze heures,
j'étais au club; à deux, dans mon lit; à neuf heures, le
lendemain, dans l'eau, et à quatre, je me promenais dans
les bois aux environs de Versailles. Qu'on me donne cent
cinquante mille livres de rente, et on verra quelle sera
mon écurie de chasse et la tenue de ma valetaille.

C'est à peine si Paris revient de l'épouvantable cauchemar du drame Praslin qui l'oppresse depuis près de quinze
jours. Jamais un fait isolé et tout à fait en dehors de la politique n'avait produit une émotion, une effervescence, un
émoi pareils, dans toutes les classes de la population. Des
attroupements nombreux devant l'hôtel Sebastiani, des
gens du peuple qui se relevaient, nuit et jour, pour faire
la garde aux alentours, dans la crainte que le meurtrier
n'échappe, des rassemblements dans les cabarets, aux
abords du Luxembourg, et un surcroît de vigilance de la
part de l'autorité; enfin, si le meurtrier avait eu le malheur de tomber entre les mains du peuple, il aurait été

mis en pièces, mais il a mieux fait : il a prévenu la justice et a satisfait, en se donnant la mort, aux vœux les plus fervents de tous les gens bien pensants de ce pays.

Jugé par la Cour des pairs, il aurait été infailliblement, dans les circonstances actuelles surtout, condamné à la peine capitale. Cet arrêt aurait eu ce bon côté qu'il aurait relevé la Pairie du coup qu'a porté à sa considération le procès Teste-Cubières, mais le mal l'eût alors emporté sur le bien car, il ne faut pas s'y tromper, la soif de vengeance qui animait ici le peuple, poussé et excité par les feuilles radicales, ne prenait pas uniquement sa source dans un sentiment d'horreur que lui inspirait le meurtrier, ou de commisération pour la victime qui, du reste, avait su se rendre populaire par sa charité et ses bienfaits : ce qu'il lui fallait, ce qu'il avait entrevu, c'était de voir rouler la tête d'un duc et pair, et couler le sang d'un noble, car cela lui rappelait de beaux jours qu'il regrette et après lesquels il soupire ; aussi jamais mort d'homme n'a-t-elle été accueillie avec plus de colère par les uns et plus de satisfaction par les autres.

Le duc Théobald de Choiseul-Praslin était un homme de taille moyenne, brun, d'une figure insignifiante, douce et agréable, d'un esprit borné, méticuleux, taquin, d'un caractère à la fois hautain, faible et timide. Je n'ai pas échangé plus de vingt paroles avec lui, il m'a toujours déplu ; je ne le rencontrai, d'ailleurs, que rarement, car il ne sortait guère dans le monde. J'ai beaucoup connu la malheureuse duchesse : excellente femme, bonne mère, elle était petite, forte, pas jolie et dénuée de toute distinction dans la tournure, sans toutefois avoir rien de trop vulgaire dans les manières et les traits, elle ne manquait, enfin, ni d'esprit, ni de conversation. Telle

elle était dans le monde, mais dans son intérieur c'était différent: là, elle revendiquait, sans cesse et impérieusement, ses droits d'épouse, poursuivait sans relâche le duc, de ses soupçons et d'une jalousie qui ne lui laissait ni paix ni trève, puis se plaignait de lui au Roi, à la Reine, à la duchesse d'Orléans, au tiers et au quart, et alors tout ce monde se mêlait un peu des affaires du ménage, soit pour empêcher une séparation, soit pour prévenir un scandale, soit pour y ramener un peu de calme. En attendant, le duc mordait son frein: trop faible pour frapper un grand coup et mettre fin à cette situation par une rupture définitive, craignant d'un côté la Cour, de l'autre le maréchal Sebastiani, il végétait au milieu des magnificences de son château de Praslin, et nourrissait, au fond d'une âme sans élévation et sans portée, une passion ardente.

On croit que des scènes violentes entre le duc et la duchesse ont précédé le meurtre. La préméditation est évidente, mais ce qui pourrait l'être tout autant, c'est que l'idée du crime a été conçue dans la nuit même où il a été commis.

Je me suis fait inscrire chez son pauvre frère que je connais assez intimement et qui est un fort bon garçon.

FIN DU PREMIER VOLUME

TABLE DES MATIÈRES

TABLE DES MATIÈRES

IMPRIMERIE CHAIX, RUE BERGÈRE, 20, PARIS. — 24266-12-13.